本书的出版得到了吉林外国语大学博士科研基金的资助，特此致谢。

中华
学术
译丛

元好问与他的时代

[日] 高桥文治——著

タカハシ ブンジ
高橋 文治

陈文辉——译

中华书局

图书在版编目(CIP)数据

元好问与他的时代/(日)高桥文治著;陈文辉译. —北京:中华书局,2024.8(2025.3重印). —(中华学术译丛). —ISBN 978-7-101-16776-4

Ⅰ.K825.6;I206.2

中国国家版本馆 CIP 数据核字第 2024ZZ4232 号

北京市版权局登记号:图字:01-2024-1889

GENKOMON TO SONO JIDAI

Copyright ⓒ Takahashi Bunji 2021

Original Japanese edition published by Osaka University Press

Simplified Chinese translation copyright ⓒ 2024 by Zhonghua Book Company
This Simplified Chinese edition published by arrangement with Osaka University Press Osaka, through Shinwon Agency Co.

书　　名	元好问与他的时代
著　　者	[日]高桥文治
译　　者	陈文辉
丛 书 名	中华学术译丛
责任编辑	孟庆媛　刘　方
装帧设计	人马艺术设计·储平
责任印制	陈丽娜
出版发行	中华书局
	(北京市丰台区太平桥西里 38 号　100073)
	http://www.zhbc.com.cn
	E-mail:zhbc@zhbc.com.cn
印　　刷	北京盛通印刷股份有限公司
版　　次	2024 年 8 月第 1 版
	2025 年 3 月第 2 次印刷
规　　格	开本/920×1250 毫米　1/32
	印张 13⅛　插页 2　字数 300 千字
印　　数	3001-5000 册
国际书号	ISBN 978-7-101-16776-4
定　　价	78.00 元

序

元好问存世的作品有很多。单从韵文方面来说，我们今天能够读到的他的诗作就近一千四百首，词作也有近四百首，此外他还创作过散曲。在隋树森编的《全元散曲》（中华书局，1964）一书中就收录了他的九首小令和一首套数的残篇。下面的这首小令就是其中之一。

〔仙吕〕后庭花破子

玉树后庭前。瑶华妆镜边。去年花不老，今年月又圆。莫教偏。和花和月，大家长少年。

这首看似简单的《后庭花破子》，实际上却是内里颇有乾坤，在解释上需要费一点周章。

《全元散曲》中注释了这首小令的出处，是采录于"双照楼影明弘治高丽晋州刊本《遗山乐府》（三卷）"。而我们在这一版本《遗山乐府》下卷接近末尾的地方也的确是能够看到这首《后庭花破子》的。但是在清代编纂刊行的很多"遗山新乐府集"中，却都没有收录这首作品，而在明人编纂的词集《花草萃编》卷一中，这首《后庭花破子》却被作为无名氏的"诗余"收录在卷。那么，这首"玉树后庭前"云云的小令，究竟是否真的是元好问创作的作品呢？

在清康熙帝授命编纂的词谱总览《御定词谱》一书中，卷二《后庭花破子》的词牌下，例举了王恽和赵孟頫的作品，并做了这样的记述："此金元小令，与唐词《后庭花》、宋词《玉树后庭花》异。所谓'破子'者，以繁声入破也。"如果按照这一记述来理解的话，《御定词谱》认为：《后庭花破子》这一词牌与唐代词牌《后庭花》、宋代词牌《玉树后庭花》不一样，是金元时期"词"的另外一种"新体"。《御定词谱》所记述的"金元小令"，是指"金元时期被作为词的'又一体'而创作的小令"，而不是"北曲之小令"之意。然而在明初收录了元曲曲谱的《太和正音谱》一书中，可以看到"仙吕四十二章"的第二十四条中例举的是吕止庵的小令《后庭花亦作煞》，而其呈现的格律却是与上面《后庭花破子》完全相同的"五。五。五，五。三。四，五。"七句五韵三十二字的格律式样。暂且不考虑以上的"后庭花破子"是否是元好问的作品这个问题，《御定词谱》所例示的王恽、赵孟頫两个人，与《太和正音谱》中所例示的吕止庵同样都是元朝人，《后庭花破子》与北曲《后庭花》都是以"后庭花"为题，按理来说，把《后庭花破子》看做是北曲《后庭花》的别名似乎是非常顺理成章的。如此一来，"双照楼影明弘治高丽晋州刊本《遗山乐府》(三卷)"中之所以将《后庭花破子》收录在卷三的末尾，不是将《后庭花破子》作为"词"而收录，是因为其时的北曲被定位为"词之亚流"才有了这一作品的入选。也就是说，这其实已经不是在纠结《后庭花破子》是词是曲的文体问题了，而是人们对"曲""词"关系认知的一种反映①。

另外，在金朝的"曲"文学——例如像《董解元西厢记诸宫调》《刘知远诸宫调》这样的作品中去仔细搜寻的话，就会发现，我们无法找到像〔仙吕·后庭花〕这样的曲牌或者是与此有着同样格律的曲子。根据钟嗣成《录鬼簿》的记载，《董解元西厢记诸宫调》完成于金章宗（1190—1208）时期。如果是这样，那么北曲《后庭花》的诞生恰好就是在元好问生活的时代，也就是在金元交替时期的华北所出现的。如果这时候的北曲《后庭花》就是被元好问称为《后庭花破子》的话，或许可以说《后庭花破子》就是北曲《后庭花》刚刚出现时使用的曲牌名字。

接着我们来考察一下《后庭花破子》的文意。

上面的小令以"玉树后庭"这一典故开篇，作品以这一典故蕴含的南朝陈的灭亡以及陈朝后宫中宫女们的悲剧人生为背景的意图是不待多言的。第二句的"瑶华妆镜边"描写的应该是演唱"玉树后庭花"的宫女们对镜梳妆时香艳奢华的场面。"去年花不老"一句明显是承袭了北宋欧阳修的《生查子》词："去年元夜时，花市灯如昼。月到柳梢头，人约黄昏后。　今年元夜时，月与灯依旧。不见去年人，泪满春衫袖。"其意象可以追溯到唐代崔护的《题都城南庄》诗："去年今日此门中，人面桃花相映红。人面不知何处去，桃花依旧笑春风。""去年花不老，今年月又圆"说的是"今年的花月和以往一样的美好，岁月的流逝没有在它们这里留下半分的痕迹"，在单方面强调"物是"的背后，没有溢于

---

① 译者注：王国维辑本《南唐二主词·补遗》收此作且将其定为李煜所作，亦有疑为冯延巳所作者。

言表的"人非"却是呼之欲出的——"在美丽依旧的大自然的花月面前，曾经和花月一样美好的那个人却已经如此沧桑憔悴。"一句话道尽了一年之隔所发生的翻天覆地的变化，暗示了后宫的衰败和冷落。末句"大家长少年"中的"大家"是指"已经不在宫中的人主"（即后妃）。小令整体上所描写的是王朝的灭亡和宫女们的怀旧情绪。

《后庭花破子》是否属于元好问的作品，最终依然是个谜。但是，《后庭花破子》这个曲牌，还有其主题所展示的时代性以及作品中精确的措辞所呈现的高度的表现力，似乎都在暗示着这首作品出自元好问之手的可能性。不得不说将其作为元好问的作品收入《全元散曲》的隋树森先生的判断是极其正确的。

初次与元好问作品结缘，是在我大学三年级的时候。记得当时是在郝树侯先生选注的《元好问诗选》中随意挑了几首来读，虽然那时自己的理解力并没有多少，但还是被元好问近体诗的那种悲壮美所感染，为他作品的魅力所折服。于是到了大学四年级的时候就突发奇想，要以元好问来写自己的毕业论文。而且当时，我恰好报了恩师田中谦二先生开设的元杂剧课程，田中老师在自己的元曲课上，也经常提到一些元好问诗中频繁使用的文学表现，并且再三强调这些文学表现来自当时日常交流话语中的"口语"。要想准确理解元好问，首先一定要学习汉语，必须要能够读懂元曲——这就是在恩师田中谦二先生的影响下，那时候青葱懵懂的我最初所抱有的实实在在的感受。

身为一名日本人，我在没有接受汉语教育的情况下，借由日本学校教育中日语教育的一环，接触学习了浩瀚的中国古典文学中极少的一部分。当时^①在很多日本大学生的认知中，古代的中国就像是散发着些许锈斑气味的古董一样的存在。就连选择了中国文学专业的我，那时所知道的中国诗人也就只有杜甫、李白。"只要有样学样地去模仿身边这些中国文学研究者的做法，自己总会有成为学者的那一天的"——这就是那时年少无知的我。我的老师田中谦二是一位对语言有着敏锐感觉，比起作品内容更为重视文学表现的先生，他口头禅一样反复强调的是"哪怕是一个单词的使用选择，也能呈现出文学创作上的风采雅致"。若以开篇所举的《后庭花破子》为例，第五句"莫教偏"中的"偏"字，双音节化后的"偏向"一词属于"白话"语汇，应该是对女性口吻的一种摹写——这一定会是被田中老师反复强调的地方。就这样，原本感兴趣的元好问被晾在了一旁，我在老师的身边开始了对元曲的学习。

　　元好问对我的再次触动是我三十岁那年，开始在大学上班的时候。当时家里突发火灾，我和家人一起狼狈地逃出了火场。那时旁边刚好就是公民馆，在地方街町管理处的热心安排下，我们一家就暂时借住在了公民馆里。遭遇火灾之后的不安如影随形，巨大的压力下是一日日的夜不成眠。就在那时，不知怎么忽然就想起了元好问。元好问从二十出头一直到去世，一辈子几乎都是在战乱中度过的。他绝不会像在遭遇了一次小小的火灾后就挫败感满满的我这般脆弱。他身处饥饿、拘禁这样极限的生活状态，却依然在思考着未来，拼着自己的生命坚持着创作活

①　译者注：20世纪70年代左右。

动。这种精神上的强大无法不让人感叹。感叹之余，我忽然想知道元好问所处的境遇具体是一种怎样的状态，在那种情况下他在思考着些什么，又想在将来留下些什么。包括金元交替时期华北的历史，我想更为详细地了解其中具体的情况。于是我下决心开始了对历史文献的精读。

也就是在我开始关注历史文献的时候，蒙古时代伊朗历史的专家本田实信先生、杉山正明先生主持成立了"《元史·本纪》研读会"，而我也有幸从第一次开始就参加了这个读书研究会。这个研究会集结了当时居住在日本关西地区①的中国历史、蒙古史、中亚史、西南亚洲史的学界泰斗们，围绕着《元史·本纪》的一字一句，从文字的解释到字行间的阅读方法，再到与新发现的史料之间的关联，每一次研读会上都会发生学界大咖们"神仙打架"一般的精彩讨论。这个研读会，让我深切地感受到了不同的文明所形成的语言中所体现出来的，其文明特有的类似"癖好"一样的东西。比如明明是在描写同一事态或现象，一旦语言不同，其表述简直就像是在记述各不相干的事情一样。众所周知，蒙古建造了几乎是横跨亚欧大陆全域的强大帝国，而被卷入这一广大帝国中的各地的文明，也就自然而然地以自己的语言来记录其自身的文明与蒙古帝国的碰撞与交汇。这个研读会上，以汉语的《元史》为中心，集结了世界各地各种语言所记录的形形色色的相关资料，研读会的专家们意图通过这些材料探求新的历史事实。参加研读会，身在其中的耳濡目染，让我意识到要想完整彻底地读取文献中潜在包含着的所有信息是极为困

---

① 译者注：以大阪、京都为中心，包括神户、奈良、和歌山等在内的地区。

难的。此外，各个文明圈中，文学表述上因本土文明所衍生出来的传统的"言外之意"（即文脉外的意思）都会对文献内容产生一定的影响，这一现象也是在这时开始进入了我的视野。这种影响究竟到了一种怎样的程度呢？具体到元好问身上，又是以怎样的形式表现出来的呢？

还是以开篇的《后庭花破子》为例，小令开篇"玉树后庭前。瑶华妆镜边"所呈现的明显是以陈朝典故为背景的宫女与亡国的主题，而"去年花不老，今年月又圆"表现的是后宫的季节和现状——元宵夜高悬的明月下是空无一人寂寞冷落的后宫——宛如一帧凄美的明信片画面。最后的三句，应该是在如水月色中仰望着空中的满月，宫女默默许下的愿望。这里的"大家"一语，就是昔日宫女对后宫主人的一种称呼。就这样，仅是一首短短三十二字的小令，因拥有了遵循着中国文学传统的多层次的表现，意外地包含了各种信息在其中。质朴的内容与言外的文脉相互呼应互为衬托，成就了这首优美雅致的抒情小词。汉语的记述资料中，即使是历史文献，也大多采取上面这样的表现形式。而欲对其中的典故和引用进行一一分解剖析，以便能正确地获取其所蕴含的信息则需要日复一日的练习和积累。

然而，我们必须要注意到，这首《后庭花破子》并没有直接使用"亡国""宫女""金朝""蒙古"这些暗示性的词语。因此，在某种意义上，我们把这首小令归结为金朝宫女之亡国的主题，也极有可能是一种过度的解读。甚至于撇开这些，在老无所依宫女的月夜祈祷中，寄托那种无以言表的人生的孤独和虚无——也或许这才是这首小令想要描写的，除此之外并没有什么与历史相关联的实质性的东西。小令虽然是以

《后庭花》为曲牌，以"玉树后庭前"一句开篇，但却并没有具体涉及昔日陈朝的历史悲剧。也就是说，这首小令实质上的所指并不是来自其字面上的意思，只是在这些语词字面意思的下方，明显投射出了一种文脉之外的"阴翳"——一种可有可无、模棱飘忽的言外之意。因此，当我们想要认真地从中掬取所谓的"实质性的历史"时，它却又如阳光下升腾的水汽一般，在你的眼前，袅袅地从你的指缝中散去，消失掉了。

应该说任何一个文明圈中的任何一种语言，都拥有自己文明所构建的"传统"文脉，无论是多么简单内容的表述，都是无法做到能超越其语言早已具有的文脉去构筑其意义的表达。这不仅仅是汉语的特点，可以说所有的语言都是如此。不过，汉语的特殊之处在于，它总是将中原地区以外的东西同样以中华文明的形式进行构筑和记述。这其实就是把中原地区外的其他地域的文明，同样作为中华的历史来进行记述的表现。把金朝的宫女们比喻成"玉树后庭花"进行描写，这自然是汉语表述所具有的传统。金朝有着与南朝陈一样的后宫，在那里同样上演着陈朝的悲剧——如果说你是这样理解的，那么毫无疑问你已经陷入了汉语文字表述传统的"圈套"里了。女真的女子们有着自己民族的传统观念和生活样式，他们并没有处在汉语"后宫"所意味的那种生活空间中。用汉语"金"来称呼自己建立的国家，的确是女真族自己做出的选择，但他们日常生活的经营、国家的管理运行，却未必就是像汉语记述的那样了。这是理所当然的事。

大学三年级的时候我曾经想过要写一篇元好问的毕业论文。但是，自那以后我几乎没有写过一篇有关元好问的专论，而是逡巡在他和他的时代周围，追寻着那个时代的真实，特别是在社会史领域，左来右去耗时颇多。虽然我对元好问的文学创作有着莫大的敬佩，但另一方面，我想要了解的却并不是他文学创作的意义，而是他所处的那个时代的真实状况，以及在那种状况下，元好问在思考些什么，又有哪些东西是他执意不肯书写和记录的。

在《元好问与他的时代》这本书中，我所尝试阐明的是"元好问写了什么，而他不想写也没写的又是什么"，也尝试着去解密"如果有些东西是元好问不想写的，那他不想写的理由又是什么"。也可以说在明确了元好问的记述者意识后，去衡量在这一意识作用下元好问的诗文中表现出来的心理上的倾斜。今天，我们所能够了解到的金元交替时期华北的时代状况，都只限于元好问的记录。用元好问的作品去检讨和验证他所生活的那个时代，最终注定没有什么秘密是能够被揭开的。与其如此，不如通过元好问没有书写的那些东西来探求时代的真相和元好问身上的真实，这一方式应该更为有趣。

"在记录的东西中寻找没有被记录的东西"，听上去感觉像是愚者梦中的呓语。不过假如在本书中能够有那么一点点类似如此且被方家认可的东西，于我而言，已属无上的欣喜和荣幸。

高桥文治
2021年11月

目　录

第一章

危机时代

*

一、时代的空白

元好问，字裕之，号遗山，是能够体现中华文明的代表文人之一。有人说他是4世纪建国北魏的拓跋鲜卑的后裔，亦有人说他是中唐诗人元结的子孙。元氏一族从元好问的曾祖父起移居至山西忻州。金朝章宗明昌元年（1190）七月八日，元好问作为父亲元德明与母亲王氏之间的三子呱呱坠地。

元好问出生后刚刚七个月，就被作为养子过继给了自己的叔父元格。他的少年时代就是随着身为官僚的养父元格在山西、陕西、河北、山东等地的辗转赴任中度过的。大安二年（1210）养父元格去世，元好问接任户主，一年后蒙古铁骑就拉开了进军华北的序幕。贞祐二年（1214），为避蒙古锋芒，金朝被迫从北京迁都河南开封。此时北方蒙古铁骑的进攻，西方西夏的侵扰，加之长期以来与南宋的对峙，金朝完全陷入了三面对敌的困窘局面。此时的元好问已经出仕金朝，在历任了权国史院编修官、内乡县令、南阳县令等职位后，正大八年（1231）四十一岁的元好问作为尚书省令史来到了国都开封。在这生灵涂炭的战乱中，元好问也先后失去了自己的生父、胞兄、生母、养母、妻子、女儿、师友以及诸多的同僚。两年后的天兴二年（1233）四月，在被包围的开封城内，蒙古军俘虏了元好问并将其拘留在了现在的山东聊城。天兴三年（1234）正月，随着金朝帝室在这个世间的彻底消失，元好问最终沦为了亡国遗民，时年四十三岁。

金朝灭亡后的华北，迎来了之后约三十年间历史上的王朝空白。

蒙古进军华北之初，由游牧军团组成的联合同盟军的主力部队早在金朝灭亡之前的1232年就已经撤回了蒙古高原。当时包围开封城的是速别额台统领的先锋部队，而在其背后的燕京（今北京）周边驻扎的却是契丹的军队。实际上在金朝灭亡后，驻扎在燕京周边的契丹部队就作为蒙古军的代表全权接管了华北地区战后的处理事务。这里所说的契丹就是曾经在10世纪初期占领蒙古高原、满洲、华北燕云十六州等地二百多年的辽王朝的后裔。12世纪初期，在女真族统一满洲建立金国的时候，他们在中亚地区重新建立了自己的第二辽国。

　　属于草原游牧民的蒙古族，不像世代农耕的定居民族那样具有强烈的土地支配意识，因此即使是占领了定居者的土地，在将定居人口作为战利品分配之后，耕地被荒置的情况仍多有发生。蒙古进军华北之际，对于工匠、医生、占卜者等特殊人口的分配在开封陷落的1233年就几乎已经结束了。到了1235年，刚刚在蒙古高原即汗位的窝阔台，派遣了总司令官失吉忽秃忽（又作"失乞刊忽都忽"）到现在的北京进行人口调查，并明确指示将华北的人口作为战利品进行再分配。因为本就没有鲜明的领土意识，所以失吉忽秃忽接到的命令实际上就是对以奴隶为中心的人口进行数量上的再分配。不难想象，实际承担人口调查工作的是旧金朝治下的人员，他们使用的人口调查底册自然是以金朝的行政区域划分为前提制作的。对于蒙古人来说，他们更为重视的是人口和牲畜在分配数量上的均等，因此其分配方案自然是按照调查底册上标注的具体户数来进行。这样一来，人口愈是稠密的地区被分割得愈为零碎，而人口稀少的地区就只需作粗略的分割，有几处不相毗连的领地的出现，显然是为了拼凑账目上的数量而形成的。类似于分封制的蒙古政权的人口分割方案，就这样在1236年出台了。

不过，对于在整个欧亚大陆上东征西讨的蒙古人来说，华北的这点农耕地似乎没有多大的吸引力。虽然分割方案把土地分配给了各大王族功臣，但最终土地上的人口数量被换算成具体的税额，蒙古的大汗就按照这个数目，年年向各大领主支付他们分封领地所对应的现金。具体的征税工作由从中亚派来的伊斯兰商人们负责，而账簿的管理则是由契丹军队在当地的旧金朝役人中选拔合适的人来担任。就这样，金朝灭亡后的华北地区并没有出现新的王朝，只有蒙古政权以榨取为目的的税收体系，在契丹军队的武力背景下运作着。荒废的山野带着满目疮痍在烽火的余韵中静默。

忽必烈在历史舞台的登场是华北状况改变的大契机。不得不将中原地区作为自己根据地的忽必烈，在长兄宪宗蒙哥猝死后，他次子的身份就带了些许尴尬。蒙哥的猝死，拉开了忽必烈和远在蒙古高原上的弟弟阿里不哥之间的汗位争夺战。1260年，忽必烈率先在开平即位，年号中统。在进攻南宋之前的至元八年（1271），建国号大元。金朝灭亡后的华北，再次以国家形态出现，必然要等到公元1260年的中统建元。而此时的元好问，在1233年四月开封城陷落之后，约有近两年的时间一直被拘禁在山东的聊城。拘禁解除以后，他只身辗转于老家山西忻州、河北鹿泉、现在的北京、山东的东平等地。在华北地区国家年号消失了二十三年之后的1257年（丁巳年）九月四日，逝于河北的鹿泉。元好问作为明昌元年（1190）的金朝人，于忽必烈改元前三年的1257年，在消失了皇帝政权的华北平原上结束了自己六十七岁的人生，可以说是一种真正意义上的亡国遗民的生命历程。

在中国历史上，从汉武帝前140年立年号"建元"，到1911年辛亥革命年号废止，随着众多皇帝在历史舞台上粉墨登场，无数的年号也随之建立。像三国那样王朝交替的混乱时期，中原逐鹿，群雄问鼎，几个年号同时出现并使用的情况也屡见不鲜。但是，在中国悠远的历史长河中，除去金元交替的这二十六年，年号从"中原地区"消失的现象绝无仅有。

所谓建元，是皇帝作为"天子"决定"华夷"（文明与蛮荒之间的分界）支配宇宙的昭示，是明示文明之所在，是皇帝意图实现"大一统"（正统王朝对天下的统一）的具体表现。所以，年号的消失不仅仅意味着国家的灭亡，同时也意味着从文明的中心向蛮荒的"夷狄"世界的被迫放逐。

金朝灭亡后，华北地区年号的消失，单纯地说来，不过是意味着征服者蒙古人对中原地区的文明不感兴趣罢了。蒙古铁骑对金朝的征服，本就不是以建立"中华王朝"为目的，所以他们完全没有必要思考如何根据被征服地的文化形态来作相应的战后处理。而对于战败国来说，作为被征服者只要自己的待遇没有发生本质上的改变，胜利者一方要不要当皇帝、是不是建立年号这件事，于他们而言是无关痛痒的。从这一意义上出发，蒙古的这种占领形态，可以说是在进入近代之前的世界史上司空见惯的战后体制。但是，对于生活在中原地区的中国士人阶层来说，拥有年号的皇帝的存在就是整个世界秩序的象征，亦是支撑文明价值的源泉。置身于金朝灭国后的华北，元好问及其同他一样的文人们，无疑正在经历着中国历史上前所未有的危机。

　　元好问在解除了聊城的拘禁之后，经常去河北的真定（今石家庄）拜访当时执掌一方军事、政治力量的"权要人物"①史天泽。史天泽特意在真定附近的鹿泉为他准备了寓所，在这里元好问创作了大量的诗文。

　　首先，来看一首他的七言律诗《镇州与文举百一饮》。题目中的"文举"和"百一"是两个朋友的字。一位姓白，名华；一位姓王，名鹗，都是元好问金朝时的挚友。"镇州"，是唐末五代时期对包括真定、鹿泉在内的行政区域的称呼。北宋中叶以后，包括元好问的时代，这一行政区域更名为"真定"。对于元好问为何弃"真定"不用而使用"镇州"这一古称的原因，我们不得而知。在他其他于公于私的一些碑记散文中，也能够看到"真定"这一名称的使用痕迹，所以或许在"镇州"这个地名中，多少包含了元好问某些不为我们所知的特殊意味吧。

> 翁仲遗墟草棘秋，苍龙双阙记神州。
>
> 只知终老归唐土，忽漫相看是楚囚。
>
> 日月尽随天北转，古今谁见海西流。
>
> 眼中二老风流在，一醉从教万事休。②

---

① 对这一时期的史天泽，研究者们经常使用"汉人世侯"这一称谓，而实际上学界普遍认为他们没有封地，与封建诸侯有着本质上的差别。本书为了避免不必要的误解，故不采用这一称谓。

② 《遗山先生文集》卷八，《四部丛刊》初编本，上海：上海商务印书馆，1919年，第98页。以下引本书标注"《文集》卷次，页码"。

秋天茂密的荆棘深丛中是坟墓的废墟，草丛中隐约可见滚落在地上的石像。雕刻着苍龙的两个石门诉说着此地原本是中华文明中心的往昔。一直以为等到自己终老回归故土隐居的时候就能和大家见面，谁又能想到今天在这里相遇，彼此却都是俘虏的身份。天上的日月星辰本应该是从东向西移动，现在却是天地颠倒失去了该有的秩序，谁又见过混沌世间河流向西逆流的事情啊。我的眼中，你们二位大文学家风采依然，今天在这里我们就尽情地醉一回吧，把所有的苦闷烦恼都统统抛之脑后。

解读元好问这首作品的关键在首联"记神州"这一文字表现上。这里的"神州"亦作"神洲"，原本指神仙们的世界。君临天下的皇帝又被称为"天子"，拥有绝对的权力，所以"天子"所居之处（即意味着"王域"的帝都）也就自然而然地进入了"神州"的范畴。所谓"神州"，与"中原""中国"同义。这首作品叙述的是眼前的"神州"风景，"记神州"就是"让我想起镇州曾经亦是中原之地"之意。首联两句的读解，当为：在茂密秋草丛的对面可以看见一片废墟，废墟上伫立的巨大石像和雕刻着苍龙的石门都是这片土地曾经是"中国"的痕迹。元好问刻意强调"记神州"，恰恰是为了说明，现在的镇州早已经不再属于"中国"了。

第二联：亡国之前我原本只是想着老了以后回到故乡——周代唐叔虞的封地——过自己的隐居生活，却万万没有想到在镇州这里，和白华、王鹗等人以楚囚的身份翻然相遇。第五句"日月尽随天北转"的表述虽然是基于中国古代的"天地日月观"，但诗中的"天地日月"却已经失去了正常的运行。在中国传统的天圆地方的宇宙观中，以北极星为顶点天盖向北倾斜，南方的天空偏高。天以北极星为中心向左旋转，天上的日月星辰自东向西移动。日月星辰虽然看上去好像是挂在天上，但实际上各自有各自的轨道，移动的速度也不尽相同。古人认为天是左向旋转的，日月星辰则是右向，并以各自的速度在移动。因为天的旋转速度比日月星辰要快很多，所以所有的日月星辰看上去都是自东向西在移动。这不是因为日月星辰都是挂在天上的缘故，是因为它们都是在自觉地遵行着在"向左旋转的天盖"的右边运行的规则。《白虎通》卷九的"日月"条中，将这样的天体运行秩序明确地记载为"天左旋，日月五星右行何？日月五星，比天为阴，故右行"。作为日月星辰右行的理由，《白虎通》接着解释道："右行者，犹臣对君也。"[①]也就是说，在古人眼里，"日月星辰都是侍奉北极星这位'天子'的臣下"。

在这样的观念下，重新审视"日月尽随天北转"一句，其意应为：日月原本应该是与天相反作右向移动的，现在却是与天一同做着向北的旋转。此处的"北转"当与"左旋"同义。天是世界的中心，这里当是寄托了"中原""中国"的意思在里面。同样第六句的"古今谁见海西流"中的"海"应该也是有这层意思的。中国自古有"东流水"之说，且所有的河川都是东流入海。也就是说，这一句表达的是：河川从大海向着西方逆流，这种谁都没有经历过的事现在发生了。第三联利用天上的日月星辰、地上的河流，告诉人们天地山川都停止了正常的运行，

---

① [清] 陈立撰，吴则虞点校：《白虎通疏证》卷九，北京：中华书局，1994年，第423页。

"中原"大地变成了毫无秩序的世界。

第四联说到了在这毫无秩序的天地里重逢的故友。尤其是白华，在金朝灭亡前的数年间，在对蒙古和南宋的几次重要战役中，他作为文官枢密院判官，数次向朝廷提出了预判精准的战略意见，但都没有被金朝朝廷采用。在金哀宗放弃开封出逃河南归德的时候，白华作为随行人员，临危受命去邓州招募援军，结果反被邓州的金朝将领带着投降了南宋。1236年，他又再次被南宋的将领拖着投降了蒙古，也因此而回到了北方（对于白华这样一位有着复杂经历的人物，本书第七章有详细论述，在此不赘言）。《金史·白华传》（卷一一四）记其投降南宋之前的神态是"遂若无意于世者"，对于他投降南宋这件事，"士大夫以华夙儒贵显，国危不能以义自处为贬"。而或许白华胸中所有的尽是身在其中却无人能言的深深绝望和孤独。白华从南宋第二次投降了蒙古的史天泽以后，隐居真定，这才得以有这次与元好问的重逢。而这首《镇州与文举百一饮》的七律，或许就是元好问在亡国后的真定初遇白华时，察觉到他内心的情感后有感而发的诗歌作品。

第七句的"眼中"一词是元好问诗作中经常出现的词语，有"亲眼目睹""历历在目"等这样的语感。这里的"风流"，意同"文学""教化"，指的是高超的文化感召力。"在"即健在之意。第八句的"从教"，正确的说法应该是"纵教"，即任凭、放任之意。综合起来第四联的意思就是：如今在我眼前的你们二位虽然文学创作上依然宝刀未老，风采卓然，但又能到何处去施展呢？为了祝贺我们的重逢，放任自己酩酊一醉吧，醉了以后这世上的所有烦恼也就随之而去了。在这首作品中没有吟咏亡国的悲哀，只是在陈述着华北平原上消失的"中原文明"。即使白华、王鹗"风流"健在，但那也和"翁仲遗墟""苍龙双阙"同样，只不过是无法复兴的"神州"曾经存在过的记忆痕迹罢了。

将这首作品与元好问的创作范本——柳宗元的《衡阳与梦得分路赠别》对照欣赏时，元诗的独特性就愈加清晰明了。

> 十年憔悴到秦京，谁料翻为岭外行。
>
> 伏波故道风烟在，翁仲遗墟草树平。
>
> 直以慵疏招物议，休将文字占时名。
>
> 今朝不用临河别，垂泪千行便濯缨。[①]

经过了十年的风霜憔悴总算是回到了都城，却不想又要到这遥远的衡山之南。以前伏波将军曾经走过的这条路上尘土漫天，早已成为废墟的陵墓和倒卧的石像都已经淹没在茂密的杂草丛中了。都是因为自己的过分刚直招致了国都中攻击自己的那些流言蜚语，再也不去想什么用文章来赢取世间的评判。今天就不要在湘水边上分手了，和你惜别的泪水已经足够用来洗涤我们的冠缨了。

唐元和十年（815）柳宗元和刘禹锡在分赴仕地之际，在二人分道扬镳的衡阳路口，柳宗元赠与了刘禹锡上面的这首诗作（题目中的"梦得"是刘禹锡的字）。从第四句"翁仲遗墟草树平"中可以看出，元好问就是

---

① 《柳宗元集》卷四二，北京：中华书局，1979年，第1159页。

以这首诗为范本创作了《镇州与文举百一饮》。但是，正如柳诗第三联"直以慵疏招物议，休将文字占时名"表现的那样，柳宗元将与挚友分别的悲哀融入他们不谐世途的不幸遭遇。"翁仲遗墟草树平"句中"茂密的草木中散落着石像的废墟是昔日的坟墓"所描述的情景，与《古诗十九首》之十四"去者日以疏，来者日以亲。出郭门直视，但见丘与坟。古墓犁为田，松柏摧为薪"是一样的，逐渐被世间遗忘的逝者的悲哀总是在与春天无限生命力的对照之下展开。"翁仲遗墟"象征着长眠地下的亡者的生前名声，而"草树平"则意味着在时间流逝中名声的逐渐湮没。但在元好问的作品中，"翁仲遗墟"是对文明本身的一种毁誉褒贬。未来的历史是否能够记录下所有的中华文明呢？也许这才是此时的元好问真正担心的问题。

二、关于金朝的正统论

未来的历史学家，如何记叙9世纪至13世纪华北地区的历史，担心这个问题的不仅仅是元好问。14世纪中叶，一位名叫苏天爵的历史学家，在自己编纂的《国朝文类》卷四五"杂著"的分类中，收录了一篇题为《辩辽宋金正统》的文章[①]。通过这篇文章可以清晰地了解到金朝

[①] 除《国朝文类》以外，［元］王恽《秋涧先生大全文集》卷一〇〇《玉堂嘉话》卷八亦有收录修端所著《辩辽宋金正统》一文，但二者文本存在些许异同，本书引文据《四部丛刊》本所收《国朝文类》。见［元］苏天爵著:《国朝文类》卷四五，《四部丛刊》初编本，上海：上海商务印书馆，1936年，第496—498页。

的士人们所担心的问题实质。苏天爵是1294年出生在真定的元朝历史学家，《国朝文类》是他在元统二年（1334）编纂的元一代文章作品选集，而以金朝正统性为中心展开的《辩辽宋金正统》一文，是一位署名修端的作者在金朝灭亡的1234年九月撰写的。可惜的是，有关修端出身和人生履历的史料并没有保存下来，在中国"修"姓比较罕见，"修端"亦有可能是其名或字，如果是这样，其或有可能是完颜氏某支所出。

先看一下《辩辽宋金正统》的正文：

> 岁在甲午（1234）九月望日，东原诸友会于孙侯之第。语及前朝得失之事。坐客问云："金有中原百余年，将来国史何如？"或曰："自唐已降，五代相承，宋受周禅。虽靖康间二帝蒙尘，缘江淮以南，赵氏不绝。金于宋史中，亦犹刘、石、符、姚，一'载记'尔。"众颇惑焉。

金朝最后的皇帝哀宗和末帝死于天兴三年（1234）正月。上文开头所谓"甲午九月望日"，在金朝灭亡的八个月之后。此时在大运河沿岸交通枢纽的东原（即东平）有一位名为严实的军阀，势力羽盖山东一带，自金朝灭亡之前就庇护了很多金朝的文人。文中的孙侯，即为严实麾下武将孙天益。时值九月十五，在孙天益的宅邸，几名金朝文人小聚，酒饭之余，语及灭亡的金朝，话题最终涉及到了史家对金朝历史的记录问题。有人认为，唐、五代再到宋是一脉相承，宋朝虽分南北，但赵氏皇家血脉一直绵延。在编纂宋史之时，金朝自然是如五胡十六国时期的汉

（刘渊）、后赵（石勒）、前秦（苻坚）、后秦（姚兴）那样，被作为宋朝的"载记"之一来记载。对于金朝的这一定位，在座的诸人都表示困惑。

这里的"载记"指的就是唐太宗李世民指定房玄龄、褚遂良等人编纂的一百三十卷《晋书》末尾的三十卷"载记"。清赵翼《廿二史札记·各史例目异同·世家》写道：

> 《晋书》于僭伪诸国数代相传者，不曰世家，而曰载记。盖以刘、石、苻、姚诸君有称大号者，不得以侯国例之也。[1]

"载记"就是"并载而记"，相当于现在的"附录"。"载记"与正史并列记叙那些或是篡夺政权，或是自立山头年号，没有被承认的非正统王朝的历史。《晋书》的"载记"记录的正是几百年前华北地区上的五胡十六国历史，如今同样把金史作为宋史"载记"的意见中，多多少少也是包含了一些旧金朝文人们对自己王朝属于女真"夷狄"政权的自嘲。

对于这一定位，修端做了这样的回应：

> 愚曰："正闰之论，端虽不敏，请以本末言之。夫耶律氏，自唐以来世为名族，延及唐末。朱温篡唐，四方幅裂。辽太祖阿保机乘时而起，服高丽诸国，并燕云以北数千里，与朱梁同年即位，是岁丁卯（907）。至丙子（916），建元神册，在位二十年。其子德光

---

① [清] 赵翼著，王树民校证：《廿二史札记校证（订补本）》卷一，北京：中华书局，1984年，第4页。

（辽太宗）嗣位，是岁丁亥，唐明宗天成二年（927）也。德光后号太宗，当天显十一年（936）。河东节度使石敬瑭为清泰帝（清泰是后唐废帝建立的年号）来伐，遣使求救于辽，奉表称臣，仍以父礼事之。太宗赴援，因以灭唐。石氏称晋，遂以燕云十六州献于辽，仍岁贡帛三十万匹。天福七年（942），晋高祖殂，出帝嗣位。大臣议奉表称臣，告哀于辽。景延广请致书称孙而不称臣，与辽抗衡。太宗举兵南下，会同九年（946）入汴，以出帝为负义侯，迁黄龙府，石晋遂灭。大同元年（947），太宗北还，仍以萧翰留守河南。刘知远在河东，乘间而发，由太原入汴，自尊为帝。及乎宋受周禅，有中原一百六十余年。辽为北朝，世数如之。虽辽之封域褊于宋，校其兵力，而澶渊之战宋几不守，因而割地连和，岁贡银绢二十万两匹，约为兄弟，仍以世序昭穆。降及晚年，辽为翁、宋为孙。及至天祚，金太祖举兵，平辽克宋，奄有中原三分之二，子孙帝王坐受四方朝贡百有余年。今以刘、石等比之，愚故不可不辩也。"

文章开头的"正闰"，原本是"平年""闰年"之意，后派生为正统与非正统之意，因此"正闰之论"即指王朝的正统论。针对旧金朝文人对于"金史作宋史'载记'"的意见，修端意在从根本上来对"正统论"做一番辩论。

上面修端的辩论大略意思是这样的：

建立辽王朝的耶律家族是唐朝以来的名门望族，朱温篡唐之际，耶律阿保机征服高丽，合并了燕云以北的领土，与朱温的后梁同年建立了政权。后梁被后唐取代，后唐政权存续的时候，耶律阿保机传位给辽太宗德光。其后，后唐节度使石敬瑭对辽称臣，借辽的兵力灭后唐，建立后晋。作为借兵的谢礼，后晋割让了燕云十六州给辽，并缴纳每年三十万匹的帛贡，辽和后晋父子相称。石敬瑭死，出帝石重贵即位，大臣景延广欲与辽对抗，国书称孙不称臣，辽太宗德光于是发兵灭了后晋。太宗撤兵返回北方的时候，后晋大将刘知远乘机建立了后汉。再后来，宋朝受禅后周建立国家，在中原地区有一百六十多年的统治时期，但是这时候辽王朝的帝室血脉也是一直绵延存在的。虽然辽王朝地域偏北，但是与宋朝的国力在澶渊之战中已经有了分晓：宋朝割地求和，还对辽缴纳银绢二十万两匹的岁贡。在名分上两国虽以兄弟相称，但实际上两国的关系从父子一直到后来的爷孙。从这个意义上说，辽已经相当于北朝了吧。在辽天祚帝的时候，金太祖起兵灭辽，广有中原三分之二的领土。完颜氏的子孙作为帝王接受四方朝贡百余年，这样的金朝如何能够与《晋书》"载记"记录的五胡十六国的刘渊、石勒他们同等对待呢？

如上所示，《辩辽宋金正统》中展开的正统论是将辽王朝作为金朝的前政权，以辽政权的正统为前提来确保金朝的正统。此是修端这篇文章最大的特征。接下来就是对金朝正统性的主要辩论。

元好问与他的时代

夫刘渊、石勒，皆晋之臣庶，叛乱国家，以臣伐君。纵能盗据一隅，僭至姚泓，终为晋将刘裕所虏，斩建康市。兹作"载记"，理当然也。完颜氏，世为君长，保有肃慎（《左传》中记载的北方民族的土地），至太祖时，南北皆为敌国，素非君臣。若如或者所言金为"载记"，未审《辽史》复如何尔？方辽太祖神册之际，宋太祖未生，辽祖比宋前兴五十余年，已即帝位，固难降就五十年之后，包于《宋史》为"载记"。其世数相悬，名分颠倒，断无此法！既辽之世纪宋不可兼，则金有中原尤难别议。以公论处之，据五代相因，除庄宗入汴复仇伐罪，理势可观外，朱梁篡逆，甚于王莽；石晋因辽有国，终为辽所虏；刘汉自立，父子四年；郭周废湘阴公而立。以五代之君通作《南史》，内朱梁名分，犹恐未应。辽自唐末，保有北方，又非篡夺，复承晋统，加之世数名位，远兼五季，与前宋相次而终，当为《北史》。宋太祖受周禅，平江南、收西蜀，白沟迤南，悉臣于宋，传至靖康，当为《宋史》。金太祖破辽克宋，帝有中原百余年，当为《北史》。自建炎之后，中国非宋所有，宜为《南宋史》。

以上修端对于华北地区的史书记载意见是这样的：

刘渊、石勒等人原为后晋的臣子，叛逆建国后的政权，以后秦的姚泓被后晋将军刘裕斩杀于建康（今江苏南京）而终。叛晋之政最终由晋来终结，将其作为晋史的"载记"也是理所当然的。但建立金朝的完颜氏自古以来世系严明，对于北方领土的所有权更是世代分明。太祖完颜阿骨打的时代南北对立，从来没有以君臣名分相称过。要是将这样的金朝作为"载记"的话，辽史就不好处理了。因为辽太祖建元"神册"立国之时，宋太祖还没有出生，辽王朝比宋王朝早五十年就拥有了帝位，这样的辽史作为宋史"载记"的话，王朝的先后关系发生混乱、名分颠倒，是绝对没有道理的。如果辽史不能为宋史兼并的话，那拥有中原地区的金朝的历史亦是同理。公平来说的话，五代时期只有后唐庄宗李存勖攻取汴梁讨伐后梁这事值得称道。其他朱全忠篡唐建梁；石敬瑭因辽有国，但最终为辽所灭；刘知远虽然建国，但父子相袭也就四年而已，最终其子孙刘承祐被后周郭威贬为湘阴公，进而被取代。如果把五代的这些君主们归为《南史》的话，五代起初的后梁王朝的名分就不太合乎道理。与此相对，辽王朝从唐末就拥有北方，又非篡夺，而且还继承了五代后晋的王统（译者注：指辽太宗德光灭石敬瑭子石重贵一事），加之出身和政权的存续年数都是远远凌驾于五代之上，与北宋也是相继灭亡。所以，把五代归为《南史》虽然有勉为其难之嫌，但辽史却是应该作为《北史》记叙的。宋太祖受禅后周，建国时平定江南、合并西蜀，在"靖康之变"之前一直拥有河北省白沟以南的领地，所以应该做《宋史》。金太祖破辽克宋，建国后拥有中原地区百年有余，所以应该做《北史》。宋高宗建元"建炎"以后，中原地域已然不是宋的领地了，所以应该做《南宋史》。

看得出，修端主张把唐王朝灭亡后的历史分为南北两部分，北方地区从辽到金的历史作为《北史》；南方地区从五代到北宋，再到南宋的历史分割为《南史（或为五代史）》《宋史》《南宋史》三部分。应该说，"金朝继承的是辽的王统，而不是北宋的王统"这一见解是修端最大的辩论主张。

对此，有人搬出了修撰《五代史》的欧阳修来进行反驳。

> 或曰："欧阳氏，宋之名儒也。定立五代，不云《南史》。当时想曾熟议，奈何今复有此论乎？"

也就是说，《五代史》是欧阳修等宋代名家大儒们深思熟虑后的结果，是不容置疑和撼动的。面对这一质疑，修端如此说：

> 愚曰："欧阳氏作史之时，辽方全盛，岂不知梁、晋、汉、周授受之由？故列五代者，欲膺周禅，以尊本朝，势使然尔。及作《十国世家》，独曰周、汉之事，可谓难矣。欧阳公之为是言，厥有旨哉。愚读李屏山《咏史诗》，咏五代郭周云'不负先君持节死，举朝唯有一韩通'。盖尝惊哀此诗命意。宋自建隆以来，名士大夫论议篇什不为不多，未尝一语及此，非不能道也。盖禘之说也。故列五代者，良可知矣。隋季文中子作《元经》：'至晋宋已后，正统在中原。'而后大唐南北一统，后至五代，天下纷扰，无由再议，降及今日，时移事改，商确前人隐约之迹，当从公论。"

修端的意见具体是这样的：

　　欧阳修修《五代史》之际，时值辽王朝政权鼎盛之期。欧阳氏不可能不知道五代诸国政权兴替的经纬，但他必须要肯定受禅后周的宋王朝的正统性，所以必须采取那样的写法。在《十国世家》的书写中，欧阳修只是选择性地在与后周的关系范畴内对北汉部分作了记述，应该说这是注定会受到指责的地方。欧阳氏之所以这样处理，当然有他自己的意图。我曾经读过士人李屏山的《咏史诗》，其中有吟咏五代郭威的诗句"不负先君持节死，举朝唯有一韩通"（后周被赵匡胤灭国之际，以死报答先君郭威恩义的只有韩通一人）。也就是说，欧阳修在《五代史》中并没有为韩通立传，将宋朝立国的某些关键细节有意进行了暧昧模糊的处理。结合这些事情，我非常感佩李屏山诗的立意。赵匡胤建国以来，宋朝不乏有识之士的出现以及他们所展开的议论，但没有一人言及宋朝建国的缘由经过。这不是说那时的士人们没有这个能力，而是因为这是涉及到国家祭祀的正统性问题的大事，是"不能够公然议论的敏感问题"。因此，《五代史》如何书写，对于宋代的有识之士们来说，从一开始就是心照不宣的事情。隋朝文中子的《元经》中有言："六朝的晋宋之后，正统就转移到了北方的中原地区。"其后大唐统一南北，到了五代才造成时世混乱的现实是无需赘言的。时移世易，今天正是把前人暧昧处理的事由再次进行权衡，重新进行公平论断的时候了。

上面的议论中涉及到的李屏山，名纯甫，字之纯，号屏山，是金朝代表性的士人之一。约生于大定二十五年（1185），卒于金朝濒临灭亡的1231年前后。李屏山生前是一位有着敏锐超前意识的人物，以特立独行的行事方式为人所知，他是最早预测到蒙古对金朝的威胁并对此进行了警示的人。同样，他也很快意识到了金朝政权的最终结局，绝望之余佯装疯癫放浪形骸，韬晦于饮酒作乐。其上所引《咏史诗》的全篇在别处未见有记载，但从《辩辽宋金正统》的文脉来看，其内容应该是在影射赵匡胤即位的史实。韩通，《宋史》卷四八四的《周三臣》中可见其列传，应该是自宋初以来饱受历史学家们热议的话题人物。

关于韩通的事迹有必要在这里做一个简单的插叙。后周皇帝郭威死后，七岁的恭帝在公元960年即位。为了迎击入侵河北的辽军和北汉的联合军，殿前将军赵匡胤带兵从国都开封开拔。在陈桥驿站，赵匡胤接受了军队的拥戴、黄袍加身即位为皇帝后，调头带兵返回了开封，将恭帝贬为郑王。听说赵匡胤带兵返回开封的韩通，率领城内兵士准备迎战，在回家安顿之际举家为将校王彦昇所杀。

《宋史·周三臣传》开篇有言：

> 《五代史记》有《唐六臣传》，示讥也。《宋史》传周三臣，其名似之，其义异焉。求所以同，则归于正名义、扶纲常而已。韩通与宋太祖比肩事周，而死于宋未受禅之顷，然不传于宋，则忠义之志何所托而存乎？[1]

---

[1]《宋史》卷四八四，北京：中华书局，1977年，第13967页。

《宋史》的《周三臣传》之所以言及《五代史》，可以说是为了指责欧阳修没有为韩通独自立传。

此外，元初周密《齐东野语·韩通立传》条目中说：

> 旧传焦千之学于欧阳公。一日，造刘贡父，刘问："《五代史》成邪？"焦对将脱稿。刘问："为韩瞠眼立传乎？"焦默然。刘笑曰："如此，亦是第二等文字耳。"①

由上可以推测，欧阳修没有在《五代史》中为韩通立传的事情，很早就是宋人中间的热议话题了。因为《宋史》《齐东野语》皆是在元代成书，而韩通立传与否的事情在宋代恐是不允许公开讨论的敏感话题。对宋代士人来说，处于敌对立场的金朝文坛是可以肆无忌惮地畅所欲言的。修端在这里就是引用了金朝文坛中尤为辛辣的李屏山的议论，来力证欧阳修的《五代史》是被人为粉饰过的史书。

对于修端的意见，在座的一人如此反论：

> 或者又曰："金有中原虽百余年，宋自建隆于今，几三百年。况乎今年春正月，攻陷蔡城，宋复其仇，固可以兼金矣！"

提出异议之人的意思是这样的：

---

① [宋] 周密著，张茂鹏点校：《齐东野语》卷一三，北京：中华书局，1983年，第234页。

金朝虽拥有中原地区百余年，但是宋朝建国以来却有几近三百年的国祚。况且今年（也就是1234年）的正月，宋朝灭金朝的哀帝、末帝，一雪之前的靖康之耻。这样看宋史中也不是不可以兼并金史的啊。

修端如是答：

愚曰："元魏齐梁世数已远，恐诸公不以为然。请以五代周汉之事方之。汉隐帝乾祐三年（950）遇弑，太后诏立河东节度使旻之子赟，寻废为湘阴公，旻遂即帝位于晋阳，终旻之世犹称'乾祐'。旻系刘高祖母弟，其子承钧、孙继恩、继元，皆相继立，凡二十八年，宋太宗太平兴国四年（979），始灭之。夫东汉四主，远兼郭周，则郭亦不当称周。固当为闰，宋太祖不当曰'受周禅'，传至太宗，方承东汉之后。欧阳不合作《五代史》，合作《四代史》；司马光《通鉴》当列东汉为世纪，欧阳不宜作《十国世家》。

"呜呼！国家正闰固有定论，不图今日轻易褒贬。在周则为正，在金则为闰，天下公论果如是乎？况蔡城之亡，盖大朝征伐之力。宋之边将，专权率意，自撤藩篱，快斯须之忿、昧唇齿之理，延引强兵深入，导徽宗之覆辙，媒孽后祸，取笑万世，何复仇之有？宋自靖康已来，称臣佺，走玉帛，岁时朝贡，几于百年。岂期今日私论，遽称尊大复如是乎？金泰和间（1201—1208），南宋寒盟，起无名之师，侵渔唐、邓、宿、泗。章宗分遣应兵，其淮、汉、川、蜀之间，大为所破。宋遣臣方信儒等，卑辞告和，请叔为伯，进增岁币、献臣韩侂胄之首至于阙下。是时，中原连年蝗旱，五谷不登，山东尤甚。章庙（金章宗，金朝的第六代皇帝）深用自责，每以偃兵息民为念。尝诏百官议曰：'朕闻海陵（金朝的第四代皇帝）有言，我国家虽受四方朝贡，宋犹假息江左，亦天下两家邪。故有亲征之行。去岁，宋人兵起无名，摇荡我边鄙。今已败衄，哀恳告和。朕思海陵之言，宜如何尔？'时臣下有希意者，进曰：'向者靖康间，宋祚已衰，其游魂余魄，今虽据江左，正犹昭烈之在蜀不能绍汉氏之遗统明矣！'于是，宋金和议遂定。此乃当时继好息民之大略，非后世正闰之定论也。夫昭烈之于汉，虽云中山靖王之后，其族属疏远，不能纪录；高宗乃徽宗之子，奄有江南，似与昭烈颇异。若以《金史》专依泰和朝议为承宋统，或从今日所论，包为'载记'，二者俱非公论也。"

把修端这段话结合具体史实进行解读的话，应该是这样的：

修端说："北魏和南朝齐梁的事情太久远了，用五代后周和北汉做实例说明吧。后汉隐帝在乾祐三年被杀，隐帝母亲李太后诏立河东节度使刘旻的儿子刘赟为帝。郭威即位后，废刘赟为湘阴公。其父刘旻在山西晋阳即位，一直到他死去都是在使用隐帝的'乾祐'年号。刘旻是后汉高祖刘知远的胞弟，其子刘承钧、孙刘继恩、刘继元先后继承了他的帝位，一共延续了二十八年，一直到宋太宗太平兴国四年才为宋所灭。五代北汉这四位帝主（译者注：指自刘旻至其孙刘继元）的血脉绵延比郭威创立的后周时间要长，那郭威就不应该自称后周。后周既非正统，那也就不应该有宋太祖受周禅的说法，而该称是宋太宗继承了五代北汉的国祚。欧阳修不应做《五代史》，应该是《四代史》才对，也不应做什么《十国世家》。司马光《资治通鉴》中亦应该根据后汉的年号为帝主们作世纪传记。

"国家的正统、非正统原本是有固定逻辑的。同样的道理，在后周是正统，到了金朝就是非正统的论法怎么行得通呢？金朝哀帝、末帝是因为蒙古而死于蔡州，这跟国境周边南宋的将领是没有关系的。南宋的将领们自废国界之防，为了一时的私愤无视唇亡齿寒的道理，协助蒙古灭金，分明是重蹈当年宋徽宗援金灭辽的覆辙，这样自取灭亡的做法只能成为历史的笑话，哪里能称得上复仇呢？而且，宋王朝靖康以来，对金称侄朝贡有百余年，如何今日私论之下，南宋一下子就变得高大起来了呢？金朝泰和年间，南宋违背宋金盟约发兵入侵唐、邓、宿、泗四州。金章宗派兵迎战，在淮南、汉水、四川方面大败宋兵。于是南宋派方信儒前来求和，且主动提出对金朝由'叔'改尊为'伯'，最终增加岁币并献上了南宋主战派人物韩侂胄的人头。彼时中原连年旱灾，五谷不收，山东尤为严重。金章宗将旱灾的责任归咎到自己身上，意欲息兵以休养生民，因此诏百官说：'海陵王认为金朝和宋朝不能两立，所以有亲征之举。去年宋朝无故兴兵，犯我边境，如今战败前来求和，海陵王又有言在先，该怎么办好呢？'有臣子进言说：'在以前靖康之变的时候，宋朝的王脉就已经结束了。如今南宋就是个空壳子而已。现在虽然占据长江以南，和三国时期刘备占据蜀地却明显无法继承汉朝王统的事实是一样的。'于是，金和宋方成和议。只不过这件事只能说是金章宗为了修养生民而对宋示好的例子，却不能作为讨论金朝正统性的立足点。蜀汉刘备虽然自称是中山靖王之后，但时代谱系久远到无法记录；而南宋高宗作为徽宗的儿子拥有江南，与刘备是很不一样的。现在，以泰和年间的朝议为依据，认为金朝继承了宋朝的正统，或者是像今天说的这样，把金朝作为宋史的'载记'，这两种做法都称不上公允。"

在上面内容的末尾处，修端正统论背后的历史缘由才始见端倪。修端主张金朝的正统性显然是经过深思熟虑的。实际上，《辩辽宋金正统》一文的背后，是早在金章宗朝就已经有了这一辩论的史实。

从修端的发言中可知，金章宗朝时的正统论是以南宋议和为契机展开的。章宗泰和年间，南宋进攻华北，惨败之余献上韩侂胄首级的事实，在《金史》卷九三《宗浩传》中有所记载，事件本身并没有什么问题。但是，《金史》中却并没有与金朝德运相关的议论，而记录了金朝德运之议的《大金德运图说》一书中，泰和二年（1202）的有关记录和修端这里的议论之间存在一定的龃龉。之所以这样说，因为在修端的笔下，围绕金朝正统性的议论是为了促进与南宋的议和而发起的，但实际上，根据《金史·宗浩传》的记载，金朝和南宋的和议应该是在泰和八年（1208）缔结的。

金人的《大金德运图说》中记叙了泰和二年（1202）朝廷拟定的有关金朝德运的三个方案：

第一方案：金太祖完颜阿骨打喜好白色，以金为贵，因此以"金"为国号。金朝继承了唐朝的"土德"，当为"金德"。

第二方案：金朝继承了辽的"水德"，当为"木德"。

第三方案：唐的"土德"为五代继承，宋受后周禅为"火德"。宋在汴梁为金所灭，金继承了宋，当为"土德"。

三个方案中，最终第三方案被采用。作为德运继承依据的欧阳修的《五代史》就成了正史，而辽王朝则被认为是非正统政权，《辽史》的编纂也被中途中止。这可以说是《大金德运图说》的大略内容。

章宗朝的正统论最终招致了《辽史》编纂工程的中止，这一事态在修端《辩辽宋金正统》一文的后半段也将言及。在《金史》卷一二《章宗本纪四》泰和七年十二月条中有"十二月壬寅朔，《辽史》成"的记述。此外，元好问《故金漆水郡侯耶律公墓志铭》一文中亦有"泰和中，诏修《辽史》。书成，寻有南迁之变。简册散失，世复不见"[1]的记载。也就是说，《辽史》一度是曾经编纂完成的。如果是这样，那么这里修端后文中所说的《辽史》编纂的中止，应该指的是已经完成的《辽史》被破坏遗弃了，这种事情只能发生在1207年十二月以后。《大金德运图说》中记录的推测为泰和二年十月二十五日的正统论，并非是章宗朝的最终结论，只能将其作为一个中期讨论的备选方案来看待。

---

① 参见《国朝文类》卷五一《墓志》，第554页。

基于以上观点，再次审视《辩辽宋金正统》一文，修端的主张也就一目了然了。概而言之，他所要宣扬的是：章宗朝做出的"宋朝的国祚已经灭亡，金朝继承了宋朝，宋为'火德'，金的德运就是'土德'"——即采用《大金德运图说》的第三方案——的决定是错误的，金朝应该践行的是第二方案，即金朝继承的是属于"水德"的辽王朝，其德运应为"木德"。

《辩辽宋金正统》一文也将迎来最后的尾声，原文及其解读如下：

> 或者又曰："辽之有国，僻居燕云，法度不一，似难以元魏、北齐为比。"
>
> 愚曰："以此言之，肤浅尤甚！若以居中土者为正，则刘、石、慕容、符、姚、赫连所得之土，皆五帝三王之旧都也。若以有道者为正，符秦之量，雄材英略，信任不疑；朱梁行事，篡夺内乱，不得其死。二者方之，统孰得焉？夫授受相承之理，难以此责。况乎泰和初，朝廷先有此论。故选官置院，创修《辽史》。后因南宋献馘告和，臣下奏言：'靖康间宋祚已绝，当承宋统。上乃罢修《辽史》。'缘此，中州士大夫间不知辽金之兴本末各异，向使《辽史》早成，天下自有定论，何待余言？"
>
> 坐客愕然曰："数百年隐显之由，何其悉也。幸请书之，以备它日史官采摭云尔。"

又有人说："辽国只是拥有了燕云十六州而已，应该不能与北魏北齐这样的国家比肩。"

修端说:"这种说法太肤浅。如果居于中央就是正统的话,五胡十六国的北汉刘氏、后赵石氏、前燕后燕的慕容氏、前秦苻氏、后秦姚氏、夏的赫连氏,他们拥有的疆域都曾是三王五帝的国都。如果有道就算正统的话,前秦苻坚无论是心胸还是才能,都得算是正统的英雄了。五代后梁的朱温是篡唐的反叛者,也没得善终。五胡十六国和五代相比,谁更有正统性呢?在德运和正统的继承问题上,不能以国都的位置、国君的品德来决定。而且,金章宗时朝廷已经开始对正统性进行讨论了,在多方讨论和斟酌中,亦有以金朝继承辽王朝正统的意见,所以才设立机关选派人员编纂《辽史》。不想后来,南宋以韩侂胄的首级来求和,有大臣说:'靖康间宋国国运已经结束,我们应该继承宋的王统。圣上当中止《辽史》的编修。'《辽史》的编撰因此而被放弃了。也就因为这样,中原的士人们才不清楚辽金之间承继关系的差异。如果《辽史》编纂早已完成的话,天下正统早有定论,自然不用我在这里赘言。"

在座的人都很吃惊:"数百年模糊不清的历史缘由,梳理得清晰明白。一定要记录下来,以供后世的历史家们参考。"

三、金朝士人的苦恼

如果只是把焦点集中在《辩辽宋金正统》中李屏山的咏史诗和南宋以韩侂胄的首级求和的史实上,难免就会有欲对宋儒的"正闰论"与宋朝正统性提出异议之嫌。但是，修端准确地预测了后世史家以宋王朝为中心进行历史记叙的事实，而且他的《辩辽宋金正统》是在深谙北宋所主张的"正闰论"的基础上创作的，绝不是单纯地想要否定宋王朝的正统性。所以，修端不主张金史作为《宋史》的"载记"，但却不否定五胡十六国作为"载记"记叙的合理性。在对三国、五胡十六国之间的王权更替问题上，他忠实地继承了欧阳修、司马光这些宋代大儒们的意见。从这一意义上来说，修端是将北宋时的"正闰理论"套用在金朝的立场上，展开了自己对金朝的辩护。

《资治通鉴·魏纪一》黄初二年 (221) 三月条目中，记载了司马光的"正闰论"：

臣愚诚不足以识前代之正闰，窃以为苟不能使九州合为一统，皆有天子之名而无其实者也。虽华夷仁暴，大小强弱，或时不同，要皆与古之列国无异，岂得独尊奖一国谓之正统，而其余皆为僭伪哉？若以自上相授受者为正邪，则陈氏（南朝陈）何所受？拓跋氏（北魏）何所受？若以居中夏者为正邪，则刘、石、慕容、苻、姚、赫连（五胡十六国）所得之土，皆五帝、三王之旧都也。若以有道德者为正邪，则蕞尔（极小）之国，必有令主，三代之季，岂无僻王！是以正闰之论，自古及今，未有能通其义，确然使人不可移夺者也。臣今所述，止欲叙国家之兴衰，著生民之休戚，使观者自择其善恶得失，以为劝戒，非若《春秋》立褒贬之法，拨乱世反诸正也。

正闰之际，非所敢知，但据其功业之实而言之。周、秦、汉、

　　　　　　　　　　　元好问与他的时代

晋、隋、唐，皆尝混壹九州，传祚于后，子孙虽微弱播迁，犹承祖宗之业，有绍复之望，四方与之争衡者，皆其故臣也，故全用天子之制以临之。……据汉传于魏而晋受之，晋传于宋以至于陈而隋取之，唐传于梁以至于周而大宋承之，故不得不取魏、宋、齐、梁、陈、后梁、后唐、后晋、后汉、后周年号，以纪诸国之事，非尊此而卑彼，有正闰之辨也。

昭烈（刘备）之于汉，虽云中山靖王之后，而族属疏远，不能纪其世数名位，亦犹宋高祖（南朝宋武帝刘裕）称楚元王（刘交）后，南唐烈祖称吴王恪（李世民的第三子李恪）后，是非难辨，故不敢以光武及晋元帝为比，使得绍汉氏之遗统也。①

通过《魏纪》的内容，不难看出修端《辩辽宋金正统》中关于"刘、石、慕容、苻、姚、赫连"的议论以及对昭烈帝刘备的评价，甚至其遣词造句，都可以说是对司马光《资治通鉴》内容的承袭。

正如欧阳修在《正统论下》中所论："故正统之序，上自尧、舜，历夏、商、周、秦、汉而绝，晋得之而又绝，隋、唐得之而又绝。自尧、舜以来，三绝而复续。"②也就是说，欧阳修原本是没有"王统不能断绝且必须有所继承"这样的看法的，但对于蜀汉刘备的政权，他和司马光的立场是一致的。在《原正统论》一文中，欧阳修亦如此主张："刘备，

---

① [宋] 司马光编著，[元] 胡三省音注：《资治通鉴》卷六九，北京：中华书局，1956年，第2187页。
② 《欧阳修全集》卷一六《居士集》卷一六，北京：中国书店，1986年，第118页。

汉之后裔，以不能一天下而自别称蜀，不得正统，可也。"①同样在《魏论》中他也表示："夫得正统者，汉也。得汉者，魏也。得魏者，晋也。晋尝统天下矣。推其本末而言之，则魏进而正之，不疑。"②欧阳修和司马光二人都明确认为：汉朝的王统是经魏由晋继承的，并没有被蜀汉刘备所继承。

此外，对于拥有同一个国号的国家之间的王统继承问题，欧阳修在《东晋论》中这样说：

> 夫周之东也，以周而东。晋之南也，岂复以晋而南乎？自愍帝死贼庭，琅琊起江表，位非嗣君，正非继世，徒以晋之臣子有不忘晋之心，发于忠义而功不就，可为伤已！若因而遂窃万世大公之名，其可得乎？……若乃国已灭矣，以宗室子自立于一方，卒不能复天下于一，则晋之琅琊，与夫后汉之刘备、五代汉之刘崇何异？备与崇未尝为正统，则东晋可知焉尔。③

周朝将国都从西安迁到洛阳，是整个周王室的东迁。晋南下建国都建业，却并非晋王室的南迁。这是愍帝被刘曜所擒死后，琅琊王司马睿在江南起义后的局势。司马睿既不是愍帝的儿子，更不是王权司马家正统的后继者。他只是出于不忘自己作为晋朝臣下、司

---

① 《欧阳修全集》卷五九《居士外集》卷九，第414页。
② 《欧阳修全集》卷五九《居士外集》卷九，第417页。
③ 《欧阳修全集》卷五九《居士外集》卷九，第418页。

马子孙的本心的作为，从忠义出发却没有一统天下，值得遗憾，但却不能因此就可以拥有王统后继的名分。……要说国家已经灭亡，以宗室后代的身份在某处自立为国，最终却没能统一天下的政权，琅琊王司马睿与蜀汉刘备、五代北汉刘旻之间又有什么差别呢？刘备和刘旻都不能称之为正统，那东晋政权也就不言自明了。

在此，欧阳修认可了西周、东周之间的王统延续，但却否认了后汉与三国蜀汉、西晋与东晋、五代后汉与北汉之间的王统承续关系。有无实现天下的统一是欧阳修评判最重要的依据，但根据《东晋论》的内容来判断的话，是否具有正统王位继承人的身份是一个重要的因素。

另一方面，修端在《辩辽宋金正统》中对于北宋和南宋的关系是这样记叙的：

> 夫昭烈之于汉，虽云中山靖王之后，其族属疏远，不能纪录；高宗乃徽宗之子，奄有江南，似与昭烈颇异。

这里修端将南北宋的关系与蜀汉刘备做了关联。虽然蜀汉刘备不能算是继承了正统，但南宋与东周一样，是正式的王位继承人主持的迁都，所以他主张南宋是正统的后继王朝。也就是说，修端利用宋儒的逻辑论证了南宋王朝的正统性。那么，《金史》是否最终难逃成为宋史"载记"的命运呢？

在这种山穷水尽的境地中，修端另辟蹊径，提出了"北史"观点：

晋王朝南北两分，然后有隋、唐的统一。唐的王统再一次经历南北两分，南方是：五代→北宋→南宋的继承方式；北方则是辽→金这样的继承方式。

《辩辽宋金正统》文中如此记载修端这一王统观：

> 况蔡城之亡，盖大朝（指蒙古）征伐之力。宋之边将，专权率意，自撤藩篱，快斯须之忿、昧唇齿之理，延引强兵深入，导徽宗之覆辙，媒孽后祸，取笑万世，何复仇之有？宋自靖康已来，称臣侄，走玉帛，岁时朝贡，几于百年。岂期今日私论，遽称尊大复如是乎？

此处，修端将议论的着重点放在了南北分裂的王统会被再度统一这一没有宣之于口的预测上。继辽王朝之后被金朝继承的北朝王统现在为蒙古继承，从此时的局势来看，蒙古王朝势必能够像以前的唐王朝那样统一南北成就"大一统"，而对忘却了唇亡齿寒的道理、重蹈覆辙的南宋来说，等待着他们的必然只有灭亡的命运。可以说这里显示了金朝士人对宋王朝激烈的对抗心理。

四、《学东坡移居八首》

《辩辽宋金正统》是针对后世如何记载金朝历史这一疑问所呈现的正闰论。聚集在东平的旧金朝的士人们，都在担心金朝被史家作为伪王朝贬为《宋史》的"载记"。金朝诚然是属于女真族建立的王朝，亦没有实现天下一统，称其为一方政权也不为过。金朝士人们对这一事实了然于胸，所以他们对于金亡以后如何被史家记载的问题，比对华北地区今后将往何处去的问题更为在意。因为对于中国的文人们来说，文字记载才是真正的价值源泉，作为"正统王朝"的官僚留名"正史"，是他们自身和家族的莫大荣誉。灭掉金王朝政权的是蒙古铁骑，并不是南宋，但能够抹杀"金朝历史"的却是南宋而不是蒙古。这也是导致金朝士人们耿耿于怀仇视南宋的原因。在他们看来，南宋是将金朝排挤为"载记"的罪魁。《辩辽宋金正统》文中之所以将金朝定位为"辽王朝的后继者"，就是为了与灭金的征服王朝蒙古站在同一立场上，以便为新提议的"北朝"的存在造势。只有这样，他们才能够名正言顺地跻身于胜利者的王统阵营中来。

作为金朝士人的元好问，他和修端一样对南宋心怀忧惧和敌意。

在第一节中已经陈述了金朝国都开封被速别额台包围后，1233年五月元好问被俘后拘禁于山东聊城的事实。当时，元好问被拘押在聊城的佛寺中，1234年正月在佛寺中得知亡国的消息，1235年夏天得以移居冠氏（今山东聊城的冠县），模仿苏轼的《东坡八首》，创作了一组题为《学东坡移居八首》的五言古诗。其中的第六首是这样的：

> 国史经丧乱，天幸有所归。但恨后十年，时事无人知。
> 兴废属之天，事岂尽乖违。传闻入仇敌，只以兴骂讥。
> 老臣与存亡，高贤死兵饥。身死名亦灭，义士为伤悲。
> 哀哀淮西城，万夫甘伏尸。田横巨擘耳，犹为谈者资。

我作南冠录,一语不敢私。稗官杂家流,国风贱妇诗。

成书有作者,起本良在兹。朝我何所营,暮我何所思。

胸中有茹噎,欲得快吐之。湿薪烟满眼,破砚冰生髭。

造物留此笔,吾贫复何辞。

(《文集》卷二,第37页)

金朝的实录①经过战乱,所幸老天爷还是给它留了个归属。遗憾的是,没有金朝最后十年的记录,哀宗的事迹也就不会有人知道了。国家的兴废要看天意,哀宗朝的存亡并不尽然是错误。凭空的传闻到了敌国那里,只会成为他们捕风捉影讥讽金朝的把柄。哀宗朝的老臣们很多都与国家共存亡了,贤士们也多死于战乱和饥饿。他们生前的名声和事迹也将随着他们的离世而逐渐湮灭,活下来的义士们为他们感到悲伤。多么让人痛心啊,金朝的帝室就这样消失在淮西蔡州,无数的人民在那里甘心赴死。当年因为不愿归顺汉高祖自杀而亡的田横就像是齐国徇死者的首领,他们这些人的故事至今仍是人们的谈资。我为后世写下的《南冠录》,没有一句话是出于私心而虚言。野史小说家们记录的是一些街谈巷语的无稽之谈,《诗经·国风》的诗歌都是一些妇女们哼唱的歌谣。为将来可能出现的伟大著述提供一些金朝的材料,这才是我著书的初心和本心啊。要问我朝兴暮休地在忙什么,想什么,那都是想把堵在我胸中

---

① 所谓实录,是指由国史院史官每日记录成册,收存于国库中皇帝的言行资料。历来是编纂"正史"的第一手资料。

的块垒一吐为快啊。看看现在自己的日子，潮湿木柴的滚滚浓烟熏痛了我的双眼，因为寒冷，残破砚台中的水结了冰碴，看上去好像是砚台长出了胡子。不过既然老天爷还给我留下了这支笔，这样的贫乏又怎么会让我退缩呢？

这首诗开头的两句"国史经丧乱，天幸有所归"记述的内容，在诸家解说中都有提到。金朝国都开封破城之际，河北将军张柔抢先一步将《金朝实录》收入囊中，并运送到了自己的大本营顺天进行了保护。作品以金朝的"国史"起兴，元好问自身意欲将金朝历史流传后世的执念贯穿了诗歌整体。

第四联"传闻入仇敌，只以兴骂讥"两句，说的是"金朝的传闻"只要传到"仇敌"那里招致的只会是一味的"骂讥"。这里的"仇敌"具体就是指南宋，"骂讥"毫无疑问是指贬低金朝的讥讽嘲弄。元好问在这里将南宋视为仇敌，明显与修端《辩辽宋金正统》是共通的。不过，元好问的敌意与修端是否属同样性质，必须要做进一步慎重的考量。

上面作品中尤为值得注意的是第二联中使用的"后十年"的表现。在众多的解读中，"但恨后十年，时事无人知"这两句容易被理所当然的解释为：可恨十年后就无人知道金朝的历史了（现在像这样解释的旧注很多）。第三句说的是"但恨后十年"不是"但恨十年后"，"后十年"与"十年后"的意思是断然不同的，这句应该解释为"只是让人遗憾的是后面的十年"。诗作以"国史"开始，所以这一联中的"恨"与第一联中的"幸"，明显是一种尖锐的对应关系，二者之间有着密切的关联。所以这两联四句的话题都是围绕"有所归的金朝国史"展开的，只不过第一联是说其值得庆幸的方面，第二联说的是其缺憾。其真正的意思应该是："经丧乱国史却有所归，天幸啊；（国史）后十年时事无人可知，可恨啊。"根据这两句可以推测出：从哀宗建元的正大元年（1224）到金朝灭亡的天兴三年（1234），这十年间的金朝《实录》根本就没有来得及整理编纂！而这才是元好问遗恨的真正所在。

第三联"兴废属之天，事岂尽乖违"中的"乖违"，指行动言行与常规发生龃龉，错乱反常。也就是说"国家的兴废都是天意，又岂能（因为国家的灭亡）就断定以前国内人们的行事都是错乱反常不合规矩的呢？"第四联"传闻入仇敌，只以兴骂讥"是针对金朝《实录》缺失的"后十年"而言的。这里"传闻"是作为有理有据的"国史"的对应语来使用的，是指"小说家"口中的"街谈巷语"。这联的意思就是："（关于实录中缺失的那十年，）敌国能知道的就只有关于这部分缺失内容的道听途说了，这样的传闻到了敌国那里就只会遭到一味的诽谤中伤，捏造些荒谬的故事出来。"

《学东坡移居八首》第六首看上去通篇缠绵着元好问的亡国恨和对南宋的敌意，但实际上作品背后展开的是元好问内心深处挥之不去的纠葛，那是他在客观整理自身感受的同时，努力寻找着的穿过这场旷世战乱的自己生存下来的使命所在。可以说他所关心的，不是对金朝历史的整体评价，而是对每一个事件具体本末经过的记述，所以才有"身死名亦灭，义士为伤悲""胸中有茹噎，欲得快吐之"之叹。这里的"伤悲义士"与"胸有茹噎"之人皆指元好问自己。本诗所蕴含的元好问的情

　　　　　　　　　　　　　　　　　　元好问与他的时代

感，与其说是对金朝的爱国心和对南宋的敌忾情绪，不如说是一种无可排遣的悔恨，是那种对于自己无法还原的、甚至连对象都已经不再清晰的爱国心和敌忾心所生发的"剪不断、理还乱"的悔恨。

《学东坡移居八首》诗作中所托付是悔恨心结而非敌忾情绪，在这组诗的第五首中展现得尤为典型。

> 旧隐嵩山阳，笋蕨丰馈饷。新斋浙江曲，山水穷放浪。
> 乾坤两茅舍，气压华屋上。一从陵谷变，归顾无复望。
> 樵渔忆还往，风土梦闲旷。忾如悟前身，姓改心不忘。
> 去年住佛屋，尽室寄寻丈。今年僦民居，卧榻碍盆盎。
> 静言寻祸本，正坐一出妄。青山不能隐，俯首入羁鞅。
> 巢倾卵随覆，身在颜亦强。空悲龙髯绝，永负鱼腹葬。
> 置锥良有余，终身志惩创。

（《文集》卷二，第37页）

以前隐居在嵩山南面的山脚下，竹笋、山蕨菜丰富了我的饭桌。在浙江畔结庐而居，山水间得以尽情地放浪形骸。宇宙中两间小茅舍的诗意雅趣，远胜过那些高官豪富们富丽堂皇的居所。自从经历了那场改天换地的变化，时移世易，现在自己是俘虏身份，再也无法奢望能够回到那个地方。记忆中浮现的是曾经与渔樵共同走过的小路，自由闲适地生活过的那片山野如今只能出现在我的梦中。那梦幻一般宛若前世的日子啊，永远烙印在了脑海中。去年我被拘禁在了佛寺中，那是个一丈方圆的房间。今年虽是租赁了民居，但狭窄到卧榻之外几乎已经放不下锅碗瓢盆。静下心来反省自己遭难的根源，就是因为自己放弃了山野出仕朝廷的结果啊。巍巍青山中已没有我的隐身之所，除了俯首就俘没有别的路可走。都说倾巢之下不会有完卵，而我却依然这样厚颜无耻地活着。自己侍奉的皇帝已经驾鹤西去，我却既做不到像屈原那样投水殉国，也无法像渔父那样自由自在地生活。在这几近没有立锥之地的空间中，一边感受着得以活下来的奢侈，一边用余生的时间来接受对于苟活下来的自己的惩罚。

元好问的白衣时代——也就是他三十到三十五岁的时候——曾经居住在中岳嵩山脚下的河南登封。出仕朝廷以后的正大五年（1228），为养母张氏丁忧之际，隐栖在内乡东南的白鹿原（就是诗中的淅江之曲）。上面的这首诗就是从对那时自由生活的回忆开始谈起，再到亡国后的拘禁生活，最终涉及到现在在冠氏的生活。第四联"一从陵谷变，归顾无复望"两句，来自于《诗经·小雅·十月之交》的"百川沸腾，山冢崒崩。高岸为谷，深谷为陵"的诗句，表述了顷刻之间遭受的沧海变桑田、改天换地式的巨大变化。第六联"怳如悟前身，姓改心不忘"中的"怳"与"恍"同音，"宛如"之意。"前身"即"前世"，也就是说，现在回首曾经在嵩山、白鹿原的那段自由生活，恍若前世般不真实。第九联"静言寻祸本，正坐一出妄"中的"静言"一词是《诗经》的《国风·邶风·柏舟》中曾出现的词语，传统意义上的解释，"言"为语助词，"在这里"之意。"坐"即"连坐"，"一出妄"就是"无意间出仕的妄动"。

两句连起来就是"平静地反思自身这场祸事的根源，自己以谢安自诩欣欣然出山就仕的轻举妄动是其根本原因"。从上面这些诗句的分析来看，元好问对于野趣盎然的隐居生活是满怀憧憬和期望的，这里不能否认《学东坡移居八首》第五首中吟咏了对这种生活的回归之念。但是，后面的两联却揭示了作者元好问的真意所在。

"青山不能隐，俯首入羁鞅。巢倾卵随覆，身在颜亦强"，对于失去了容身之地的元好问来说，山野是他能够想到的唯一的避难所。但现实却是，他很久以前就已经被山野所放逐，无论是精神上还是现实中都再也不可能重新回到那里了。而残酷的是，作为当事者的元好问对此有着再清楚不过的认知。

组诗第五首的结尾"空悲龙髯绝，永负鱼腹葬。置锥良有余，终身志惩创"中使用了黄帝和屈原的典故。古时黄帝要乘龙去觐见天帝，群臣拽住了龙的胡须挽留他，结果龙的胡须断落，黄帝最终还是升天了。而《楚辞·渔父》中屈原对建议自己随心所欲地过自己生活的渔父说"我宁愿投身湘水，葬身鱼腹"。这两联的意思就是：金朝的群臣们誓死捍卫的皇帝已经不存在了，而我既不能徇死报国，也无法去过那种随心所欲的隐居生活。现在这种困窘至极的日子对我也已经是一种奢侈。唯有用余生来接受这种悔恨的惩罚。诗句中已经不存在对他人的敌意，所有的是他一目了然的深深自责。

《学东坡移居八首》的第七首是这样的：

> 东坡谪黄州，符药行江湖。荒田拾瓦砾，贱役分僮奴。

我读移居篇，感极为悲歔。九原如可作，从公把犁锄。

我贫公亦贫，赋分无贤愚。论人虽甚愧，诗亦岂不如。

（《文集》卷二，第38页）

　　苏轼被流放到黄州的时候，曾经顶着医生的名头在民间施放符咒药物。和僮仆们一起在荒地里捡拾瓦砾，干着开荒耕种的农活。他写的《东坡八首》让我为之泪下，如果人生可以从头重来，我愿意放弃自己的文人身份做一名普通百姓，和东坡先生一起去荷锄农耕。现在的我家徒四壁，当时的东坡先生亦是过着捉襟见肘的日子，但我们不得不作为百姓生存下去的命运并没有什么大的差异。东坡先生当然是很了不起的人物，在这方面我虽然很惭愧，但是在诗歌创作上我也未必会输给他。

　　本诗最后的"诗亦岂不如"句，看上去好像是表达了元好问对苏轼的对抗意识，但其实这表露了元好问"不想作金朝遗民，只想享受作为一名诗人的单纯人生"的殷切愿望。

　　苏轼被称为"东坡"，是他流放黄州后根据自己居所地理位置的特征而自称东坡居士之后的事。元好问对东坡居士这一称号做了最为通俗的解释——凭着符药行走江湖的人。"江湖"是"朝野"概念中的"野"的范畴，指的是"民间"。"符药"指"符咒和药物或者是具有药物功用的符咒"。一般情况下，"符药"是民间宗教、巫卜者们这些"三教九流"走街串巷兜售的东西。在中国的戏曲、讲谈中，经常会有被称为

　　　　　　　　　　　　　　　　　元好问与他的时代

"先生"（这里专指道士）或"和尚"一类的宗教人士以及巫卜者登场，通过施展一些故弄玄虚的手段和医术博取围观者的眼球。元好问在此将东坡居士比作这样的"和尚道士"，"那样的苏轼，在被流放以后也堕落成了混迹江湖的'三教九流'式的人物了"。这里最重要的是诗中所表述的，苏轼因为流放而被剥夺了"士人名分"的认识。所以他才能够做到第二联中所说的"荒田拾瓦砾，贱役分僮奴"。

与这样的苏轼同样，现在的元好问也在冠氏的民居中从事着农业耕作。金朝灭亡后的华北平原已经没有了"年号"，元好问就是生活在这样没有"朝廷"也没有"民间"，彻底失去了秩序的混沌中。即使如此，正如前面第五首中所说的"空悲龙髯绝，永负鱼腹葬。置锥良有余，终身志惩创"那样，他终身都在接受着——自己作为出仕金朝的士人却未能践行"本分"的——悔恨的苛责。

元好问在第七首第四联写下了"九原如可作，从公把犁锄"的句子。"九原"，从春秋时期晋国卿大夫的专属墓地的称呼，引申为后来的"九泉、黄泉"之意。"九原如可作"表面的意思就是说"如果能够让逝者在墓所中站起来"，即"让逝者苏生、复活"之意。实际上重点是"如果能让人生重新再来一次"之意。一般来说这里的"复活"不仅仅单指苏轼，自然也是包括元好问自身在内的。"如果能够那样的话，我（元好问）就作为苏轼先生身边的一个僮仆和他一起去荷锄耕作。"也就是说，元好问渴望着从身份、立场这些束缚中解脱出来，作为一名平民，与在黄州同样以平民身份生活的苏轼一起度过自己的人生。"那时候，我穷他也穷，我们已经不存在什么命运上的区别，苏轼先生当然是很了不起的人物，不过我更愿意与他成为能够在诗歌创作上一较高下的挚友。"这就是元好问诗末尾"我贫公亦贫，赋分无贤愚。论人虽甚愧，诗亦岂不如"的真正意思。

五、元好问的墓石

《学东坡移居八首》第四首的开篇有"壬辰困重围，金粟论升勺"句。壬辰之岁（1232），金朝国都开封被蒙古大军包围，陷入了弹尽粮绝的窘境。因为饥馑，城内的谷物贵如金价，到了几近以颗粒单位进行交易的地步。就在这样的壬辰年，国都开封城中诞生了一个名为魏初的婴儿。这个孩子后来受到元好问的良好熏陶，进入了忽必烈中统政府创建时的中书省，成长为元初华北地区具有代表性的重要政治家。在魏初的文集《青崖集》卷五中收录的题为《书元遗山墓石后》一文中，记录了他对元好问的回忆。

> 遗山先生文章行业，海内所共知，士大夫不敢直以金国百年之论者，盖以文派有所在也。姜彧魏初尝辱先生教诲，又尝闻先生之言："某身死之日，不愿有碑志也。墓头树三尺石，书曰'诗人元遗山之墓'足矣。"彧与初适按部河东，得拜墓下，因买石以刻之。先生有文集、乐府行于世，至于大书特书，有太史氏在，兹不敢云。先生讳好问，字裕之，遗山其自号也。[1]

---

[1] ［元］魏初撰：《青崖集》卷五，中国国家图书馆藏清抄本，叶43b，善本书号05901。

图1　山西忻州元好问墓外观

如果魏初的记载属实，那么图2、图3所示碑石的拓影即为当初魏初与姜彧所立。元好问1257年九月四日在河北鹿泉去世，二十五年后，他的两名弟子忠实地按照他的遗言立了碑石。

元好问去世后，他的弟子郝经最终还是洋洋洒洒地为他写下了满是美辞丽句却不见得有多少实际内容的《遗山先生墓铭》（记录元好问的经历和业绩的墓碑）。无论魏初和姜彧两人是否真止理解了元好问的意图，与郝经相比较，二人努力践行元好问遗愿的行动还是值得肯定的。笔者私下以为，元好问意图的重点是表明自己不需要墓碑，而未必是真的希望后人为自己立一块写着"诗人元遗山之墓"的碑石。

金朝作为北方的征服王朝，国家本身会不会被作为异端存在，从而

图2　元好问墓石　碑阳

无法得到其在历史上该有的评价呢？应该说，这是所有金朝士大夫们共
通的担忧和心结。因为这个事实一旦成立，那些曾经出仕金朝的士人自
然也不会得到正当的评价，等待他们的只有两个结果，要么沦落为伪王
朝的伪臣，要么直接从史书的记载中被抹杀。也正因为这样，修端把金
朝定位为"北朝"，期待着北朝王统（译者注：即蒙古政权）吞并南朝（译
者注：即南宋政权）的那一天。修端这一具有代表性的针对南宋的敌意，
一直长时间植根于金朝灭亡后的华北地区。即使是在忽必烈建立元朝之

元好问与他的时代

图3　元好问墓石　碑阴

际，那些已经在为蒙古政权效力的北方士人们所期待的也并不是什么和平，而是与南宋同胞的战争。在忽必烈准备接收南宋的时候，华北的士人们没有一个人表示异议，甚而进攻南宋这件事被作为元朝国策得到了文武朝臣们的积极拥护和支持。

元好问虽然同样抱有对南宋的敌忾心，但是在率直地进行表露的时候，他是带着一种过于细腻复杂的自我意识的（元好问的自我意识具体请参考本书第二章）。作为异族统治王朝的臣子，这一立场，让元好问拥有更为强烈的"中华传统"意识，就是这种自知，让他意识到自己必须要选择一条不被"正统"指弹排斥的道路。对于传统的士大夫来说，"中华传统"一言以蔽之，讲究的是"君子的立身处世方式"。元好问沉浸在对南宋的敌忾和对金朝的绝望中，最终违背了士大夫的准则，选择遗民苟活的态度，可以说恰恰是深深植根他心中的"中华传统"的体现。就这样，元好问最终如"君子"一般，既没有诽谤中伤，亦不做阿谀追随，自觉地将忠实记述自己所目睹的一切当作了自己的终身使命。

作一位"民间人"，悠然江湖，晴耕雨读——这是元好问一心向往的生活。而放弃这一向往，作为一名"金朝遗民"，用自己的笔记录下历史的证言——这是元好问的"士人本分"让他不得不做出的选择，是沁入骨子里的"中华传统"意识对他的束缚。

第二章

辗转仕途

*

一、《宛丘叹》的真意

作为朝廷命官，元好问出仕金朝是在哀宗朝正大元年（1224）五月。此时，蒙古征金大元帅、国王木华黎已在山西闻喜愤慨而亡，整个华北地区处于逐渐趋向平和安定的小康状态。

1211年以来，不断侵扰华北的蒙古军，因为1223年三月木华黎在军中的病逝，对金朝的进攻不得不转入战略低潮期。直到成吉思汗去世两年后的1229年秋天，太宗窝阔台在克鲁伦河畔举行的库里尔台大会上正式继承汗位后①，为了完成成吉思汗生前的灭金遗志，发动了讨伐金朝的总决战。一刻也没有忘记为"出师未捷身先死"的木华黎复仇的蒙古大军再次向金朝发起了大规模的作战行动。对意图以1223年十二月宣宗的驾崩为契机进行励精图治改革的金朝来说，1223到1229的六年间，也是内政和外交两方面重要的休养生息阶段。

从"贞祐南迁"（1214）以后，舍弃本籍太原，在河南三乡、嵩山山麓的登封辗转避难的元好问，早就于宣宗朝的兴定五年（1221）三月在国都开封举办的科举考试中实现了进士及第，但却并没有马上得到任命。终于等到任命是在哀宗（完颜守绪）即位、改元正大的1224年。在哀宗即位后首次举行的这次任官考试中，元好问应考"宏词科"一战成名，被任命为正八品的儒林郎、权国史院编修官一职。除去这次考试，哀宗朝举行的任官考试，还有正大四年（1227）六月和正大七年（1230）五月的

---

① 这里亦存在着此时召集库里尔台大会的不是窝阔台而是成吉思汗的四儿子拖雷的说法。

两次。而正大元年（1224）的这次考试，除了"经义科""诗赋科"，还进行了"策论科""宏词科"的选拔，最终有七十名左右的中榜者，可以说是一次规模比较大的人才选拔考试。新帝或许希望通过这次考试能够给朝廷带来一股新风。从这一意义出发，可以说元好问和当时的及第者们，是背负着哀宗重建朝廷国本的殷切希望步入了金朝的仕途。

然而元好问在正大二年（1225）六月，也就是任职国史院的第二年就辞去官职（原因不详），回到了他在嵩山山麓的寓所。翌年的正大三年（1226）他又被任命为河南镇平的县令，却并没有赴任。同年又被任命为河南内乡的县令，直到正大四年（1227）的二月，元好问才前去赴任。然而，一年半以后，也就是正大五年（1228）十月，养母张氏去世，元好问借口丁忧，整整三年都隐栖在内乡东南的白鹿原（实际上，为其养母的服丧时间原则上只要一年即可）。虽然元好问"隐栖"在白鹿原，但却未必是真正地在那里过着与世无争的隐者生活。"隐栖"的三年间，他频繁地出入和往返活动于当时河南邓州的武胜军节度使元帅府和国都开封。此外，在正大六年（1229）和正大七年（1230），元好问的孩子们相继诞生，这断然不是士大夫"服丧期间"所应该发生的事情。对元好问来说，养母张氏的去世，无疑为他提供了一个绝好的避世契机，在这期间元好问终是没有履行自己作为朝廷命官的职责。在其养母孝期结束的正大八年（1231）正月，他重新以河南南阳县令的身份再次赴任。也是在这一年的年底，他被提拔为尚书省令史进入国都开封。一年半之后就开始了被蒙古军围困在开封的日子，直到1233年四月投降蒙古。

从1224年到1233年的九年间，元好问对于自己的官僚生活并没有表

　　　　　　　　　　　　　　　　　　　元好问与他的时代

示出该有的热心和激情。他的这种消极性也切实地投影在了这一时期的诗歌作品所表现出来的保守逡巡、抑郁忧结的情绪中。

下面来看一下《遗山先生文集》卷三收录的七言古诗《宛丘叹》。

> 秦阳陂头人迹绝，荻花茫茫白于雪。
>
> 当年万家河朔来，尽出牛头入租帖。
>
> 苍鬐长官错料事，下考大笑阳城拙。
>
> 至今三老背肿青，死为遗愚出膏血。
>
> 君不见刘君宰叶海内称，饥摩寒拊哀孤茕。
>
> 碑前千人万人泣，父老梦见如平生。
>
> 冰霜纨袴渠有策，如我碌碌当何成！
>
> 荒田满眼人得耕，诏书已复三年征。
>
> 早晚林间见鸡犬，一犁春雨麦青青。

（《文集》卷三，第51页）

要正确把握这一作品中描述的社会状况和作者的情感，首先必须要很好地理解本诗所附的"自注"。

> 鬐李①令南阳，配流民以牛头租②，迫而逃者余万家。刘云卿御

---

① 鬐李指的是金朝南阳令李国瑞。
② 牛头租，原本是针对猛安、谋克等女真户的课税，对家中拥有牛的户籍，原则上每三头牛就要缴纳粟一石的牛具费用。

史^①宰叶，除逃户税三万斛，百姓为之立碑颂德。贤、不肖用心相远如此。李之后十年，予为此县，大为逋悬^②所困。辛卯（1231）七月，农司^③檄予按秦阳陂田，感而赋诗。李与刘皆家宛丘^④，故以《宛丘叹》命篇。

这里的"自注"以"髦李令南阳"开篇，以"农司檄予按秦阳陂田，感而赋诗。李与刘皆家宛丘，故以《宛丘叹》命篇"结尾。这显然是元好问在被任命为南阳令的1231年七月，因为任上的职务有感而发所创作的作品。首句"秦阳陂头人迹绝"中的"秦阳"，与"自注"中"秦阳陂田"同名，应该就是指元好问当时治下南阳的某处。这样一来，就生出这样的疑惑：为何会用金朝区划下与南阳完全不属于同一地区的"宛丘"（即陈州）来做诗题呢？《宛丘叹》首句的"秦阳"无法确定其具体所指，是造成本诗难解的第一个原因。在此，我们权且以其为"南阳治下的某处"为前提，展开对整篇作品的考察。

---

① 刘云卿，本名刘从益，字云卿，浑源人，金大安元年（1209）的进士。《中州集》卷七有传。《归潜志》作者刘祁之父。

② 当时，隶属地方衙门的官役持有管辖地域的户籍底册，即使是因为居民逃亡，实际户数少于户籍记录数字，但衙门的官役依然有征收与户籍底册所载数目一致的赋税数额的义务。此处的"逋悬"即指因居民逃亡而出现的征税数目上的差额、缺口，或因此而拖欠的租税数目。

③ 即司农司，蒙古进攻开始后的1222所设，属于正二品的地方巡检使的一种。实质上就是指视察陕西、河南这些战乱受害情况相对比较轻的地区，以增加税收为真正目的的劝农使司。

④ "宛丘"是陈州的别名，南阳、叶县同不属于"宛丘"。但在汉代，南阳称"宛"，叶亦属宛，所以元好问在这里或许是有意为之。"宛丘叹"这一诗题的真正意图将在后面做详细论述。

本作品开篇到第八句的"死为遘悬出膏血"的内容是本诗的前段。与"自注"中"髯李令南阳，配流民以牛头租，迫而逃者余万家"的内容相对应，可以认为是自注的前段。第五句所提到的"苍髯长官"即自注中的"髯李"，他"错料事"的具体内容就是"配流民以牛头租，迫而逃者余万家"的结果。根据《金史·食货志五·水田》的记述内容，"髯李"名国瑞，他所采取的错误的流民处理方法是在兴定五年（1221）。《宛丘叹》中所提到的"河朔"一词，是这一时代特有的词汇，指今天的山东、河北、山西的全地域。宋金元时期黄河改道，与淮河汇流注入山东半岛的南海，"河朔"即"黄河以北"之意，包含了除河南以外的山东、河北、山西等地，范围几乎囊括了华北全部地域。因此，第三句的"当年万家河朔来"，指的是"因为蒙古的进攻而失去土地的华北地区的难民，当时大量涌入了受害状况相对较轻的河南地界"。

此时，金朝政府所采取的措施在《金史·食货志五·水田》中是这样记载的：

> 兴定五年五月，南阳令李国瑞创开水田四百余顷，诏升职二等，仍录其最状遍谕诸道。十一月，议兴水田。省奏："汉召信臣于南阳灌溉三万顷。魏贾逵堰汝水为新陂，通运二百余里，人谓之贾侯渠。邓艾修淮阳、百尺二渠，通淮、颍、大治诸陂于颍之南，穿渠三百余里，溉田二万顷。今河南郡县多古所开水田之地，收获多于陆地数倍。"敕令分治户部按行州郡，有可开者诱民赴功，其租止依陆田，不复添征，仍以官赏激之。陕西除三白渠设官外，亦宜

视例施行。①

按照这个记载，兴定五年李国瑞在南阳复垦的水田应该就是秦阳地区的古之水田。

李国瑞让"流民万家"迁入南阳，以此来大量征收作为"牛头租"的粟米，并因为这一举措被誉为"地方官的典范"而得到了朝廷的表彰。然而，九年后的1231年，元好问作为南阳令赴任之时，秦阳已经是"人迹断绝"，只留下了一片白茫茫遍地芦花的荒野。而这些都是在有着明确规定"（水田）其租止依陆田，不复添征"的宣帝敕诏的情况下，李国瑞依然以"牛头租"的名目进行强征暴敛的结果。

第六句的"阳城拙"，暗含了《旧唐书·隐逸·阳城传》中的典故：

> （阳城）在道州，以家人法待吏人。……赋税不登，观察使数加诮让。州上考功第，城自署其第曰："抚字心劳，征科政拙，考下下。"观察使遣判官督其赋，至州，怪城不出迎，以问州吏，吏曰："刺史闻判官来，以为有罪，自囚于狱，不敢出。"②

第五、六句"苍髯长官错料事，下考大笑阳城拙"的解释当为：兴定五年，作为牧民官的南阳县令李国瑞，闹了一个大大的"乌龙"——向流民们强征暴敛"牛头租"。在李国瑞的眼中，自己对自己的考功政

---

① 《金史》卷五〇，北京：中华书局，1975年，第1122—1123页。
② 《旧唐书》卷一九二，北京：中华书局，1975年，第5133—5134页。

绩做了"下下"评判的唐代道州刺史阳城的做法一定非常滑稽可笑吧。

这样《宛丘叹》前段的大意就应该是这样的：

> 南阳的秦阳地界直到不久之前还是有着可耕耘的广阔水田的，而现在映入眼帘的是毫无人烟的荒野上如雪的芦花。在兴定年间，大量来自黄河以北的流民迁徙到这里，被朝廷免除了税赋的流民们在这里落了户，不想户籍的登记反而让他们受到了"牛头租"的强征暴敛。那时的白胡子县令李国瑞，误解了自己作为牧民官的职责，（只知道一味地压榨流民。）在他的眼中，唐朝那个抚恤子民，自评考功为"下下"的地方官阳城的做法一定是很愚蠢的吧。因为流民们拖欠的租税，当地的耆老们遭受鞭打，脊背上的伤痕至今仍是青肿可见，所有这些都是因为已经死在这里的流民们的牛头税都转嫁到了还留在这里的耆老们身上的缘故。

承接上文展开的是从"君不见"到第十四句"如我碌碌当何成"的六句，以及描写元好问所直面的现实状况的四句这两个段落。

第十一句"碑前千人万人泣"，正如施国祁《元遗山诗集笺注》注解的那样，这里说的是元好问的前辈刘从益作为县令的政绩和为他立碑颂功的赵秉文的逸事。赵秉文有感于刘从益的政德而作的《故叶令刘君遗爱碑》(赞扬刘从益政绩的功德碑)，正大四年（1227）在叶县立石，元好问有可能亲自去叶县瞻仰过这一政绩碑。

赵秉文《闲闲老人滏水文集·故叶令刘君遗爱碑》中关于刘从益任

叶令的内容是这样的：

> 君讳从益，字云卿，蔚之浑源人。南山翁之胄也。第进士，任监察御史。……天子怜其才，起为叶令。下车修学讲义，耸善抑恶。……君曰："……叶，剧邑也。路当要冲，岁入七万余石。自扰攘之后，户减三之一，田不毛者千七百顷。而赋仍旧，可乎？"请于大司农（或指司农司），减二万石，民赖以济，流民自归者数千。未几，被召，百姓诣省请留，不果。授应奉翰林文字，逾月，以疾卒。[1]

第十二句的"平生"是"旧交"之意；"冰霜纨袴（显贵们）像冰霜一样严峻"，即意为果敢整饬像司农司这样的高官显贵们的不作为。那么，第九句到第十四句的大意就应该是这样的：

> 看啊，刘从益出任叶县的县令，他所实施的善政被天下人所传扬。他抚恤饥民，安顿孤老。人民在歌颂他功德的碑石面前痛哭着缅怀他，当地的父老依然在梦中思念着他。他的确有对付那些尸位素餐的高官显贵们的手腕，而我这个微不足道的小县令没有他那样的力量，注定只能一事无成。

解读至此，诗作《宛丘叹》的真正主题也就终于显露了出来。这里

---

[1] [金] 赵秉文撰：《闲闲老人滏水文集》卷一二，《四部丛刊》初编本，上海：上海商务印书馆，1919年，第147页。

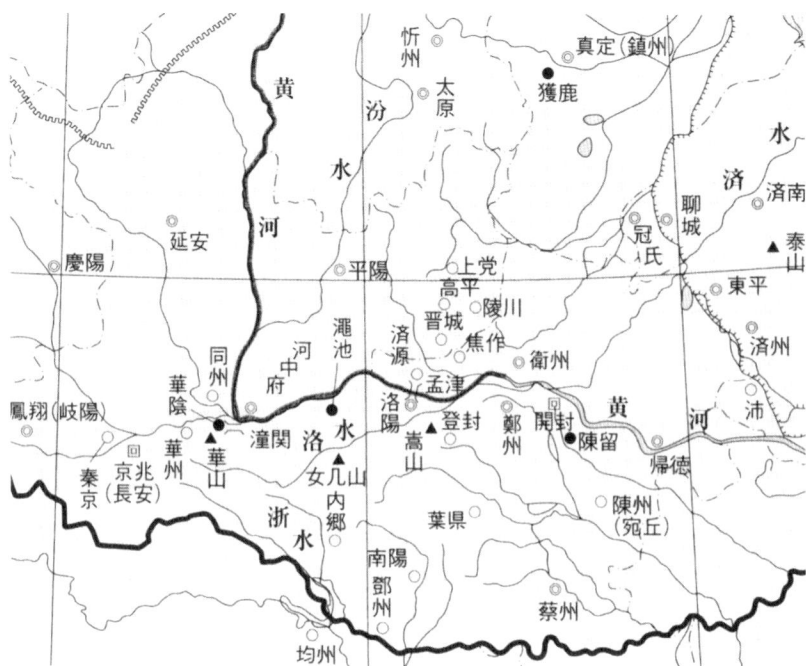

图4 金末的陕西、河南①

表达的主旨并不是流民的悲剧，而是元好问自己身为县令目睹流民悲剧的发生却无能为力的懊恼。

《宛丘叹》最后以元好问的美好畅想结尾：

> 放眼面前的这片荒野，相信终有一天会有很多人在这里辛勤耕作，因为天子已经颁布了免除三年水田赋税的诏书。树林里可以看

---

① 译者注：本书地图，由作者与大阪大学出版会共同制作而成。除图注等说明文字译为中文外，其他一仍其旧。

到觅食、撒欢的鸡犬，被春雨浸润的肥沃土地在农民耕种的犁锄下翻开，目之所及都是绿油油的麦田——这样的日子一定会到来的。

最后这一段落需要注意的是，元好问说的只是"诏书已复三年征"，但却没有提及现实中主管部门司农司对朝廷这一命令的贯彻落实情况。依据本诗的"自注"，元好问已经接收到了司农司让他"按南阳陂田"（实地调查落实南阳所有的耕地数量）的命令，此处的"按"，具体是指"调查现状并制定征税所用的底册台簿"的工作。这自然是为了便于向在这里落户的流民们征收"牛头租"，所以诗中才有了"尽出牛头入租帖"的句子来谴责"髯李"的残酷。然而在最后的部分，元好问反而顾左右只言"已复三年征"的天子诏书，一字也没有具体言及这关乎流民死活的牛头税的征收状况。对他而言，李国瑞高压暴征牛头税，造成农民的流离失所毫无疑问是个明显的错误。刘从益敢与司农司唱对头戏，也有手段让朝廷的高官显贵们缄口不言。而自己既做不了李国瑞那样的酷吏，也没有刘从益那种敢于对付顶头上司司农司的气概，在残酷的现实面前，只是一个惶惶无为、优柔寡断、卑微无能的小官吏而已。

《宛丘叹》并没有直面战乱中人民的流离之苦。可以说它是别有意图的一首作品，而它的"别有意图"实际上就明晃晃地展示在他的题目"宛丘叹"之中。元好问和刘从益，一位是南阳县令，一位是叶县县令，都和宛丘没有关系。"宛丘"是陈州的古地名，而陈州在南阳和叶县的东面，三者之间还距离着相当远的一段路程。即使是这样，元好问依然以"宛丘叹"为题的深意，必然不是单纯地不遵循当时金朝的区域划分这么简单。

"宛丘"这个地名最初在中国文学史上的出现，要追溯到《诗经》的《国风》。《诗经·国风》中有三章题为《宛丘》的"陈风"诗歌。内容是这样的：

> 子之汤兮，宛丘之上兮。洵有情兮，而无望兮。
> 坎其击鼓，宛丘之下。无冬无夏，值其鹭羽。
> 坎其击缶，宛丘之道。无冬无夏，值其鹭翿。[①]

> 士大夫们游荡喧哗，来到了宛丘之上。这或许是你们喜欢高兴的事情，但却不是子民们所期待的事情。咚咚的鼓乐声在宛丘的山脚下回响，无论是冬天还是夏天，你只沉迷于手持白鹭羽毛跳跃舞蹈。哐哐的缶乐声在宛丘的大道上回响，无论是冬天还是夏天，你只想着手持白鹭羽毛舞蹈跳跃。

对于《宛丘》三章，《诗经·国风》附上解说诗歌意图的"诗序"："宛丘，刺幽公也。淫荒昏乱，游荡无度焉。"陈地，是周武王分封给尧的子孙胡公的国土，宛丘就是国都附近的一个山丘。幽公是胡公的五世孙，是陈的大夫。第一章"子之汤兮，……而无望兮"所附的《毛传》解释说："子，大夫也。汤，荡也。四方高，中央下，曰宛丘。"其意思

---

① [汉] 毛亨传，[汉] 郑玄笺，[唐] 陆德明音义：《毛诗传笺》卷十，北京：中华书局，2018年，第173页。

就是："治理陈地的责任者——士大夫们——没有朝夕恪勤，助君治国，而是沉迷于游荡高丘，荒废政事，子民们已经没有了希望。"元好问应该是汲取了毛诗的这层深意而将自己的作品命名为"宛丘叹"。也就是说，这首诗揭露的是因为治理南阳（隶属于陈地）的官僚的昏聩给这里的人民带来的无尽绝望。这，才是元好问创作《宛丘叹》的真正目的。

二、描写流民的视角

元好问以"丧乱诗"闻名金元文坛，但是在他辗转仕途这段期间所创作的诗歌作品中，却鲜少有被战争蹂躏的人民的影子，更多的是他本身对自己经历的时代不幸所做的不忍直视的挣扎。穿过那些在自己眼前痛苦哀嚎的百姓，元好问的视线，最终却是落在了自己面对人民的水深火热却束手无策的身影上。这种意识让他这时期的作品笼上了一层浓重的颓废美。他诗作的这一特点，在与同时代诗人作品的比较下就愈加的一目了然。

元好问的《中州集》中收录了金朝末期诗人辛愿的一首作品。辛愿，号女几野人。女几，是河南嵩州境内一座山的名字。辛愿出身在河南山村，虽然他自称"野人"，但据《中州集》的记载，他是元好问的"三知己"之首，是元好问出仕期间诗歌创作的见证人之一。刘祁的《归潜志》介绍了辛愿去叶县寻访自己父亲刘从益（就是《宛丘叹》自注中提到的刘云卿）时的逸话。可以说，辛愿与刘从益，都是元好问《宛丘叹》中所描写的南阳情景的目击者。

《中州集》"溪南诗老辛愿"条中收录了辛愿的题为《乱后》的五言律诗。

> 兵去人归日，花开雪霁天。川原荒宿草，墟落动新烟。
> 困鼠鸣虚壁，饥乌啄废田。似闻人语乱，县吏已催钱。^①

官兵撤走，流亡的村民得以回家的日子，就是花儿盛开积雪融化的好天气。广袤的原野被积年的荒草覆盖，荒废的村落里再次升起了袅袅的炊烟。觅食的老鼠在一贫如洗的空屋里跳窜鸣叫，饥饿的乌鸦在光秃秃的田地里啄着什么。颓废的寂静中隐约有嘈杂的喧哗声传来，竟是督促税赋的官吏已经上门来了。

辛愿的生年不详，但从《金史·辛愿传》中可以得知，他是"正大末殁洛下"。正大年号只有八年，元好问的《宛丘叹》作于正大八年，可以推测辛愿应该是殁于正大八年即1231年。如果是这样，那么上面的《乱后》诗描写的当是金朝末（金朝尚未灭亡的时候）的动乱。辛愿诗描写的是因战乱而荒废的墟落中，流民们终于接二连三地返回家中，生活还没有完全回归正常轨道，官府的役人却已经开始急着催租。这里呈现的是赤裸裸的残酷现实。与元好问《宛丘叹》中对作为县吏的自己无能的苛责不同，辛愿的视线一直聚焦在难民身上。

----

① 《中州集》卷十，上海：中华书局上海编辑所，1959年，第486页。

辛愿还留下了七言律诗《乱后还三首》，前二首是这样的。

其一

兵戈为客苦思乡，春暮还乡却自伤。

典籍散亡山阁冷，松筠憔悴野园荒。

莺衔晚色啼深树，燕掠春阴入短墙。

邻里也知归自远，竟将言语慰凄凉。

（《中州集》卷十，第487页）

战乱流离总是会激发人们对故乡的刻骨思念，春天快要结束的时候终于回家了，眼前的情景却让人黯然神伤。收藏的书籍散乱流失的不成样子，山间的书斋更加显得荒凉冷落，以前的松林枯败憔悴，庭院里更是杂草丛生。苍茫暮色中黄莺在树上浓阴中鸣叫着，春天的日光中燕子轻快地掠过短缺的矮墙。邻居们知道我跋涉远归，都亲切地过来争相问候，以慰藉我千里还乡的凄凉。

其二

乱后还家春事空，树头无处觅残红。

棠梨妥雪沾新雨，杨柳飘绵扬晚风。

谈笑取官惊小子，艰难为客愧衰翁。

残年得见休兵了，收拾闲身守桂丛。

（《中州集》卷十，第488页）

战乱后回到家乡已经看不到一丝春天的气息，树木间甚至也已经看不到一朵残花的影子。雨中棠梨洁白的花瓣如雪片般纷纷飘落，漫天的杨花柳絮在晚风中起落飞扬。兴奋地摩拳擦掌欲去从军建功立业的青年们让我目瞪口呆，艰难时期自己独自离乡远游给宗亲长老带来的辛劳让我惭愧自责。风烛残年如果还能够等到战争结束，那我一定会安安稳稳地在家乡隐居下去。

第一首作品中"莺衔晚色啼深树，燕掠春阴入短墙"两句，被《归潜志》赞为"真处士诗"。晚春的暮色中，无言伫立在村落废墟上的作者胸中的悲哀，穿越数百年的时空在字里行间默默流淌。这里描写的是作者自身作为难民的感慨，与元好问一介地方官的视角是截然不同的。

《中州集》"雷琯"一条中，收录了一首有着长篇序文的诗歌作品《商歌十首》。这里的"商歌"，就是"流民之歌"。根据有关史料记载，雷琯在正大元年（1224）曾任国史院书写（即负责抄写的胥吏），与元好问共事过一段时间，后被任命为八作司使（相当于负责后勤调度的胥吏）。《归潜志》卷三记载其"乱后南奔，道为兵士所杀，年未四十"，应该是在1233年为南宋士兵杀害。从《商歌十首》的内容上推测，这组作品描写的当是1231年凤翔府陷落以后潼关附近的悲惨状况。其序文是如此记录的：

客有自关辅来，言秦民之东徙者，余数十万口，携持负戴，络绎山谷间，昼餐无糇粮，夕休无室庐，饥羸暴露，濒死无几。间有为秦声写去国之情者，其始则历亮而宛转，若有所诉焉。少则幽抑而凄厉，若诉而怒焉。及其放也，呜呜焉、惜惜焉，极其情之所之，又若弗能任焉者。噫，秦，予父母国也。而客言如是，闻之悲不可禁。乃为作商歌十章。倚其声以纡予怀，且俾后之歌者，知秦风之所自焉。

（《中州集》卷七，第372页）

这里介绍《商歌十首》中的第五、第九、第十这三首。

> 累累老稚自相携，侧耳西风听马嘶。
>
> 百死才能到关下，仰看犹似上天梯。（五）

（《中州集》卷七，第372页）

携老扶幼的队伍连绵不断没有尽头，在凄凉的西风中紧张地侧耳倾听着是否还有追兵马匹的嘶鸣。历经九死才得以到达关塞的脚下，仰头看去，高高在上的潼关就像在天梯的尽头。

> 行人十步九盘桓，岩壑萦回行路难。
>
> 忽到商颜最高处，一时挥泪望长安。（九）

（《中州集》卷七，第373页）

流民们一步一回头，脚步沉重。前程遍布山岩和溪谷，向前的道路艰险难行。终于来到了商颜山最高的地方，大家不约而同地回望着长安的方向，泪流满面。

　　　　西来迁客莫回首，一望令人一断魂。
　　　　正使长安近于日，烟尘满目北风昏。（十）

　　来自西面的难民们啊，莫要再去回首长安。每一次的张望，带来的只有无尽的悲伤。与天上的太阳相比，有皇帝坐镇的国都长安距离我们要近一些，但北来的军队扬起的漫天征尘遮住了太阳也遮住了长安。

上面所选的三首作品，文学表现极致明了平易，几乎不需要多余的解说。唯一需要赘言的就是第十首"正使长安近于日，烟尘满目北风昏"一句，不是单纯地运用了《晋书·明帝纪》的典故①，"长安"一语中还蕴含了满满的对皇帝的讥讽意味。这里的长安，并非指具体的长安

---

①《晋书·明帝纪》记述了这一故事："明皇帝……幼而聪哲，为元帝所宠异。年数岁，尝坐置膝前，属长安使来，因问帝曰：'汝谓日与长安孰远？'对曰：'长安近。不闻人从日边来，居然可知也。'元帝异之。明日，宴群僚，又问之。对曰：'日近。'元帝失色，曰：'何乃异间者之言乎？'对曰：'举目则见日，不见长安。'由是益奇之。"雷琯诗中"长安近于日"，表达了对有皇帝坐镇的国都的怀念。明帝事参见《晋书》卷六，北京：中华书局，1974年，第158页。

第二章
辗转仕途

区划，而是"国都"一词的代指。国都中君临天下的皇帝是流民们的希望，眺望长安，实际上希冀的是来自国都天子的拯救。而现实是蒙古骑兵的铁蹄扬起的沙尘连太阳的光芒都遮住了，长安再近又哪里看得到呢？这里表现的是对无能执政者的深深绝望。雷琯的这一作品与辛愿同样，其创作的视角亦是站在"人民百姓"的立场上的。

三、出仕与隐逸

元好问的《宛丘叹》吟咏的不是落户南阳的流民们的悲惨生活，而是亲眼目睹了流民们的悲惨生活后，朝廷依然向食不果腹的流民们征收牛头税的残忍，以及不得不对这样的朝廷唯唯诺诺的县令的软弱无能。同时期辛愿和雷琯作品所表现的流民们的悲痛哀号在《宛丘叹》中是找不到的。作品末联"早晚林间见鸡犬，一犁春雨麦青青"两句，甚至可以说是由执政立场的自我欺骗而生发的现实逃避，是一种虚无缥缈的美好期盼和自我安慰。但是，不能否认的是，作品通过具体的人名、地名，真实地揭露了当政者的残忍凶暴，称得上是忠实描写了时代的闭塞状况的"社会诗"。从这一点上说，《宛丘叹》是具有代表性的"金朝诗史"。

从计划出仕朝廷到实际出任县令，元好问壮年时期的作品，总是酝酿着一种浓厚的与《宛丘叹》同样的无力感，或者说有一种厌世观的情绪在里面。之所以给人一种比亡国后的诗作更为深沉的阴郁、颓废的印象，起因于诗作表现的无力感中存在着清晰的自我意识。下面，就来看一下他出仕期间投影着自我意识的几首作品。

首先展示的是元好问作品中没有受到十分注目的词作品。"词"为歌曲的一种，因其以歌唱为前提，因此是比"诗"更加彰显个人情感的文学体裁。元好问的诗词创作重点是做了一定区分的，他的诗歌创作偏重于社会性，词创作偏重于抒情性，从而诞生了很多别具趣味的"佳词名作"。下面例举的是元好问被任命为内乡县令后，借口养母张氏的去世在内乡南西白鹿山服丧期间（正大四年到七年，1227—1230）的三首词作。

声声慢

　　林间鸡犬，江上村墟，扁舟处处经过。袖里新诗，买断古木苍波。山中一花一草，也留教、老子婆娑。任人笑，甚风云气少、儿女情多。　　不待求田问舍，被朝吟暮醉、惯得蹉跎。百尺高楼，更问平地如何。朝来斜风细雨，喜红尘、不到渔蓑。一尊酒，唤元龙、来听浩歌。①

　　鸡犬悠闲地在林间徜徉，江岸边上坐落着古老的村庄，偶从浙江的船坞出发乘着小船巡视。衣袖中是刚刚完成的描写被我一人所有的这苍翠古木、浩渺烟波的诗作。山中的一草一木似乎也有意挽留，让老朽不忍离去。就让别人去随意嘲笑吧，说什么我没有乱世的英雄气概，整日里伤春悲秋儿女情长。　　在这乱世中没有必要

---

① [金] 元好问撰，赵永源校注：《遗山乐府校注》卷一，南京：凤凰出版社，2006年，第163—164页。以下引本书标注"《遗山乐府》卷次，页码"。

去购置田产房产，沉溺在日日饮酒作诗的日子里，完全习惯了这样无谓的虚度日月。三国的刘备曾经嘲讽许汜的没有骨气，不愿与他同伍，说自己会睡在百尺的楼阁上而把他扔在平地上。如今的我就算是睡在平地也毫不在意。浙江的官吏生活就像是张志和笔下隐者们的世界。令人高兴的是，早上的细雨微风清洗了能够沾染渔父蓑衣的俗世尘埃。手持酒杯独酌，来来来，陈元龙啊你来听我高唱一曲英雄歌。

这首作品收在今日广为人知的元好问全集——《九金人集》(光绪三十一年刊) 的《遗山先生新乐府》(缪荃孙跋本) 卷一中，附有《内乡浙江上作》的标题。内乡，是元好问正大四年 (1227) 作为县令赴任的河南邓州的县名，贯穿内乡南北的河流就是浙江。这首词应该是元好问为了服养母之丧而离任内乡的1229年九月之前创作的。

理解上面词作的关键点是词后阕所引用的陈元龙的故事。《三国志·魏书·陈登传》(吕布传的附传) 中可见这样的记叙。

许汜与刘备并在荆州牧刘表坐，表与备共论天下人，汜曰："陈元龙湖海之士，豪气不除。"备谓表曰："许君论是非？"表曰："欲言非，此君为善士，不宜虚言；欲言是，元龙名重天下。"备问汜："君言豪，宁有事邪？"汜曰："昔遭乱过下邳，见元龙。元龙无客主之意，久不相与语，自上大床卧，使客卧下床。"备曰："君有国士之名，今天下大乱，帝主失所，望君忧国忘家，有救世之意，而君求田问舍，言无可采，是元龙所讳也，何缘当与君语？如小人，欲卧百尺楼上，卧君于地，何但上下床之间邪？"[1]

在《声声慢》词中，后段中的"求田问舍""百尺高楼""更问平地如何""唤元龙"诸语，来自《三国志·魏书·陈登传》是不言自明的。也就是说，本词以乱世中士人的处世方式为主题，前段中所云"风云气"指勇于面对金末战乱的英雄气概。"朝来斜风细雨，喜红尘、不到渔蓑"一句借用了唐张志和有名的《渔父》词（五首中的第一首）。

西塞山边白鹭飞。桃花流水鳜鱼肥。青箬笠，绿蓑衣。斜风细雨不须归。

不难看出，元好问的《声声慢》虽然借用了《渔父》的"斜风细雨不须归"句，但一句"不到渔蓑"，显示了他的别出心裁。张志和原作中"斜风细雨"的意图是否别有所指我们无法知晓，但《声声慢》中的"斜风细雨"与前段的"风云气"相呼应，暗示着即将爆发的战乱风暴。在这里，元好问将"志在忧国救世的国士气概"与"渔父的厌世隐逸"相对照，自嘲自贬国难当头之际倾心于隐居生活的自己过于儿女情长。《宛丘叹》中尚能看到的对流民的"恻隐之心"在这首词中已然是荡然无存了。

---

① 《三国志》卷七，北京：中华书局，1959年，第229—230页。

与《声声慢》同时期创作的还有一首《临江仙》词。在《遗山先生新乐府》卷二中附有《夏馆秋林在内乡北山》的标题。内乡以北的山林处有别墅之类的建筑，在任内乡县令的两年间（正大四年、五年），元好问曾在这里度过了一个夏天。他如此记叙"夏馆秋林"留给自己的愉快回忆：

　　夏馆秋林山水窟，家家林影湖光。三年闲为一官忙。簿书愁里过，笋蕨梦中香。　　父老书来招我隐，临流已盖茅堂。白头兄弟共论量。山田寻二顷，他日作桐乡。

（《遗山乐府》卷二，第310页）

　　　　内乡北面的山林从夏天到秋天简直就是山水画的宝库，坐落在林间的民居面对着波光粼粼的湖面，敷衍着三年一考忙忙碌碌的小官吏生活，厌烦了官吏文书的日子，梦想着竹笋山菜充饥的隐居生活。　　北山的老朋友们不断来信，告诉我已经在水边建好了茅屋，邀请我前去一起生活。已经白头的长兄也和我一起计划着隐居的生活。在山中购置二顷耕地，将来把这里作为自己的桐乡吧。

　　本词平易简单，无须多余的解说。第三句"三年闲为一官忙"，"闲"字繁体"閒"，或被误读为"间"。另有学者认为，元好问在内乡任县令实际上只有一年半的在任时间，"三年"或为"二年"之误。此处的"三年"应不是实指元好问的在任时间，而是指朝廷官吏"一考三年"（实际上只有三十三个月）的三年。"闲"即"等闲"之意。"他日作桐乡"一句，暗含了《汉书·循吏传·朱邑传》中的逸话。

> （朱邑）少时为舒桐乡啬夫，廉平不苛，以爱利为行，未尝笞辱人，存问耆老孤寡，遇之有恩，所部吏民爱敬焉。……初邑病且死，属其子曰："我故为桐乡吏，其民爱我，必葬我桐乡。后世子孙奉尝我，不如桐乡民。"及死，其子葬之桐乡西郭外，民果共为邑起冢立祠，岁时祠祭，至今不绝。[1]

《临江仙》词中，元好问表示"内乡虽非自己的家乡，但是风景秀美。自己在这里度过了一段清廉的官吏生活，希望将来能够得以葬身于此，把此地当做自己的故乡"。在《汉书·循吏传》序中有"是时循吏……谨身帅先，居以廉平，不至于严，而民从化"语。在民生艰难时期"不至于严"，与民一起隐栖北山采食蕨菜，才是牧民官真正该有的姿态——这才是元好问词中吟咏的。

正大六年（1229），元好问还创作了题为《长寿新斋》的词作。"长寿"是位于内乡东南白鹿原的一个村子，是元好问为养母张氏服丧期间居住的地方。元好问的养母张氏卒于正大五年（1228）十月，这首词所描写的是春天的景色，从题目"新斋"所标榜的内容来看，其创作时间应该是在正大六年。

---

[1]《汉书》卷八九，北京：中华书局，1962年，第3635—3637页。

水调歌头

苍烟百年木，春雨一溪花。移居白鹿东崦，家具满樵车。旧有黄牛十角，分得山田一曲，凉薄了生涯。一笑顾儿女，今日是山家。　　簿书丛，铃夜掣，鼓晨挝。人生一枕春梦，辛苦趁蜂衙。竹里蓝田山下，草阁百花潭上，千古占烟霞。更看商於路，别有故侯瓜。

（《遗山乐府》卷一，第39页）

百年的老树挺立在朦胧的雾霭中，春雨中的小溪畔遍地野花。樵夫的柴车上满载着家具向着目的地白鹿原的东山而来。以前家里有过五头黄牛，还有几分山间的耕田。贫困的生活是自己注定的命运。笑着回顾儿女们的样子，山间的农家生活就是这样的让人惬意愉悦。　　日日埋头在官衙的账簿中，夜间负责为乡民警戒，早晨要及时敲响报时的大鼓。人的一生简直就像是春梦一样短暂，却要天天像蜜蜂一样一刻也不停息地忙碌辛劳。山下的竹林中一片绿油油的农田，野花烂漫的溪边坐落着我的草堂，亘古不变的朝霞成为了我独自的风景。与这里的景色不同，穿过内乡的那条街道旁边，是一片秦朝东陵侯亡国后曾经用来隐居度日的瓜田。

后阕中的"簿书丛，铃夜掣，鼓晨挝"三句，整体上说的应该是地方官的日常业务工作。"簿书"指文书、账簿等事物，"铃夜掣"或许是指设"绚铃"警戒一事。将铃铛系于绳上，绳子拴在木桩之上，敌人潜入时，触绳则铃响示警①。也就是说，"埋头于成堆的文书、税簿中，早晨击鼓鸣时，夜晚设绚铃警戒，这些就是自己作为内乡县令一成不变的日常"。而最后"更看商於路，别有故侯瓜"两句，则是元好问意欲"以服丧为由告别这样的仕官生活，自此隐居度日"的内心独白。"商於"是现在陕西商南到河南邓州一带地区的古名，"故侯瓜"是指"原为东陵侯的隐者召平种植的瓜"。陶渊明《饮酒其一》诗中就有"邵生瓜田中，宁似东陵时"句。"养母张氏的服丧期结束后，在回归朝廷的途中，一定还会被来自隐者世界的召平种过的瓜所诱惑的。"元好问在这里调侃的，是沉迷于平稳的山野生活无法自拔的自己的"小气和没出息"。

《楚辞·渔父》中对感慨"举世皆浊我独清，众人皆醉我独醒"的屈原，渔父劝他"沧浪之水清兮可以濯我缨，沧浪之水浊兮可以濯我足"。将《楚辞》奉为经典的中国文人们认为理所当然的处世方法就是根据时代的清浊随机应变地改换自己的生存方式。现实中，身处朝廷政权的枢要位置却倾心于隐逸生活的士人，在文学史上也是不胜枚举。对于元好问来说，"对山水的憧憬"和"对隐逸的憧憬"只不过是他一生都不曾放弃过的文人趣味而已，从这一角度来说，他在出仕期间创作的这些充满了现实逃避意味的作品并没有什么特别的意义。

但是，这里不能忽视的问题是，对于这种以隐者自居、不屑世俗、具有一定超越色彩的文人趣味，元好问从年轻时起就抱着强烈的批判态度。在他的眼里，这种文人趣味的标榜恰恰是"附庸风雅"的庸俗表

---

① 《宋史》卷四〇三《孟宗政传》："金人战辄败，忿甚，周城开濠，四面控兵列濠外，飞锋镝，以绚铃自警，铃响则犬吠。"

现。他自身也在时刻抱着警戒心理，避免自己向这种趣味倾斜。比如，他在出仕之前曾创作过一篇《市隐斋记》。《市隐斋记》的最后有"贞祐丙子年 (1216) 十二月日，河东元某记"的记载，可知是在"贞祐南迁"(1214) 后，举家从河东迁到河南三乡避难时的作品，时年元好问二十七岁。

> 吾友李生为予言："予游长安，舍于娄公所。娄，隐者也，居长安市三十余年矣。家有小斋，号曰市隐，往来大夫士多为之赋诗，渠欲得君作记，君其以我故为之。"予曰："若知隐乎？夫隐，自闭之义也。古之人隐于农、于工、于商、于医卜、于屠钓，至于博徒、卖浆、抱关吏、酒家保，无乎不在，非特深山之中，蓬蒿之下，然后为隐。……"曰："鬻书以为食，取足而已，不害其为廉；以诗酒游诸公间，取和而已，不害其为高。夫廉与高，固古人之所以隐也，子何疑焉？"予曰："予得之矣，予为子记之。虽然，予于此犹有未满焉者，请以韩伯休之事终其说。伯休卖药都市，药不二价。一女子买药，伯休执价不移。女子怒曰：'子韩伯休邪？何乃不二价？'乃叹曰：'我本逃名，乃今为儿女子所知！'弃药径去，终身不返。夫娄公，固隐者也，而自闭之义，无乃与伯休异乎？言，身之文也。身将隐，焉用文之？是求显也。奚以此为哉。予意大夫士之爱公者，强为之名耳，非公意也。君归，试以吾言问之。"
>
> 贞祐丙子十二月日，河东元某记。
>
> （《文集》卷三三，第335页）

元好问在文中明确提到"夫隐，自闭之义也""言，身之文也。身将隐，焉用文之？是求显也。奚以此为哉"。这其中不乏对那些装腔作势追求"大隐""中隐""小隐"的"白居易风的超俗趣味"的强烈讽刺。对于那些模仿超越者的"市井的文人趣味"，元好问始终是抱着一种坚决的批判态度的，在与《市隐斋记》同时期创作的《论诗三十首》第十四首也明确指出，热衷于富贵和名利的是那些所谓的"山林的隐士们"。

> 出处殊途听所安，山林何得贱衣冠。
>
> 华歆一掷金随重，大是渠侬被眼谩。
>
> （《文集》卷一一，第122页）

出仕和隐逸原本就是两条截然不同的道路，只有各自坚持自己的选择。隐逸山野和出仕朝廷是一样的，没有什么贵贱之分。管宁和华歆一起在田里耕作的时候，华歆将刨出来的金子捡起扔掉的所做作为，恰好暴露了他内心对金子的珍重。人们都觉得华歆有德行，是因为无论是谁，总是容易被自己看到的东西所欺骗。

《世说新语·德行第　》中记叙了管宁和华歆的故事："管宁、华歆共园中锄菜。见地有片金，管挥锄与瓦石不异，华捉而掷去之。"对待眼前的金子，华歆的"捉而掷去"反而暴露了金子在他心中的价值。"华歆一掷金随重"说的就是这个意思。末句"大是渠侬被眼谩"，"大是"表示强烈的推测，"渠侬"与"他们"同义，这句意思应该是"（眼睛看不到的内心谁也不知道，）但人们却又总是会被眼睛看到的表象所欺骗"。也就是说，居住在山林里的隐士们的内心，比那些官服加身的人们更加执着于世俗的名利。

可以说，元好问从早期开始就对潜伏在"超凡脱俗志向"背后的世俗的欺瞒有着充分的认识和自觉，但即使是这样，他一生中并没有刻意隐瞒自己对于山水田园的倾心。甚至在他的出仕时期，即便是身处自己期望并争取到的官职任期中，仍一味地憧憬着弃官归隐。之所以如此，是因为他所面对的地方上的现实超乎他想象的残酷。金朝末年河南的现实状况，是元好问志愿做一个清廉公正的地方官的责任感所负担不起的。可以说在目睹了乡民的悲惨现状后，除了躲进田园山水中作自我排遣，元好问没有别的路可走。

不过，这里还需要确认的是，元好问在内乡县令时期用来逃避现实的北山的"夏馆秋林"、白鹿原的"山家"，并不是他"空想中的山水"，而是将流民、乡民的苦难置于一旁，在郊外营造的"现实中的产业"。对于为养母服丧期间购买的白鹿原的"山家"，元好问的《水调歌头》词中有"分（去声）得山田一曲，凉薄了生涯"之叹。另一首题有"白鹿原作新斋"的《蝶恋花》词同样语及了这处的产业。

负郭桑麻秋课重。十角黄牛，分得山田种。乡社鸡豚人与共。春风渐入浮蛆瓮。　　绕屋清溪醒午梦。一榻翛然，坐受云山供。四海虚名将底用。一声啼鸟岩花动。

（《遗山乐府》卷二，第280页）

在内乡郊外的山村白鹿原这边我建了自己的书斋，但是这里秋天桑麻征缴的税赋实在是太重了。在白鹿原上的几分薄田里赶着五头黄牛经营农业是我的命运。村里的社祭上和村民们一起分享祭品的鸡豚，春风一起，新酿的春酒慢慢地发酵起来了。　清澈的溪水围绕着我的茅屋，潺潺的水声把我从梦中唤醒。坐在长椅上悠闲地看过去，白色的云彩静静地流过山头。能够这样自由自在地生活，不再贪恋什么诗人的名声。鸟儿叫着从草丛中飞远，摇动了岩石间的野花。

此外还有《新斋赋》。其序中有言：

> 予既罢内乡，出居县东南白鹿原。结茅菊水之上，聚书而读之。其久也，优柔厌饫，若有所得，以为平生未尝学，而学于是乎始。乃名所居为新斋，且为赋以自警。
>
> （《文集》卷一，第25页）

《新斋赋》序中所言"其久也，优柔厌饫，若有所得，以为平生未尝学"与《蝶恋花》中"绕屋清溪醒午梦。一榻翛然，坐受云山供"所叙心境是完全一样的。毫无疑问，元好问在这里记录的是自己在那段岁月中，每日里沉溺在百无聊赖的时光中的情形。但是也要注意到，《蝶恋花》开篇"负郭桑麻秋课重"一句，其实也是暗示着，作者"山间的聊赖"是对自己必须"催收秋课"的残酷现实的一种逃避。"四海虚名将底用。一声啼鸟岩花动"，看花儿摇曳，听鸟鸣啾啾，享受着山中的自由自在，对诗人来说，名声已经没有丝毫的诱惑力。元好问清楚地知道，对山中自由的沉溺是与所谓的"虚名"交换的代价，它是不能长久的，只不过是这无限春光中短暂的一息罢了。

元好问还曾经为自己白鹿原"新斋"的邻居张仲经写过一篇《行斋赋》。序文中说：

> 戊子冬十月，长寿新居成。仲经张君从余卜邻，得王氏之败屋焉。环堵萧然，不蔽风日。君为之补罅漏，治芜秽，盖十日而后可居。荜门圭窦，故事毕举。取"君子素其位而行"之义，名曰"行斋"，而乞文于予。
>
> 予以为，士之贫至于君极矣。无禄以为养，无田以为食，无僮仆为之负贩，无子弟为之奔走，无好事者为之谋缓急而助薄少。率资无旬日计，泰然以闭户读书为业。不以为失次，而以为当然。不以为怨，不以为忧，而又且以为乐也。然则不谓之无愧其名也而可乎？
>
> （《文集》卷一，第25—26页）

元好问新居隔壁随后而来的贫穷邻人张仲经，取《中庸》中"君子素其位而行，不愿乎其外"语，将自己的居所命名为"行斋"。《中庸》第十四章中的这两句话，与《论语·宪问第十四》中的"君子思不出其位"说的是同样的道理，即君子当安于自己所处的地位，做好自己职分内的事情，不做无谓的行动。"行斋"就是"读书人之读书所用的书斋"。言下之意，张仲经无官职在身，所以他作为读书人，对读书之外的一切世俗杂事都是不屑光顾的。元好问《蝶恋花》"四海虚名将底用"与杜甫《曲江二首》中的"何用浮名绊此身"同义，这里的"虚名""浮名"，是指为世俗看重的儒者、官僚们所追求的名分和职责。"舍弃这些世俗的职分，单纯地作为一名读书人在山中别墅隐居，再也不想为残酷现实的种种而苦恼"——这就是元好问的心声。邻居张仲经一介白衣可以安于读书，身为地方官的元好问的本分应该是去"催收秋课"，而他却想隐居度日。元好问在这里反其道而述之的目的，旨在为自己逃避现实的行为寻找合理化的解释。

于白鹿原新斋之前，元好问还购置了位于内乡北山的"夏馆秋林"。在他回到国都开封任尚书令史的天兴元年 (1232)，曾作七律《怀秋林别业》。

茅屋潇潇溪水滨，岂知身属洛阳尘。

一家风雪何年尽，二顷田园入梦频。

高树有巢鸠笑拙，空墙无穴鼠嫌贫。

西南遥望肠堪断，自古虚名只误人。

（《文集》卷八，第95页）

以前在浙江边生活在被清溪环绕的茅屋中时，又怎么会想到现在满身尘土在这国都中混迹。苦难的日子现在也没有什么改变，不知道到什么时候才是个尽头。自己放弃的山野中二顷地的生活，现在经常出现在自己的梦中。在高树枝条上筑巢的鸠鸟也会嘲笑我生活的笨拙吧，家徒四壁的生活老鼠也懒得来打洞。遥望着西南的浙江不胜悲伤，自古以来追求名声和财富这些世俗的愿望真是害人不浅啊。

末句中的"虚名"是对杜甫诗中"浮名"的承袭，并非指单纯的虚荣心。杜甫诗中尚有"儒冠多误身"句。"自古虚名只误人"明显是"浮名"与"儒冠多误身"诗句的结合，"过分重视读书人的名分，反而招致了自身的不幸"，也就是说，儒者们头戴官帽，遵循自己作为读书人的社会责任出仕朝廷，反而因此招致不幸，落得一个悲惨的结局。元好问在这里，以现实生活的贫困和仕路的窘迫为理由，试图把自身逃避现实的态度归咎为"拙于处世的儒生的末路"来进行合理化的解释。出仕朝廷的现实与志在隐逸的理想交织，元好问在现实与理想的无奈中挣扎、苦恼着。

四、崔立的立碑事件

元好问在出仕时期创作的很多诗歌作品，都充满了退缩意味的苦涩自嘲。笔者这里的"退缩意味"主要是指元好问没有直面描写金末的悲惨现实。虽被众口标榜为"诗史"，却很难说他忠实地对现实展开过描写。同时代的辛愿和雷琯，他们作为当事者，在自己的作品中为被战争蹂躏的人民的不幸做了呐喊。而在元好问的作品中，读不到他面对时代的不幸为人民发出的强烈控诉，从他的作品中我们能够读取的，只是被无力感摧残的一介官僚在努力地谋求现实逃避。

元好问的大部分作品，不是那种因为受到某事的刺激后反射性的一气呵成式的创作，反而更像是经过了安静的酝酿、长时间的推敲和琢磨后的结果。而且，诗作的主题并不是人民，而是包括元好问自身在内的士人阶层的命运。

元好问的为官信条是怎样的？他是如何秉持自己的信条周旋于金朝朝廷之中的呢？在国都开封被速别额台包围的1233年正月，金朝发生了一件帮助我们理解元好问这一特点的事件，这就是"崔立之变"。

首先梳理一下这一事件的概略。

正大八年（1231）八月，身为南阳县令的元好问被提拔为尚书省令史，八月二十三日至开封赴任。此时，蒙古方面成吉思汗的四太子拖雷率领右翼军，采取了向陕西渡过汉江迂回至河南，从背后突袭金朝国都的战略。1232年正月，到达了河南均州的拖雷，在三峰山大胜金军后，按照当初的作战计划，在郑州与从大同南下山西，沿着黄河北岸向东而来的窝阔台的军团会师，留下了计划包围开封的速别额台的军队。当年三月，拖雷和窝阔台一起率军北经燕京班师回蒙古高原。另一方面，因为来自华北各地流民的涌入，开封城内的人口已经达到了三四百万人。在这样的形势下，速别额台军队对开封的包围，直接致使城内米粮断绝，传染病大肆蔓延，开封城变成了人肉相食的地狱。1232年十二月二十五日，金哀宗丢下自己的母亲、妻子和妃嫔们，只带着宰相和几个亲信仓皇出奔国都。虽然留下了参知政事完颜奴申和枢密副使习捏阿不这两个宰相收拾残局，失去国君的开封城，最终还是陷入了一片恐慌之中。1233年正月二十二日，担任开封西侧守备的将军崔立，利用城内的人心动摇，与无赖之徒药安国一起谋划军事政变，打着"拯救城内生灵"的旗号，公然占领尚书省，杀害了留守的参知政事完颜奴申、枢密副使习捏阿不以及其他十数名阁僚。接着又胁迫留在宫内的太后发布懿旨，以卫绍王的儿子梁王监国，自己官居太师、军马都元帅、尚书令，并给其他官僚分配了官阶职位，将国都开封的权利攥在了自己的手中——这就是历史上的"崔立之变"。

这一军事政变后，给元好问的一生带来无尽阴影的事情发生了。

《金史·文艺下·王若虚传》中记载了此事。王若虚（1174—1243）字从之，号慵夫。哀宗朝的翰林学士，曾编纂过《宣宗实录》，是当时影响最大的文人之一。

　　　　天兴元年（1232），哀宗走归德。明年春，崔立变。群小附和，请为立建功德碑，翟奕以尚书省命召若虚为文。时奕辈恃势作威，人或少忤，则谮构立见屠灭。若虚自分必死，私谓左右司员外郎元好问曰："今召我作碑，不从则死。作之则名节扫地，不若死之为愈。虽然，我姑以理谕之。"乃谓奕辈曰："丞相功德碑当指何事为言。"奕辈怒曰："丞相以京城降，活生灵百万，非功德乎？"曰："学士代王言，功德碑谓之代王言可乎。且丞相既以城降，则朝官皆出其门，自古岂有门下人为主帅诵功德而可信乎后世哉。"奕辈不能夺，乃召太学生刘祁、麻革辈赴省，好问、张信之喻以立碑事，曰："众议属二君，且已白郑王矣，二君其无让。"祁等固辞而别。数日，促迫不已，祁即为草定，以付好问。好问意未惬，乃自为之。既成以示若虚，乃共删定数字，然止直叙其事而已。后兵入城，不果立也。

（《金史》卷一二六，第2738页）

郝经撰写的《遗山先生墓铭》中有"诏为尚书都省掾，居无何，除左司都事，再转为中顺大夫、行尚书省左司员外郎"的记载。这里的"尚书都省掾"即是"尚书省令史"的称谓，是正大八年（1231）八月元好问返回国都之时，金哀宗所赐的从七品的职位。《金史·王若虚传》中所说的"左右司员外郎元好问"应该是与郝经墓志铭中所载的"尚书省左司员外郎"相对应，所以墓志铭中提到的"行尚书省"应该就是崔立兵变后的都元帅府。"再转为"，则指元好问此处的官阶属于"品阶跳级"，即崔立将元好问由原来从七品的令史，一跃提拔为正六品的员外郎。

根据上面《金史》的记载，崔立之变以后，朝中的群小以其"活生灵百万"为由，欲为其立功德碑。王若虚等几名文人被指名撰写碑文。其时，"翰林学士代笔的都是皇帝的诏敕，叙述民意的功德碑不在其撰写范围内。即使翰林学士为对自己有任命权力的丞相（即当时的崔立）撰写了赞美的碑文，后世的史家也会怀疑其内容的真实性"，王若虚以此为由，毅然拒绝执笔。可以说《金史·王若虚传》记述的是学士王若虚身为朝臣的矜持和义气。

不过，关于崔立立碑的事实，刘祁在《归潜志》中以《录崔立碑事》为题的文章中保留了另一面的重要证言。文中严厉指责了王若虚、元好问的所谓矜持只是他们用来保护自己身家性命的诡辩。刘祁，就是《金史·王若虚传》中登场的被召赴尚书省撰碑文的太学生之一，是"崔立碑事件"的当事人。

《录崔立碑事》一文较长，现将其全文介绍如下。

崔立既变，以南京降，自负其有救一城生灵功，谓左司员外郎元裕之曰："汝等何时立一石，书吾反状耶？"时立国柄入手，生杀在一言，省庭日流血，上下震悚，诸在位者畏之，于是乎有立碑颂功德议。

数日，忽一省卒诣予家，赍尚书礼房小帖子云："首领官召赴礼房。"予初愕然，自以布衣不预事，不知何谓，即往至省。门外遇麻信之，予因语之。信之曰："昨日见左司郎中张信之，言郑王碑事欲属我辈作，岂其然邪？"即同入省礼房。省掾曹益甫引见首领官张信之、元裕之二人曰："今郑王以一身救百万生灵，其功德诚可嘉。今在京官吏、父老，欲为立碑纪其事，众议属之二君，且已白郑王矣，二君其无让。"予即辞曰："祁辈布衣无职，此非所当为。况有翰林诸公如王丈从之及裕之辈在，祁等不敢。"裕之曰："此事出于众心，且吾曹生自王得之，为之何辞？君等无让。"予即曰："吾当见王丈论之。"裕之曰："王论亦如此矣。"予即趋出，至学士院，见王丈，时修撰张子忠、应奉张元美亦在焉。予因语其事，且曰："此实诸公职，某辈何与焉？"王曰："此事议久矣，盖以院中人为之，若尚书檄学士院作，非出于在京官吏、父老心。若自布衣中为之，乃众欲也。且子未仕，在布衣，今士民属子，子为之亦不伤于义也。"余于是阴悟诸公自以仕金显达，欲避其名以嫁诸布衣。又念平生为文，今而遇此患难，以是知扬子云《剧秦美新》，其亦出于不得已邪。因逊让而别。

连延数日，又被督促。知不能辞，即略为草定，付裕之。一二日后，一省卒来召云："诸宰执召君。"余不得已，赴省。途中，遇元裕之骑马索予，因劫以行，且拉麻信之俱往。初不言碑事，止云省中召王学士诸公会饮，余亦阴揣其然。既入，即引诣左参政幕中，见参政刘公谦甫举杯属吾二人曰："大王碑事，众议烦公等，公等成之甚善。"余与信之俱逊让曰："不敢。"已而，谦甫出，见王丈在焉，相与酬酢。酒数行，日将入矣，余二人告归。裕之曰："省门已锁，今夕即饮，当留宿省中。"余辈无如之何，已而烛至，饮余，裕之倡曰："作郑王碑文，今夕可毕手也。"余曰："有诸公在，诸公为之。"王丈谓余曰："此事郑王已知众人请太学中名士作，子如坚拒，使王知诸生辈不肯作，是不许其以城降也，则衔之以刻骨，缙绅俱受祸矣。是子以一人累众也。且子有老祖母、老母在堂，今一触其锋，祸及亲族，何以为智，子熟思之。"予惟以非职辞。久之，且曰："予既为草定，不当诸公意，请改命他人。"诸公不许，促迫甚。予知其事无可奈何，则曰："吾素不知馆阁体，今夕诸公共议之，如诸公避其名，但书某名在诸公后。"于是裕之引纸落笔草其事。王丈又曰："此文姑使裕之作以为君作又何妨？且君集中不载亦可也。"予曰："裕之作政宜，某复何言？"碑文既成，以示王丈及余。信之欲相商评，王丈为定数字。其铭词则王丈、裕之、信之及存予旧数言。其碑序全裕之笔也。然其文止实叙事，亦无褒称立言。时夜几四鼓，裕之趣曹益甫书之。裕之即于烛前焚其稿。迟明，予辈趋去。

后数日，立坐朝堂，诸宰执首领官共献其文以为寿，遂召余、信之等俱诣立第受官。余辈深惧见立。俄而，诸首领官赍告身三通以出，付余辈曰："特赐进士出身。"因为余辈贺。后闻求巨石不得，省门左旧有宋徽宗时甘露碑，有司取而磨之，工书人张君庸者求书。刻方毕，北兵入城纵剽，余辈狼狈而出，不知其竟能立否也。

嗟乎！诸公本畏立祸，不敢不成其言。已而又欲避其名以卖布衣之士。余辈不幸有虚名，一旦为人之所劫，欲以死拒之则发诸公嫁名之机，诸公必怒，怒而达崔立，祸不可测，则吾二亲何以自存？吾之死，所谓"自经于沟渎而莫之知"，且轻杀吾身以忧吾亲为大不孝矣，况身未禄仕，权义之轻重，亲莫重焉，故余姑隐忍保身为二亲计，且其文皆众笔，非余全文，彼欲嫁名于余，余安得而辞也？今天下士议往往知裕之所为，且有曹通甫诗、杨叔能词在，亦不待余辩也。因书其首尾之详，以志年少之过。空山静思，可以一笑。①

刘祁《归潜志·录大梁事》中，记叙了"崔立之变"发生时开封城

<hr>

① [金] 刘祁撰，崔文印点校：《归潜志》卷一二，北京：中华书局，1983年，第131—134页。

内的真实状况。

二年正月，末帝遣近侍局使徒单四喜等入南京，取太后、皇后、诸妃嫔赴归德。既出城，惧与北兵遇，复仓皇归宫。于后，四喜独携其族以去，末帝斩之。……上既去国，推立皇兄荆王，以城降，庶可救一城生灵，且望不绝完颜氏之祀，……二守臣但曰："当以死守。"众愤二人无他策，思有一豪杰出而为之救士民。……廿有一日，忽闻执政召在京父老、士庶计事，……告谕，且问诸父老便宜。……申谕："以国家至此，无可奈何，凡有可行，当共议。"且继以泣涕。诸耆叟或陈说细微，不足采。……明日同革献书。……是旦，大阴晦，俄雨作，余姑避民间。忽闻军马声，市人奔走相传曰："达靼入城矣。"……遂急归。路闻非北兵，盖西南兵变，已围尚书省矣。

（《归潜志》卷一一，第127—128页）

金哀宗1232年十二月二十五日从开封出逃到归德，在1233年正月，派遣自己的近侍徒单四喜回到开封去迎接太后、皇后和诸位妃嫔们。但没想到率领着后宫一出城就遇到了蒙古兵，徒单四喜匆忙之下又把人后诸人送回了开封，只带着自己的族人回到了归德。哀宗盛怒之下处死了徒单四喜。另一方面，没有了皇帝的开封城内，拥立了哀宗的哥哥荆王，有人提议举城投降，或者可以保全完颜氏血脉，但是留守的两个执政官除了坚持死守之外，拿不出其他的良策。众人都渴望能有豪杰登场救一城于水火。正月二十一日，执政官召集京城父老士庶，涕泪交流："谁有妙计良策，大家一起商议一下。"有长老献言，都是些不能采用的计策。第二天，我（刘祁）和麻革（即麻信之）想去尚书省递交我们的建议，遇到大暴雨，在民房里避雨的时候，听到街上人们奔走相告："蒙古兵进城了！"知道此时递交建议的事情已经来不及了，急急忙忙回家的路上，才搞清楚不是蒙古兵入城，而是崔立发动了兵变。

以上是崔立兵变的梗概，时间是1232年正月二十二日。提议崔立"功德碑"以及宋徽宗的"甘露碑"被磨平的时间我们都不得而知。其后，崔立在四月十八日率领以"监国"（国都开封的实际责任者）的梁王为首的金朝宗室人员投降蒙古，同月二十日速别额台的军队对开封城进行了大肆的掠夺。二十三日，元好问和其他金朝的朝臣们向北渡过黄河，被带到了山东的聊城。事态的进展最终使崔立的"功德碑事件"无果而终。但刘祁的记述清楚地告诉我们，这一事件给当时的文人们带来的打击是巨大的，对于所有从开封城内活下来的当事者来说，崔立兵变后的立碑事件给他们留下了终生的心灵创伤。元好问亦不例外，对于这一历史事件，他煞费苦心地写下了充满内心曲折的作品。

接下来要介绍的是元好问题为《外家别业上梁文》的作品，这是他为养母张氏本家创作的"上梁文"的一部分。刘祁揭露王若虚、元好问欺瞒行为的《归潜志》的刊行大约是在1236年前后[1]，而元好问的这篇

---

[1] 刘祁《归潜志序》署"岁乙未季夏之望"（即1235年六月十五日）。

《外家别业上梁文》是他在1237年亡国后第一次回到太原的时候撰写的。元好问没有采取直言的方式，他极为慎重地斟词酌句组织着文章。但是，任是谁都清楚地知道，文中的"郑人之逆节"指"崔立之变"，受人嫁祸遭到众口诽谤中伤，其中的"众口"自然包括"刘祁之口"。可以认为元好问的《外家别业上梁文》是在他读了刘祁的《录崔立碑事》后不久，在坐卧不宁的焦躁和满腹的愤懑中执笔的。

> 初，一军构乱，群小归功。劫太学之名流，文郑人之逆节。命由威制，佞岂愿为。就磨甘露御书之碑，细刻锦溪书叟之笔。蜀家降款，具存李昊之世修。赵王禅文，何豫陆机之手迹。伊谁受赏，于我嫁名。悼同声同气之间，有无罪无辜之谤。耿孤怀之自信，听众口之合攻。果吮痈舐痔之自甘，虽窜海投山其何恨。惟彼证龟而作鳖，始于养虺以成蛇。追韩之骑甫还，射羿之弓随彀。以流言之自止，知神理之可凭。

> （《文集》卷四〇，第410页）

当初崔立发动兵变的时候，宵小献媚崔立，威胁翰林名士们书写"功德碑"为崔立歌功颂德。武力威逼之下的碑文撰写，即使是奸险小人也是不愿意的。宋徽宗的"甘露碑"被磨平，要在上面篆刻锦溪老人张天赐的书法。看重名节的文人，可以像李昊那样为后蜀书写降表，也不能像陆机那样为逆贼代笔继承帝位的受禅诏书。是谁得到了撰文的恩赏，却把撰文的罪名转嫁到我的头上？我同情和爱惜的那些和我一样的人们，却对我进行了诽谤中伤。追随胸中的信念，对外界的中伤马耳东风。无论怎样的屈辱都甘之如饴，即使是被遗弃到山间海边也无所遗恨。嫁祸、诽谤我的人蓄意歪曲，颠倒是非，都是因为我当初太纵容他们了。我为他们写下救命的恩请书的时候，他们却在想着如何将我置之死地。流言蜚语的中止消失，就是天理昭昭正义显现的时刻。

节录的上文中"一军构乱"无疑是指崔立的政变，中间部分"伊谁受赏，于我嫁名"句，与《归潜志·录崔立碑事》中"余辈深惧见立，俄而诸首领官赍告身三通以出，付余辈曰：'特赐进士出身。'因为余辈贺"的记述相符合。这里刘祁与元好问对功德碑撰文一事的态度是迥然不同的。刘祁觉得所谓的"赐进士出身"的恩赏是元好问将撰文之罪转嫁给自己的手段，而元好问则主张"撰文给刘祁带来了'特赐进士出身'的身份，给我带来的是苛责与诋毁"。在文章的末尾，元好问对"追韩之骑甫还，射羿之弓随彀"两句做了自注，其注曰：

予北渡之初，献书中令君①，请以一寺观所费养天下名士。造谤者二三，亦书中枚举之类也②。

---

① 指《遗山先生文集》卷三九所收《癸巳岁寄中书耶律公书》，本书后面有详细论述。
② 在《癸巳岁寄中书耶律公书》元好问向耶律楚材推荐的文人名单中，有刘祁与其弟弟刘郁的名字。

元好问这里化用了"萧何韩信""逢蒙学射"两个故事，韩信借指金朝的遗民，萧何借指元好问写给耶律楚材的恳请书，射杀羿的逢蒙借指中伤自己的刘祁等人。这两句的意思就是："因为我写给耶律楚材的书信而获救的那些人，像背德者逢蒙一样在他们得以免于一死的那天却开始了对我的诽谤中伤。"这样一来，能够看出这篇《上梁文》整体上是从1233年正月的"崔立之变"开始，遵照时间顺序按照"立碑事件"、亡国被拘、获得释放这样一连串的经过依次展开的。

其中，在"蜀家降款，具存李昊之世修。赵王禅文，何预陆机之手迹"这样的隔句对中，运用的是五代李昊和晋朝司马伦的典故。蜀国的李昊曾经先后两次为前蜀、后蜀拟写降表；晋的赵王司马伦篡权继承帝位之时，曾经命令陆机为其代笔继承帝位的受禅诏书。两句的意思是"看重名节的文人们可以像李昊那样写降表，但绝不能像陆机那样为逆贼代写帝位继承的受禅诏书"，旨在表明"没有哪位文人愿意为篡夺者崔立撰写所谓的功德碑"。

此外，"悼同声同气之间，有无罪无辜之谤"放在对句"伊谁受赏，于我嫁名"之后，"同声同气"与"受赏"，"嫁名"与"无罪无辜之谤"，各自跨句同指。也就是说，"志趣相同的文人们（那些受赏的人）爱惜名誉，我却因此背负了无妄之罪"。元好问在这里一方面承认了自己对"崔立碑撰文"事件的参与，一方面也表明了这是自己在"吮痈舐痔之自甘，虽窜海投山其何恨"的觉悟之上的选择，意图将彼时行径粉饰为拯救他人的自我牺牲。毫无疑问，这就是他对自己所作所为的一种掩饰。

本节的重点不是要究明为"崔立碑"撰文的究竟是谁，笔者注目的是，《金史·王若虚传》《归潜志·录崔立碑事》《外家别业上梁文》这些作品中所涉及的王若虚、刘祁、元好问、麻革以及其他文人们，如此执念和忌讳为崔立功德碑撰文事情的根源何在。他们究竟在担心什么，要如此迫不及待地进行自我辩护、作这样的自我防卫呢？

刘祁《归潜志·录崔立碑事》中，元好问对刘祁说："若尚书檄学士院作，非出于在京官吏、父老心。若自布衣中为之，乃众欲也。且子未仕，在布衣，今士民属子，子为之亦不伤于义也。"这里的"义"与元好问《外家别业上梁文》所述"有名节的文人宁可为国主写降表也不为逆臣写帝位受禅诏书"指的是同样的道理。也就是说，朝臣仕君主为"义"，不符合"义"的行事作为都不在朝臣的义务范围内。这就是元好问心中的"义"，也可以说是他"忠"的伦理观。在元好问为本事件的另一位重要参与人王若虚写下的墓志铭《内翰王公墓表》中也明确表明了他的这一观点。《内翰王公墓表》作于1243年，前揭《王若虚传》可以说是这一墓表的简略版。在墓表中元好问这样记叙崔立事件中王若虚的言行：

> 奕辈怒曰："丞相以京城降，城中人百万皆有生路，非功德乎？"公又言："学士代王言，功德碑谓之代王言，可乎？且丞相既以城降，则朝官皆出丞相之门。自古岂有门下人为主帅诵功德，而为后人所信者。"问答之次，辞情闲暇。奕辈不能夺，竟胁太学生，托以京城父老意而为之。公之执义不回者，盖如此。
>
> （《文集》卷一九，第197页）

在了解了《外家别业上梁文》中元好问的复杂心境之后，再来阅读这篇《内翰王公墓表》，不得不说元好问对王若虚所作所为的称赞并不是毫无顾忌的。无论怎样，墓表中记述的是王若虚"执义不回"的行动。这里的"义"，也可以说是文人们目为"原则"的一种空谈。元好问记述的是面对翟奕等人的逼迫时，王若虚就是利用这样的空谈来推托婉转、闪烁其词，从而使身为文人的他得以"独善其身"的经过。

在刘祁《归潜志·录崔立碑事》的结尾处有"况身未禄仕，权义之轻重，亲莫重焉"的记述。也就是说，刘祁自身的所做所为也是一种"大义"。对一介在野的书生来说，更为重要的"义"不是"忠"而是"孝"。"仕君是朝臣的大义，而对不是朝臣的人来说就没有这一义务"——对元好问的这一理论，刘祁理解的也是很通透的，因此他"为二亲计"采取了"姑隐忍保身"的行动。并且，刘祁如此说："吾之死，所谓'自经于沟渎而莫之知'，且轻杀吾身以忧吾亲为大不孝矣。"刘祁此处引用《论语》表明的是"身为布衣被杀，是死得默默无闻，而身为朝臣则是一大'义举'"。也就是说，对于为崔立立碑撰文这件事，刘祁在诘问：文人们在把这种"不义"强加给我们这些布衣之前，作为朝臣的你们难道就没有应该履行的"大义"吗？

"崔立碑事件"的当事者们，无论是布衣还是朝臣，都立足于自身的"义"展开自己的理论，其本质不过是毫无结果的自我辩护。作为文人，他们只是汲汲于如何守护自身的名节——即"独善其身"，而并没有顾虑到他人的名节将会如何。他们所谓的"独善"原本是指"无论在朝在野，皆应保持自身良好的修养"①，并不倡导以陷他人于穷地为代价来换取。元好问和刘祁以"义"为盾来谋取"独善"，是因为他们的目光所投向的并不是自己的这个时代而是未来的历史学家。就像今天的成语"流芳千古，遗臭万年"那样，他们最为忌惮的是"后世的评价"。可以说，王若虚、刘祁、元好问之所以拒绝"崔立功德碑"的执笔，并不是出于什么"忠""孝"这些"大义"，他们只是单纯地担心被后世的历史学家们给自己打上"遗臭万年"的烙印罢了。

五、元好问的自我认知

元好问有名的组诗《论诗三十首》附有"丁丑岁（1217），作于三乡"的自注。假如自注的记载是事实的话，这组诗歌应该是"贞祐南迁"（1214）之后，从山西移居到河南的元好问在自己二十七岁准备科举考试时候的作品。这一组诗受到了当时身在翰林把持文坛的赵秉文的激赏，称"杜甫以来无此作"。就是因为赵秉文的认同，给当时乃至于后世造成了一种错觉：元好问凭借《论诗三十首》开一代诗风，实现了在文坛上的华丽登场。

这一组作品，与其说是在面向文坛阐述新的诗歌创作理想，不如说是元好问为自己日常的执笔创作信条和前人逸事作的"条款式自律自戒"。在亡国后的1249年，元好问创作了《杨叔能小亨集引》（《文集》卷

---

① 《孟子》卷一三《尽心章句上》："古之人得志泽加于民，不得志修身见于世。穷则独善其身，达则兼善天下。"

三六所收），其中有"初，予学诗以十数条自警"句，这"十数条"具体为"无怨怼，无谑浪，无鸷狠，无崖异，……无为天地一我、今古一我，无为薄恶所移，无为正人端士所不道"等内容，而《论诗三十首》中的诸作，无疑和这十数条一样，是将诗歌创作方面的"自警"以及模拟《诗品》所做的诗人评论一起展开的结果。

正如元好问在二十七岁就已经创作了《论诗三十首》那样，他自年青时期起就是一名具有高度自觉意识的记述者。他看似是那种天马行空的天才诗人，但实际上，他的想象是遵循着某种规范进行过斧凿加工的。从这一意义上说，他更像是一位苦吟型的诗人。就像《杨叔能小亨集引》中所自警的"无为天地一我、今古一我，无为薄恶所移，无为正人端士所不道"那样，元好问追求的是排除了"独善""中伤"，以堂堂君子为目标，伴随着自己人格修养的"苦吟"。如进入近代之前的中国社会中所常见的文人们一样，在元好问眼中，文学与处世是统一的关系，为了实现文学的诚实首先必须要践行处世的诚实。元好问自觉地为自己树立了准则并努力遵循这些规范去行动。不仅仅是文学创作，在处世态度上他亦可以称得上是属于"苦吟型"的文人。这样的元好问在直面苛酷的金末历史现状时，他又是如何剖析深陷于规范和现实漩涡之中的自己的呢？这可以说是一个引人深思的问题。

从上一节的内容中，我们可以了解到元好问创作了很多剖析自身性格的文学作品，这里再介绍一篇《聂元吉墓志铭》。聂元吉是元好问的同乡，亦是他的前辈，在"崔立兵变"中受到贼军袭击负伤，因为拒绝医治而亡，颇有"名节"之誉。对经历了"崔立兵变"却毫发无伤地活了下来的元好问来说，聂元吉是与众不同的，是每每语及势必伴随着铭心伤痛的存在。

> 元吉讳天骥，姓聂氏，代之五台人。元吉其字也。父讳明，自先世雄于财，而以阴德闻里中，用元吉贵，封太中大夫。元吉其长子也。……车驾东迁，公在留中，贼杀二相，兵及元吉，卧创二十许日。医言可治，公誓之以死。死之二日，权厝某所。娶王氏。子男二人：长黄童，次玄童。女三人：长嫁进士张伯豪，孝友有父风。夫殁，归在室。元吉既葬之明日，女不胜哀慕，绝脰而死。时乱已极，凌夺烝报，无复人纪。女独以大义自完，士大夫贤之，有为泣下者。其二尚幼。……予与元吉同乡里，年相若，仕相及。然元吉重迟，予资卞急；元吉耿耿自信，未尝以言下人；予则矫枉过直，率屈己以徇物。道不同不相为谋。故虽与之同乡里，年相若，仕相及，而交未尝合也。今元吉已矣，予惜其有志于世，世亦望焉，而卒之无所就也，乃为之铭以哀之。

> （《文集》卷二一，第226—227页）

在这篇墓志铭的节录中，元好问通过与聂元吉对比的方式对自己的性格做了剖析："元吉重迟，予资卞急；元吉耿耿自信，未尝以言下人；予则矫枉过直，率屈己以徇物。"（聂元吉为人慎重忠厚，而我则生来急躁不稳重；元吉忠诚正直，充满自信，从来没有在言辞方面屈于人下，而我为了迎合别人，做事往往会超过限度，最后只能委屈自己以顺应世俗。）或许正因为元好问"屈己徇物"的性格弱点，所以他无法做到"舍生取义"。这自然是他为自己在"崔立兵变""立碑事件"中得以幸存下来的自我辩护，但是另一方面也许这种"舍弃文人的'独善'，委屈自己顺应世俗"的方法，就是元好问遵循的"义"的具体形式。从这一意义上说，"屈己徇物"一语称得上是元好问对自己"处世信条"的宣示。

第三章

丧乱诗的创作

*

一、《岐阳三首》

"贞祐南迁"（1214）以后，金朝末期停滞的战局出现了新的发展。1229年窝阔台在蒙古高原的克鲁伦继承了汗位，并正式决定开始对金朝采取新的作战行动。由此，金朝与蒙古之间的战局开始向着蒙古军方面倾斜。1230年八月，窝阔台和他最小的弟弟拖雷一起向中原方面发动了进攻，针对金朝开始了彰显蒙古军军威的总攻战。

窝阔台的中翼军采取的战略是，从大同出发经过河中府，沿黄河北岸向东移动，直捣金朝首都开封。另一方面，拖雷率领右翼军向陕西京兆方面进发，突破陕西后进入四川方面是他们的战略。就这样，1231年的正月，陕西方面最为重要的战略要地凤翔府陷入了蒙古将军按竺迩的包围。当时担任凤翔府守备的金朝将军完颜合达和移剌蒲阿二人，性格怯弱，不仅军事上平庸无能，二人水火不容的关系也为凤翔埋下了隐患。面对蒙古的大举进攻，金哀宗派遣枢密院判白华（元好问的旧友），前去传令让当时集结在潼关等黄河渡口的所有守卫兵力迅速前去驰援凤翔。可是，就当白华传达了哀宗的命令尚在返回开封复命的路上时，凤翔府的完颜合达和移剌蒲阿二将军在与蒙古对战的中途匆匆撤退的军报就已经先白华等人一步而送达了国都开封。也就是说，在潼关守备力量奉命集结之前，凤翔已然战败。这一年的二月，凤翔府最终还是陷入了孤立无援的绝望境地。即使这样，驻扎在凤翔府内的金兵们依然固守城池奋起应敌，顽强地与蒙古军进行了长达四个月的对抗。最终，大约在同年的四月末，在粮草断绝、援军无望的情况下，凤翔被迫投降。之后，战局的天平急速向着蒙古方面倾斜，金朝不得不集结国都开封的所有兵力来迎接与蒙古的最后决战。

凤翔府的陷落无疑是金朝走向灭亡的关键性转折点。当时身为南阳县令的元好问在得知这一消息后，创作了三首七言律诗——《岐阳三首》，忠实地记叙了凤翔陷落给他带来的打击和绝望。清朝赵翼评论元好问的诗"国家不幸诗家幸，赋到沧桑句便工"。正如赵翼所言，元好问描写金朝灭亡的诗歌作品以其清湛秀丽的悲壮美在中国文学史上占有了一席之地，而他的丧乱诗就起自吟咏凤翔陷落的《岐阳三首》。

> 突骑连营鸟不飞，北风浩浩发阴机。
>
> 三秦形胜无今古，千里传闻果是非。
>
> 偃蹇鲸鲵人海涸，分明蛇犬铁山[①]围。
>
> 穷途老阮无奇策，空望岐阳泪满衣。

（《文集》卷八，第94页）

敌人的精锐骑兵阵营连绵，即便是天上的鸟儿也难以飞越。呼号的北风和敌军一起席卷而至，阴沉的雾霭包裹大地。"三秦"自古以来因其天然要害的地形为人所知，千里之外传来的凤翔陷落的噩讯怎么能让人相信。就像在海上肆虐的巨鲸巨鲵要把海水喝干一样，贼军在对凤翔的人们进行着屠戮。如蛇似犬的敌兵铁铸一般围

[①] "蛇犬"一语亦有指"宝鸡的蛇山和扶风的犬丘"之说。如果遵从此说，此句中的"铁山"当指守护三秦的屏障之意。

　　　　　　　　　　元好问与他的时代

困着陕西。我如今和行到穷途的阮籍一样，面对疆耗束手无策，只能遥望着失陷的岐阳涕泪交下。

百二关河草不横，十年戎马暗秦京。
岐阳西望无来信，陇水东流闻哭声。
野蔓有情萦战骨，残阳何意照空城。
从谁细向苍苍问，争遣蚩尤作五兵。

（《文集》卷八，第94页）

古来堪称能够"以二敌百"的要害之地并没有发挥作用，抵御住敌兵，整整十年，陕西一带被夷狄的兵马蹂躏，秦国的旧都城咸阳（即秦京）被烽烟笼罩一片黑暗。眺望着西方的岐阳，没有半点音信，只有流经岐阳的陇水，载着人民的哀嚎默默东流。没有人来收取战死者的尸骨，城外荒野中只看见茂密的蔓草缠绕着白骨，惨淡夕阳的余晖下是没有了居民一片死寂的空城。究竟该怎样来责问上苍："当初为什么要让蚩尤制造这些杀人的兵器?"

眈眈九虎①护秦关，懦楚孱齐几上看。
禹贡土田推陆海，汉家封徼尽天山。

---

① 施国祁《元遗山诗集笺注》卷八中注"九虎"为金朝派遣的"秦关等处九守御使"。笔者将本诗的首联理解为"九虎眈眈看楚齐"，不取施氏注。这里的"九虎"当是语出《汉书·王莽传》中"（王莽）拜将军九人，皆以虎为号，号曰九虎"。

北风猎猎悲笳发，渭水潇潇战骨寒。

三十六峰长剑在，倚天仙掌惜空闲。

（《文集》卷八，第94页）

虎视眈眈地盯着三秦之地的敌军将领占据着秦关（这里应该是指陕西一带），盯着砧板上的鱼肉一般的山东、淮南等地（即楚齐），军队沿着黄河向开封一带进发。《尚书·禹贡》中曾记叙陕西是物产最为丰富的地域，将这片土地纳入囊中的汉王朝（此处借指金朝）开疆扩土，国境曾经延绵到那遥远的天山。然而今日的陕西却屈于蒙古的兵威，夷狄的胡笳回响着悲凉的音色，潇潇的渭水洗刷着战死者的累累白骨流向黄河。坐落在长安东面的华山三十六峰，如长剑一般屹立着，就如国都开封守护着河南那样。可是，享有"仙掌"名称的山峰虽然高耸入云，那"掌"却无法仗剑对敌，只落得赤手空拳徒自空闲。

在阅读元好问的《岐阳三首》之前，首先需要对这三首作品的性质进行定位。也就是说，首先需要确定，这是从三个不同的侧面描写同一场战事的、互无关联的三首独立的作品，还是在整体上构成连贯文脉的、带有一定发展顺序的系列组诗。笔者的私见，认为《岐阳三首》蕴含着某种联系，是遵循着战局一定的时间序列顺次展开的一组作品。

第一首颔联"三秦形胜无今古，千里传闻果是非"句中的"三秦"，指的是在陕西京兆方面展开的战事。因此有第三首"眈眈九虎护秦关，懦楚孱齐几上看"的首联。在第一首中觊觎"三秦"的敌兵，在第三首中已经将"秦关"纳入囊中，并将"楚（淮西的楚地）齐"，也就是黄河下游，作为了自己的下一个目标。第一首和第二首看上去都是以"三秦"地方和"百二关河"，也就是陕西京兆方面为话题，但是第一首"千里传闻果是非"吟咏的是凤翔府陷落的传闻，而第二首"岐阳西望无来信，陇水东流闻哭声"，从"传闻"到"无来信"再到"闻哭声"，这里记叙的是不断发生的事态变化。也就是说，最初得到战败的传闻以后，岐阳方面就再也没有任何的联络，不通音信的事态就这么僵持着，最终这种激战后的"静寂"化为"哀悼死者的痛哭声"，元好问最不希望的战败事实得到了确认。三首作品乍一看似乎是在重复着一件事，但实际上它是按照时间序列将千里之外的战局变化做了明了的记叙。第一首吟咏了凤翔府展开的激烈战斗，第二首记录了金兵的败北，第三首描写了蒙古方面即将实施的赤裸裸的入侵行动和金兵的软弱无能。

　　如果将《岐阳三首》作为组诗来思考的话，第一首首联的"突骑连营鸟不飞，北风浩浩发阴机"句，渲染的是营寨连绵不断的蒙古骑兵仿佛随时都要奔袭三秦之地的杀气。尾联的"穷途老阮无奇策，空望岐阳泪满衣"句，说的则是在得知了开战消息后惊慌失措的元好问的狼狈和无奈。第二首描写了战败后凤翔府的荒凉颓废。尾联"从谁细向苍苍问，争遣蚩尤作五兵"，实际上可以看做是元好问对自己同乡诗人赵元的七言绝句《渡洛口》（洛口指洛水与黄河合流的河口）诗的"夺胎换骨"①。

> 一脉寒流两岸冰，断桥无力强支撑。
>
> 忘机美杀沙鸥好，不省人间有战争。

（《中州集》卷五，第266页）

寒冬里的河流（或指洛水）两岸都已经结了冰。河上断裂的桥梁勉强支撑着往来的行人。茫然地注视着栖息在沙洲上的鸥鸟心中充满了羡慕之情，人世间残酷的战争对于它们来说没有丝毫的影响。

赵元的这首诗描写了激战之后的渡口和沙洲上鸥鸟的悠闲，人世间的悲惨和山野的平和静寂形成强烈的对比，不失为一首杰作。元好问就是将这首诗夺胎换骨，在《岐阳三首》的第二首中强调了战败后特有的虚无的寂静。

在第三首中，元好问以金朝号称"铁壁"的防卫线——从京兆经过潼关直到开封——为前提，揭示了随着防卫线西端的凤翔府的陷落，北兵将从京兆方面突破潼关入侵开封的可怕前景。华山的三十六峰屹立如

---

① 《中州集》卷五"愚轩居士赵元"条中收录了赵元的三十四首作品，其略传中有云："元，字宜之，定襄人。经童出身。举进士不中，以年及调巩西簿。未几失明。……泰和以后有诗名河东。李屏山为赋愚轩有'落笔突兀无黄初'之句。愚轩，宜之自号也。"如果说赵元是在泰和（1201—1208）以后有诗名，并和李纯甫（即李屏山）同年的话，应该比元好问要年长好多。此外，《中州集》中的略传中尚有"南渡以后，往来洛西山中"的记载，《渡洛口》当为彼时之作。诗中所吟咏的战争应是"贞祐南迁"前后的事情。

长剑，形成了天然的屏障，但是被称为"仙掌"的朝阳峰处并没有配备守军，难得的屏障也徒有其表，起不到任何作用。

通过上面的分析可以看出，《岐阳三首》并不是出于一时激情而一气呵成的作品，实际上它描写的是1231年正月到五月，这几个月之间金朝与蒙古之间实际战况的变化。

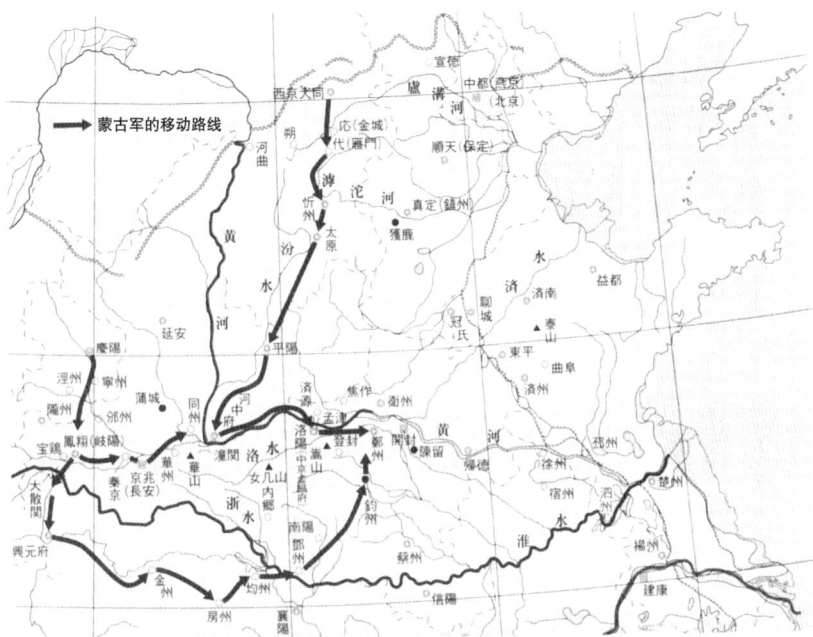

图5　1231年前后的华北

在解读《岐阳三首》的问题上，我们必须认识到这三首诗并没有"再现凤翔府陷落的历史过程"这一单纯的事实。这组创作并不是书写详细战况的诗歌作品。1231年正月到四月，陷入蒙古军包围的凤翔府持续着与敌军的激战，本诗描写的就是这场战事的状况——这是对元好问岐阳诗的一般认识。笔者所附的诗歌大意也是按照这一方向来解读的。但是，有必要注意到，1231年这一时代背景的设定，甚至于凤翔、开封这些具体的地名在本组诗中一概没有登场。不仅如此，自始至终诗歌都是在利用过去的战役典故进行"影射"，任何与战局有直接关联的固定名词、具体的提示等都不曾在作品中出现过。极端地说来，《岐阳三首》几乎也是可以当做与凤翔陷落毫无关系的作品来读的。也正因为这一特点，导致了今日的诸多注释者们依然试图通过对诗中所引的典故的解说来推测当时的战况。而笔者在本书中，明知有"冒众学者之不韪"之嫌，却依然要坚持对历来的解说提出异议。元好问的诗歌以被称为"诗史"而声名远播，但是这里的《岐阳三首》如果作为"历史的记述"来解读的话，其整体的轮廓就未免过于模糊了。

那么，元好问为何要特意利用"三秦""岐阳"这些古地名来虚化焦点，通过典故的多用来有意模糊事态轮廓呢？这一答案我们可以在唐朝杜甫的五言律诗《喜达行在所三首》[①]中找到。

《喜达行在所三首》如其原注"自京窜至凤翔"所记述的那样，是安史之乱后玄宗出逃长安的第二年，杜甫从当时被乱军占领的长安出逃至肃宗的行在所凤翔时，记叙自身喜悦心情的作品。这组诗歌创作于757年。

---

① [清] 浦起龙著：《读杜心解》卷三之一，北京：中华书局，1961年，第363—364页。

西忆岐阳信，无人遂却回。眼穿当落日，心死着寒灰。
茂树行相引，连山望忽开。所亲惊老瘦，辛苦贼中来。

焦急地等待着西面岐阳方面的消息，却没有一个人回来，(只能自己亲自前去。)盯着夕阳匆匆赶路，日光好像要穿透自己的眼底，心中因为恐惧，就像死去一样冰冷得没有半点希望。茂密的树木好像在指引着我赶路，忽然间连山就出现在我的眼前。(到达了行在所以后，)以前的友人们惊讶于我的衰老和消瘦，询问我是如何从贼军那里历尽艰辛来到这里的。

愁思胡笳夕，凄凉汉苑春。生还今日事，间道暂时人。
司隶章初睹，南阳气已新。喜心翻倒极，呜咽泪沾巾。

在长安的时候，黄昏时贼军阵营的笛声让人悲哀，春天的御苑也是满眼的凄凉。今天能够活着来到这里真是不敢想象，昨天还在小路上仓皇奔逃，不知是否能够活下来。第一次亲眼目睹了大唐典章的复活，如今凤翔是焕然一新的中兴之气。欢喜雀跃的心情颠倒往复，喜极而泣的眼泪打湿了手帕。

死去凭谁报，归来始自怜。犹瞻太白雪，喜遇武功天。
影静千官里，心苏七校前。今朝汉社稷，新数中兴年。

如果倒在了奔往凤翔的路上，谁又能替我报告死讯呢？现在平安归来才开始怜惜自己的身体。在即将到达行在所的时候仰望着太白山头的白雪，想到能够站在武功的天空下就从心里由衷地感到高兴。现在百官们肃穆地站立着，我也挺直了腰身站在其中，将校的护卫们站在眼前，感觉将要死去的心又活了过来。从今天开始我们大唐王朝又开始了新的中兴之年。

杜甫的这三首诗，开篇首联"西忆岐阳信，无人遂却回"陈述的是唐朝国都长安已经断绝了有关凤翔方面的消息，第三首尾联"今朝汉社稷，新数中兴年"是把肃宗举兵平叛安史之乱的快举比作后汉光武帝的中兴。杜甫把眼前的事迹誉为汉武中兴，将长安城呼为"汉苑"，把肃宗所在的凤翔看做是光武帝的大本营南阳。此外，诗作开头使用古名"岐阳"来称呼凤翔，显然是联系了《左传》中周武王在孟津与诸侯誓约，周成王在岐阳举行阅兵式的史实。周成王在岐阳举行阅兵，是天命归周的表示，所以唐肃宗进入岐阳一事，在皇权正统性上是有着非凡意义的。杜甫将凤翔称为"岐阳"，或者是比喻为南阳，可以说是为了展示肃宗受命于天的正统性，是其深思熟虑的结果。在这组诗作中，杜甫历尽艰辛，从国都长安远奔到凤翔的姿态，被作为忠臣舍生忘死追奉"受命天子"的典范，诗作按照时间顺序对这一历程展开了描写。

《岐阳三首》其二的"岐阳西望无来信"、其三的"北风猎猎悲胡笳"句中都能够找到对杜甫诗句的模仿，他应该就是以杜甫的《自京窜至凤翔喜达行在所三首》为样本来创作的。杜甫在自己的诗中将唐肃宗比作中兴汉代的光武帝，而具有讽刺意味的是，在元好问得知凤翔府陷落的消息时，他恰好就在光武帝出生的地方——南阳——出任县令。而元好问的"眈眈九虎护秦关"句中，将蒙古军将比作汉朝篡夺者王莽手下的"九虎"将领绝不是无心之举。

元好问在描写凤翔陷落这一重大历史事件时，并没有像同时代赵元的《渡洛口》诗那样，采取通过淡然铺设眼前的景物来暗示作者的茫然自失的创作方法。他描写的着眼点既不是这场战争的悲惨，亦非关于这一事件瞬息万变的战局中的某些具体细节。我们可以认为他所要记录的是势必会载入史书的这一重大战役的总括，且是类似于"论赞"的总括。即使元好问是以"传闻"方式获知了凤翔陷落的消息，但他就这样利用这场与自己同时代的战役创作了这组"咏史诗"。同杜甫一样，元好问将凤翔称为"岐阳"，强调了这一地区在历史和传统上属于要害之地的意义，向人们暗示了这场战役掺杂着历史王朝"天命所归"的重大性。这一描写视角，显露了元好问欲将自身的诗作置于中国文学正统之地的意图。

二、《壬辰十二月车驾东狩后即事五首》

如上一节所分析的那样，《岐阳三首》表达的与其说是个人感慨，不如说是倾向于历史评价的、精巧且致密的"金朝衰亡史"的一组画面。这组作品容易被认为是元好问在受到凤翔陷落的打击后，激情澎湃之余一气呵成的"即事之作"。而实际上它经过了长期的构想和缜密的推敲，是元好问深思熟虑后的诗歌作品。如果将描写金元交替时期王朝兴亡的历史画卷称为"丧乱诗"的话，元好问笔下的丧乱诗尽如《岐阳三首》一样，是费尽心力进行了充分准备和精密计算的结晶，饱含着元好问的良苦用心，也是他为后世的历史学家留下来的组诗形式的"咏史诗"。具有典型特征的是他的另外一组"丧乱诗"代表作《壬辰十二月车驾东狩后即事五首》。

题目中的"壬辰十二月"指的是金朝哀宗天兴元年（1232）的十二月，"车驾东狩"指哀宗从国都开封向东出逃的事。1232年三月的金朝国都开封，处在蒙古将领速别额台的包围之中。因为金朝与蒙古达成的和议，对开封的包围暂时得到了解除。但是哀宗私下召集的援军——邓州的完颜忠烈、陕西的完颜忽斜虎、南阳的恒山公武仙——在向国都开封进发的途中遭遇蒙古军并先后败走，加之从开封派遣出去的赤盏合喜的军队也遭到敌军的偷袭，只能仓皇逃回开封。这一系列的事件，不但没有打破开封被围的僵局，反而截断了开封的对外交通，引发了严重的粮食短缺问题。被哀宗接二连三的背信行为激怒的速别额台，决计再次围城。就是在这样的情况下，1232年十二月，哀宗放弃了太后、皇后和诸妃子，在身边仅有的少数护卫的保护下，秘密向东逃出国都。这就是诗题"壬辰十二月车驾东狩"的意义所指。

诗作虽有"东狩后即事"的字样，但其与《岐阳三首》同样，并不是将同一个战局分解为五个不同角度展开的描写，而是将数月的时局变化遵照时间坐标分割为五部分的"即事"。

例如，其中的第三首：

郁郁围城度两年，愁肠饥火日相煎。

焦头无客知移突^①，曳足^②何人与共船。

白骨又多兵死鬼，青山元有地行仙。

西南三月音书绝，落日孤云望眼穿。

（《文集》卷八，第95页）

敌军包围着开封，让人压抑的郁闷心情整整持续了两年了，日日在忧愁和饥饿中煎熬。经历了焦头烂额的火灾以后才想起那个曾经指出过火灾隐患的客人，如今我们的朝廷中却没有这样具有先见之明的人。即使我们有后汉马援那样，带着伤病坚持视察军情的将领，又到哪里去找能够与这些将领们共度艰难的军队呢？散落的累累白骨意味着不断增多的战死的士兵，青山绿水间也还是有着能够自由自在游走的"仙人"们。来自西南方面的消息已经断绝了三个月了，夕阳中眺望着天边的孤云望眼欲穿。

---

① "移突"指成语"曲突移薪"的故事。《汉书·霍光传》载："客有过主人者，见其灶直突，傍有积薪。客谓主人，更为曲突，远徙其薪，不者且有火患。主人嘿然不应。俄而家果失火，邻里共救之，幸而得息。于是杀牛置酒，谢其邻人，灼烂者在于上行，余各以功次坐，而不录言曲突者。人谓主人曰：'乡使听客之言，不费牛酒，终亡火患。今论功而请宾，曲突徙薪亡恩泽，燋头烂额为上客耶。'主人乃寤而请之。"见《汉书》卷六八，第2958页。"无客"意指金朝没有像这样有远见的人。

② 《后汉书·马援传》载："会暑甚，士卒多疫死，援亦中病，遂困，乃穿岸为室，以避炎气。贼每升险鼓噪，援辄曳足以观之，左右哀其壮意，莫不为之流涕。"见《后汉书》卷二四，北京：中华书局，1965年，第843—844页。

这首诗开篇首句"郁郁围城度两年"说的就是1232年三月开始速别额台对开封的包围。因此标题的"即事"至少是指从1232年正月以后发生的事件。而这些事件的重要提示，就在颈联"青山元有地行仙"句中。

关于"地行仙"一语，施国祁《元遗山诗集笺注》中引《金史》卷一一四中的《白华传》做了这样的注解：

> 案：枢判（白华）出归德之围城，就南阳之乐土，道路传闻如此，而音问绝无。故先生有地行仙之句。此诗定为指枢判作。[①]

施国祁认为，诗中"地行仙"的表现是元好问对白华从南阳投降南宋一事的批判。

"地行仙"具体是否真如施国祁所言姑且不论，其所引《金史·白华传》的具体内容有必要再做一次探讨。

> 上在归德。三月，崔立以汴京降，右宣徽提点近侍局移剌粘古谋之邓，上不听。时粘古之兄瑗为邓州节度使、兼行枢密院事，其子与粘古之子并从驾为卫士。适朝廷将召邓兵入援，粘古因与华谋同之邓，且拉其二子以往，上觉之，独命华行，而粘古改之徐州。华既至邓，以事久不济，淹留于馆，遂若无意于世者。会瑗以邓入宋，华亦从至襄阳，宋署为制干，又改均州提督，后范用吉杀均之长吏送款于北朝，

---

① 施国祁注：《元遗山诗集笺注》卷八，北京：人民文学出版社，1958年，第385页。

遂因而北归。士大夫以华夙儒贵显，国危不能以义自处为贬云。

（《金史》卷一一四，第2513页）

施国祁应该是将元好问也归入褒贬白华"夙儒贵显，国危不能以义自处"的"士大夫"范围内了，因此他认为"地行仙"是指弹白华的诗句。按照这样的文脉，尾联"西南三月音书绝，落日孤云望眼穿"中的"西南"当指邓州（邓州位于开封西南方），元好问望眼欲穿等待的是西南邓州方面有关白华的消息。

本诗的颈联、尾联在近人的解释中，"地行仙"指"金朝宗室的高官们"，"西南音书"更倾向于指"身在襄阳的元好问的长兄"的相关消息。但是笔者认为，在以"车驾东狩"这一极为公众化的事件为主题的作品中，一直都没有在话题中出现的作者亲族（译者注：这里指元好问的长兄益之）的登场多少是有些唐突的。这首诗是描述国家命运的叙事诗，不是抒发元好问个人情感的抒情诗。因此，即使将"地行仙"的具体所指忽略不计，诗歌的解释整体上都不得不倾向于施国祁笺注的方向。

那么，如果"西南三月音书绝"所指的是邓州白华或者是哀宗当时所处的状况的话，"地行仙"的具体所指究竟是谁呢？《新五代史·张筠传附弟筹传》中载有以下关于"地行仙"的逸话。

> 张筠，海州人也。世以资为商贾。筠事节度使时溥为宿州刺史。梁兵攻溥取宿州，得筠，……后以为永平军节度使。梁亡事唐，仍为京兆尹。从郭崇韬伐蜀，为剑南两川安抚使。蜀平，拜河

南尹，徙镇兴元。……以为左骁卫上将军。

筠弟篯，当筠为京兆尹时，以为牙内指挥使、三白渠营田制置使。……蜀平，魏王继岌班师，至兴平，而明宗自魏起，京师大乱，篯乃断咸阳浮桥以拒继岌，继岌乃自杀。

初，筠代康怀英为永平军节度使，而怀英死，筠即掠其家资。又于唐故宫掘地，多得金玉。有偏将侯莫陈威者，尝与温韬发唐诸陵，分得宝货，筠因以事杀威而取之。魏王继岌死渭南，篯悉取其行橐。而王衍自蜀行至秦川，庄宗遣宦者向延嗣杀之，延嗣因尽得衍蜀中珍宝。明宗即位，即遣人捕诛宦者，延嗣亡命，而蜀之珍宝篯又取之。由是兄弟资皆巨万。……

筠居洛阳，拥其资，以酒色声妓自娱足者十余年，人谓之"地仙"。天福二年，徙居长安。是岁，张从宾作乱，入洛阳，筠遂以免。①

《新五代史》中记载了被称为"地仙"的张筠及其弟张篯的故事。如果将这一逸话与白华相对照的话，应该说无意之中将白华置于背叛者境地的移剌瑗和移剌粘古两兄弟反而更加接近《新五代史》中的张筠、张篯兄弟。因此笔者认为，颈联"白骨又多兵死鬼，青山元有地行仙"句，应该是指"为了守卫金朝的兵士最终都化为了覆盖山野的无尽白骨，就在这样的局势中，金朝将领移剌瑗和移剌粘古兄弟也像五代的

---

① 《新五代史》卷四七《杂传》第三五，北京：中华书局，1974年，第521—523页。

张筠兄弟那样，为了自身的安逸，在金朝、南宋和蒙古军之间反复变节自保"。这样"西南三月音书绝"句作者元好问的实际所指，是1232年十二月出奔西南以后毫无音讯的哀宗、白华等的安危。

接着我们来看五首组诗中的第一首。

> 翠被匆匆见执鞚，戴盆郁郁梦瞻天①。
> 只知河朔归铜马②，又说台城堕纸鸢③。
> 血肉正应皇极数，衣冠不及广明年。
> 何时真得携家去，万里秋风一钓船。

（《文集》卷八，第95页）

皇帝身披翠鸟羽毛织就的大氅匆匆忙忙出奔国都，留在开封的子民们就像头上顶着木盆看不到天空一样，只能在梦中一瞻天子的尊颜。王莽篡汉之时贼兵"铜马"占领了河北地方，而现在黄河以北的山东、河北、山西等地同样被蒙军占领。当年侯景攻打南朝梁而包围台城的时候，他的部下射落了城内用来求援的风筝，现在开封的外援同样被蒙古军所截断。金王朝的命运真的与《皇极经世

---

① 司马迁《报任安书》中有"仆以为戴盆何以望天"句。这里的"天"即天子，"戴盆"指无法见到皇帝的尊颜。
② "铜马"是王莽篡权时在河北爆发的一支贼军的名称。后被光武帝所讨伐。
③ 南北朝时，侯景进攻南朝的梁，包围了台城，梁萧纲利用风筝召唤援军。结果风筝被侯景的军队射落，援军不至，城内陷入饥荒，饿殍满地，台城最终陷落。此处运用了这一历史典故。

书》中记载的内容相符合，唐朝的僖宗在广明年间上演了一场毫无意义的出逃剧，如今追随哀宗的金朝高官们的狼狈比之僖宗有过之而无不及。究竟什么时候才能够携领家眷，在秋风吹拂中的一叶钓舟上，享受安稳的隐居生活呢？

这首诗从哀宗的国都出逃开始，记述了遗留在城内的子民们陷入被敌兵包围，且无望救援的绝望状态。应该说《壬辰十二月车驾东狩后即事五首》的确是把1232年十二月哀宗的出逃作为了五首"即事"诗的起点。但是，对于第六句"衣冠不及广明年"的解释，施国祁以及其他近人学者都认为是指"白撒伏诛"——1233年正月哀宗的归德入城和处罚白撒——的事件。也就是说：广明指唐僖宗广明元年（880），在这一年的十二月黄巢陷落东京洛阳后挟余势进攻潼关。留守长安的宦官田令孜闻潼关陷落后，带五百神策军奉僖宗帝自金光门出奔成都，而百官却都不知僖宗的行迹。元好问借助广明元年的事迹，说金朝衣冠不及广明元年。其实质是批判"哀宗听从平章政事完颜白撒的建策欲渡黄河取卫州时，白撒无能败北。白撒为了掩饰自身的怯懦，劝说哀宗同数名将校逃往归德。金朝诸军二日后方得知此事，丧失战意，金军溃灭"。

《金史·完颜白撒传》中记载了哀宗处罚白撒父子时对将校们的"通告"：

> 惟汝将士，明听朕言。我初提大军次黄陵冈得捷，白撒即奏宜渡河取卫州，可得粮十万石，乘胜恢复河北。我从其计，令率诸军

攻卫。去蒲城二百余里，白撒迁延八日方至，又不预备攻具，以致败衄。白撒弃军窜还蒲城，便言诸军已溃，北兵势大不可当，信从登舟，几死于水。若当时知诸军未尝溃，只河北战死亦可垂名于后。今白撒已下狱，不复录用，籍其家产以赐汝众，其尽力国家，无效此人。

（《金史》卷一一三，第2491页）

第六句中的"衣冠"即映射"白撒等人"。也就是说，这首诗是哀宗出逃归德的消息传回到开封以后创作的作品。据《金史·哀宗本纪下》记载，哀宗处决白撒是在1233年正月十七日。

这首诗的尾联"何时真得携家去，万里秋风一钓船"可以说是本诗最富有解释难度的两句。目前就笔者的管见，语及尾联中涉及到典故的注释尚不存在。大部分读者都将其作为中国诗歌中司空见惯的表现，认为这两句表现的是元好问对自己家人的牵挂。在日本的译注集中（铃木修次和小栗荣一的注解）亦只关注于元好问对家人的感情和对故乡的思念，将其译作"究竟何时才能够携领家人回归故乡呢"。对此，笔者认为有待商榷的空间极大。就像前述的那样，这五首组诗不是抒发个人感慨的抒情诗，而是以"车驾东狩"为主题的"咏史诗"，看似着眼于个人愿望的"何时真得携家去，万里秋风一钓船"两句，必然是应该别有寓意的。

笔者认为，上述两句应暗指《金史·世戚》中记载的徒单四喜之事。

徒单四喜，哀宗皇后之弟也。天兴二年（1233）正月辛酉夜，四喜、内侍马福惠至自归德，时河朔已失利，京城犹未知，二人被旨迎两宫，……壬寅，太后御仁安殿，……是夜，两宫骑而出，至陈留。见城外二三处火起，疑有兵，迟回间，奴申初不欲行，即承太后旨驰还。癸卯，入京顿四喜家，少顷，还宫。复议以是夜再往，太后惫于鞍马不能动，遂止。明日，崔立变。四喜、术甲塔失不及塔失不之父咬住、四喜妻完颜氏，以忠孝辛九十七骑夺曹门而出，将往归德。……四喜等至归德，上惊问两宫何如。二人奏京城军变不及入宫。上曰："汝父汝妻独得出耶。"下之狱，皆斩于市。

（《金史》卷一二〇，第2629—2630页）

尾联"何时真得携家去，万里秋风一钓船"，如果是承接第六句"衣冠不及广明年"来记述1233年正月十七日以后的"史事"的话，"何时真得携家去"句就只可能是指徒单四喜仅仅携带自己的家人回到归德的事。元好问应该就是以这一件事为基点，对徒单四喜等"衣冠士"们真正能够"携家"离开这个国家的事态做了假想。末句的"万里秋风一钓船"句中，或许隐藏着类似于范蠡——在新王登基后作为有着建国功绩的谋臣却偕同家眷韬晦江湖——的故事。如果着眼于第三句中（被后汉光武帝讨伐）的乱贼"铜马"、第八句中的"钓船"这些诗语，这里能够设想到的历史上的逸民，以"严子陵垂钓七里滩"①而闻名的后汉严光

---

① 《元刊杂剧三十种》中有题为《严子陵垂钓七里滩》的杂剧作品存世。剧中讲述了严光在七里滩预言了光武帝的登基，登基后的光武帝意欲迎接严光入朝的时候，他却从七里滩乘坐钓船逃走的故事。严光的事迹参考《后汉书·逸民列传》。

比范蠡更为恰当。不论作何解释，"何时真得携家去，万里秋风一钓船"所说的绝不是元好问自身对隐逸的憧憬，或许这是元好问在感慨金朝竟然没有像范蠡、严光那样——在实现了国家再建以后以隐逸的方式韬晦于江湖——的人物吧。

作为五首组诗的第一首，它记述的是从壬辰年十二月车驾东狩开始到第二年正月二十三日崔立兵变之间的事实。

接下来继续解读五首组诗中的最后一首。

> 五云宫阙露盘①秋，银汉无声桂树稠。
>
> 复道②渐看连上苑，戈船仍拟下扬州。
>
> 曲中青冢③传新怨，梦里华胥失旧游。
>
> 去去江南庾开府④，凤凰楼畔莫回头⑤。

（《文集》卷八，第95页）

---

① 李贺《金铜仙人辞汉歌序》有云"魏明帝青龙元年（233）八月，诏宫官牵车西取汉孝武帝捧露盘仙人，欲立置殿前。宫官既折盘，仙人临载，乃潸然泪下"。这里的"露盘"当是据此诗序，暗示时代变换之意。

② 复道，即宫中的长廊。上下两层的结构，故称"复道"。因长廊全体形似楼阁的制作，又称"阁道"。

③ 青冢，指远嫁匈奴的昭君的坟墓。

④ 庾开府指庾信。庾信南朝梁出身，出使北朝西魏时被拘禁，任命为开府仪同三司，因此称其为"江南庾开府"。本诗中指元好问等金朝的逸民。称金朝为江南的原因将在后文中详述。

⑤ 仕西魏以后，庾信感慨故国梁的衰退，写下了著名的《哀江南赋》。其中语及了西魏国都洛阳城内有名的"凤凰楼"。此处当是规劝那些被押往北方的金朝逸民们不要再作眺望北方故乡以泪洗面的行为。

静静地伫立在五色祥云中的宫殿，还有殿前的承露盘，都被染上了秋天的气息。广袤的银河寂静无声，明月中稠密的桂树依稀可见。回首夜色中的宫殿，层层叠叠的阁道联结着被掳走了宫女的上苑，对面金明池中放置的用作操练攻略江南的战舰，此时却如随时都可以出发一样严阵以待。宫女们歌唱的王昭君最终埋葬在她远嫁的北方，而今金朝的王族贵女们再次上演昭君北去的悲剧又是谁能预想到的呢？王族贵女们一定在期望着能够在梦中重温那幸福的时光吧。然而故乡过于遥远，以至于在梦中都会迷失了方向。把江南作为故乡的庚开府们，走吧走吧，在被押解的北方千万不要回首流连。

《壬辰十二月车驾东狩后即事五首》的第一首记述了壬辰年（1232）十二月车驾东狩后到第二年正月中旬的史事，第三首记述的应该是癸巳年（1233）三月的史事。如果把这里的即事五首看做是按照时间顺序记述的金朝的灭亡过程的话，这里的第五首作品中展开的就必须应该是第三首中记述的史事之后的事情。

第五句"曲中青冢传新怨"的"青冢"，毫无疑问指的是远嫁匈奴最终葬在蒙古高原上的王昭君的坟墓。这里的"新怨"，只能是《金史》卷一八《哀宗本纪下》记载的天兴二年（1233）四月十九日"甲午，两宫北迁"，也就是太后和皇后被蒙古军掳往北方一事。第七句"去去江南庚开府"明显指向金朝士大夫们被蒙古兵拘往北方之事。刘祁《归潜志》卷一一《录大梁事》中有载："四月二十日，使者发三教、医、匠人等出城。北兵纵入，大掠。……五月二十有二日，会使者召三教人从以北。"也就是说，本诗第五首的后半部分记述的是崔立将开封府献给蒙古速别额台的四月十八日以后的事。

那么，本诗首联、颔联具体又是指向什么事件呢？

首联"五云宫阙露盘秋，银汉无声桂树稠"，呈现的是富有梦幻色彩的静谧的景色描写：汉武帝下令制造的巨大的仙人铜像无声地俯瞰着宫殿中的一切，洁白的月光静静地倾泻在仙人手中的承露盘上。毫无疑问，此时元好问笔下的宫殿，已经没有了往日穿梭不息的宫女们的身影，完全失去了人的气息。也就是说，王族、宫女们都已经被掳走，昔日繁华的宫苑现在已经变成了被夜色侵占的废墟。

本诗在解释上最不能确定的就是颔联"复道渐看连上苑，戈船仍拟下扬州"。日本的小栗荣一和铃木修次都将其解作：化为废墟的宫城中残留着尚未完成的复道，进行过水军操练的金明池中，准备用来攻略江南的战舰仍像是在等待着出击命令一样列阵以待。"戈船仍拟下扬州"句的解释是完全没有问题的，笔者有所疑问的是"复道渐看连上苑"中的"上苑"具体指何处。之所以这样说，是因为开封城内相当于"御苑"的建筑，除了《东京梦华录》中提到的"琼林苑"以外没有其他的可以考虑，而联结"琼林苑"和宫城之间的"复道"，在笔者的管见之内是不存在的。

现存资料中找不到开封城其他场所中有关"复道"的记述，笔者手中虽然也并没有能够考证"上苑"具体场所的资料，但是，开封南郊被称为"青城"的斋宫，对宋、金乃至蒙古来说，都是一个重要的存在。北宋时期徽宗等皇族们乘坐"玉辂"车驾临幸青城的记载散见于诸多史料中①。而且，1233年四月开封举城投降蒙古之后，正是在这青城，崔立将太后、皇后、梁王、荆王等金朝帝室男女五百多人分载在三十七辆马车上，交给了当时包围开封的蒙军将领速别额台。更加深有意味的是，当初金军攻略北宋开封的时候，宋朝向金朝移交宋朝帝室人质的场所也是这里的青城。

联系以上的史实，本诗在首联"五云宫阙露盘秋，银汉无声桂树稠"中，元好问着眼的是夜色中开封宫阙的寂静，而在"复道渐看连上苑"的第三句中，元好问遥望的应该是宫中诸人被带走的地方——坐落在开封南郊的"青城"，以及静静地停泊在金明池中为了攻略江南操练用的战舰。在诗歌创作的时候，元好问从视觉效果出发，将存在于历史记忆中帝王驾临时盛大的"玉辂"改为了远眺视线中寂寞冷清的"复道"——这是笔者对于本诗额联的解释。

无论如何解读，组诗的第五首描述的是宫女们消失后的宫城的寂静以及被虏往北方的金朝官僚的身影。这些事件发生在"车驾东狩"四个月后的的癸巳年（1233）四月二十三日。

三、《续小娘歌十首》

"国家不幸诗家幸，赋到沧桑句便工"，这是清朝赵翼对元好问诗

---

① 参见〔宋〕孟元老撰，伊永文笺注：《东京梦华录笺注》卷十"驾诣青城斋宫"条，北京：中华书局，2006年，第912页。《法驾卤簿图》中局部可见"五辂"图——车顶分别用金、玉、象牙、革、木做饰件的轿子，即金辂、玉辂、象辂、革辂、木辂。

的评论。元好问也的确如赵翼所说，即使是在题为"即事"这样的作品中，他也在慎重地权衡"国家的不幸"，精确地选择与之相契合的典故，从而构筑出他叙事诗独有的壮丽。即使现实是沧海横流的家国不幸，他依然在镇定地梳理相关事态，并准确地将其嵌入到"典故"这一诗歌的"古典铸具"中去。不得不说，元好问诗歌的这一文学表现特点，是过于冷静的有意为之。他的这一镇定和冷静被戏谑为"国家不幸诗家幸"，在某种意义上可以说是无可奈何的事。元好问的"丧乱诗"绝不是为了进行事实的直叙，将眼前的事态进行"抽象化"才是他真正的目的。这里所谓的"抽象化"，即不把金朝的历史单纯作为"金朝史"来保存，而是在消除金朝史的"个别性"以后，将其升华融入至中国史的一般法则中去。可以说，元好问丧乱诗的着眼点绝不是他自身所侍奉的金朝的灭亡，他想要表述的是被历史和传统所点缀的华丽的中华王朝在他眼前的崩坍。

例如，在上述的诗作中，对于哀宗的太后、皇后被虏之后的命运，元好问仅是通过"曲中青冢传新怨"一句，作了象征性的描述，婉约暗示了"昭君悲剧的再现"。而太后和皇后被虏前后的具体情形，却在一位名为杨奂的文人笔下得到了详细的记录。

下面要介绍的是《国朝文类》卷八收录的题为《录汴梁宫人语》的五言绝句十九首。作者杨奂，字焕然，是元好问的同乡且属前辈。在陶宗仪《南村辍耕录》卷一八《记宋宫殿》的记述中，杨奂的这组诗作是其己亥（1239）春三月，实际造访开封宫城的时候创作的。与《壬辰十二月车驾东狩后即事五首》同样，都描写了1232年十二月哀宗出奔开封以后，第二年四月末太后、皇后等被掳往北方的后宫逸事。这里将展示杨奂宫词风格的十九首组诗的末尾数首①。

其十二

驾前双白鹤，日日候朝回。自送銮舆去，经年更不来。

天子御前的一对白仙鹤，每天天子一罢朝，仙鹤就会飞回来。可是自从天子的仪仗离开了开封以后，岁月流逝，仙鹤却再也没有回来过。

其十四

二后睢阳去，潜身泣到明。却回谁敢问，校似有心情。

太后和皇后得知要去往睢阳，彻夜躲在宫中哭泣。谁又能去询问她们返回国都来的缘由呢？还是深深体谅一下她们的心境吧。

其十六

监国推梁邸，初头静不知。但疑墙外笑，人有看宫时。

崔立骗取太后的名义让梁王来监国，宫中却无人知道这一情

---

① 《国朝文类》卷八，第86页。

况。宫墙外面传来笑声，这是有人在偷偷窥探太后和皇后的情形。

其十七

别殿弓刀响，仓黄接郑王。尚愁宫正怒，含泪强添妆。

后宫别殿中传来刀枪打斗的声音，慌慌张张地起身迎接郑王崔立。在女官的训斥中，不得不强忍眼泪化好妆容应付崔立的召见。

其十九

北去迁沙漠，诚心畏从行。不如当日死，头白若为生。

穿过沙漠，太后和皇后被掳往北方。我们也只能一并随行。现在想想不如直接在受降的那天殉国死去，现在顶着满头白发如何苟延残喘下去呢？

第十二首描写的是哀宗独自一人出奔开封；第十四首应该是说哀宗派徒单四喜迎接两宫出城时遭遇蒙军，不得已返回开封的事；第十六首说的是崔立兵乱后，捏造人后命令推举梁王完颜从恪监国；第十七首记述了崔立召集宫女僭称郑王后宫；最后的第十九首描写的是蒙古军掳走了太后和皇后。元好问诗中象征性的记述，在这里通过一部分固定名词的使用进行了直白的描叙。

同样对于蒙古军掠取宫女的这件事，元好问在七言绝句《癸巳五月三日北渡三首》的第一首中抹去了其"金朝历史"的个别属性，将它作为历史长河中的一幕进行了这样的记载：

> 道傍僵卧满累囚，过去毡车似水流。
> 红粉哭随回鹘马，为谁一步一回头。

（《文集》卷一二，第132页）

　　　道路的两边堆满了累累的尸体，到处都是被作为奴隶掳走的人，像河水一样川流不息的是满载着物资的蒙古军的毡车。宫女们一边哭泣一边跟随着回鹘人的战马前行，又是为了什么频频回顾呢？

　　在这首诗里，值得注意的是"红粉"即宫女们跟随着的不是蒙古的骑兵而是"回鹘马"。"回鹘马"这一表现实际上是承袭了唐代德宗时的故事[1]。因此，这首作品表面上呈现的并不是金朝的灭亡，而是因为安史之乱被蹂躏的长安的悲剧。也就是说，元好问把宫女被蒙古军掳掠的金朝史实作为既往历史的一个场面做了定格与描写。

　　典故的多用并不是元好问独自的诗歌创作手法。或者说，正因为通过典故的多层重叠来构筑文字之外的语境是中国文学表现的传统，所以让元好问的诗歌得以如此呈现。只不过，像元好问这样彻底的、甚至于连传统外围的意象也嵌入到了这一手法当中的诗人，在中国文学的传统

---

[1] 据《旧唐书》记载，突厥原被称为"铁勒"，唐德宗的贞元四年（788）开始改称"回鹘"。

中并没有很多。元好问的"丧乱诗"描写的是在与蒙古的战争中逐步走向灭亡的金朝的悲剧，所以诗中的"敌兵"主要意味着蒙古军，而与之对战的自然就是"女真""契丹"这些我方军队及其主力。然而我们在元好问的诗作中，绝对找不到像"蒙古""鞑靼"，亦或是"女真""契丹"等这样指向鲜明的语汇。他笔下所描述的所有事件都被包裹上了既往历史战役的"包装"，读者必须仔细谨慎地从一字一句的缝隙中去辨别和锁定其中的真意。

例如，元好问有题为《续小娘歌十首》的组诗，描写的就是大量的金朝子民被蒙古军作为奴隶掳往北方的情形。在以近体诗为主的"丧乱诗"中，这十首诗作却采取了"歌谣体"的形式，朴素的俗谣风格的叙说口吻中酝酿着的深深的悲哀成就了这组作品的不朽。其第一首的开篇是这样的：

> 吴儿沿路唱歌行，十十五五和歌声。
>
> 唱得小娘相见曲，不解离乡去国情。
>
> （《文集》卷六，第79页）

江南的青年们嘴里唱着歌沿路北行，作为被俘的奴隶，五人或十人一组用绳索串连在一起的人们自然地和着拍子哼唱。不解离乡愁苦的青年们，口中哼唱的是青年女子恋爱的忧伤。

记述了金朝灭亡的这组诗作，为何要以"吴儿"（江南的青年们）开篇呢?

　　组诗的标题是《续小娘歌》,也就是"小娘歌的续篇"的意思。它与"岐阳""癸巳五月三日北渡"这样的诗题明显是截然不同的两种类型。"小娘"是对"出身上层社会的青年女子"的称呼,类似"小姐""夫人"这样的称呼。从第三句中的"小娘相见曲"语中,可知以青年男女间的欢情为主题的"小娘歌"这一俗谣原本就是存在的,以其续篇的形式创作的就是这十首诗——这应该是诗歌标题中所标榜的内容。也就是说,《续小娘歌》看上去应该是"乐府题"但却不是"诗题"。重要的是,《小娘歌》这样的"乐府题"恐怕都未必存在,这极有可能是元好问自身臆造的题目。

　　《小娘相见曲》这一题目,极容易让人联想到南朝时期建康、江陵等地流行的《子夜歌》《懊侬歌》等这类"吴声歌曲"。如乐府解题所说的那样,《子夜歌》原本是"晋有女子名子夜,造此声,声过哀苦"[1],这些"吴声歌曲"虽然歌唱的是年轻女子的恋爱,却多是基调哀怨愁苦的"离乡歌"。元好问只是巧妙地利用了"小娘相见曲"原本所有的这种联想,从而顺理成章地将"亡国的悲哀"叠加了上去,描写的重点并不是生活在南宋的"吴儿"们。况且,当时生活在南宋的"吴儿"们,甚至不知道"吴声歌曲"原本所被寄托的是"去国离乡之情",他们只是一群在温室中长大的、天真纯洁的青年而已。不得不说,这里充分体现了元好问诗歌创作上的精妙构想和设计。

---

① 参照 [宋] 郭茂倩编撰,聂世美、仓阳卿校点:《乐府诗集》卷四四《清商曲辞·子夜歌》解题,上海,上海古籍出版社,1998年,第500—501页。

在2011年出版的《元好问诗编年校注》中，作者狄宝心在《续小娘歌十首》注中写道："诗中所言被掳难民主要是南宋人。"对于狄氏的注解，笔者认为其没有理解元好问诗歌作品的真正苦心。在《续小娘歌》的第十首中，元好问的确有看似是揶揄南宋的文学表现。

> 黄河千里扼兵冲，虞虢分明在眼中。
>
> 为向淮西诸将道，不须夸说蔡州功。
>
> （《文集》卷六，第80页）

把"天堑"黄河作为要害的虞国，因为借道给攻打虢国的晋国，结果唇亡齿寒最终导致了自身国家的灭亡。现在告诉在淮西列阵以待的虞国（指南宋）将领们，不要急着吹嘘自己在蔡州俘虏虢王（此处指金朝天子）的功绩，这些只不过是晋国（指蒙古军）的功劳罢了。

这里的"虞虢分明在眼中"无疑是《左传》中"唇亡齿寒"的典故故事。诗中新的"唇齿关系"是指"金朝和南宋"。也就是说，"作为'嘴唇'的金朝被蒙古灭国之后，接下来的灭国厄运自然就轮到相当于'牙齿'的南宋身上了"——元好问对南宋抛出了一个不祥的预言。如果换一种说法，元好问这里描述的是"'吴儿'的国家是被晋国（代指蒙古）灭亡的，跟虞国（代指南宋）没有关系。可悲的虞国重蹈了虢国（代指金朝）的覆辙"，诗作的重心并没有放在"吴儿"的蔡州军功上面。也就是说，这组诗中的"吴"代指的就是在蔡州被灭掉的存在，它指的是金朝而不是南宋①。

此外，本诗的第八首如此说：

> 太平婚嫁不离乡，楚楚儿郎小小娘。
> 三百年来涵养出，却将沙漠换牛羊。

（《文集》卷六，第80页）

      太平盛世的婚姻不需要离开家乡，郎才女貌的嫁娶让人赏心悦目。历经几百年的时间珍而重之的江南才俊们，如今却被卖到沙漠中交换牛羊。

第三句"三百年来涵养出"，以往的校注认为是指"从辽建国到金灭亡的三百年"②。也就是将其作为"与宋王朝对峙的北方的历史"来说明。但是笔者认为这里的三百年是指郭璞曾经预言的"江东分王三百年，复与中国合"（这里的"中国"与"中原"同意）中的三百年③，即指"六朝时期南朝的三百年"，而不是众人意识中包含了金朝在内的华北的历史。也就是说，元好问在《续小娘歌十首》中吟咏的是因为沉溺于积年的华美和安逸而失去了抵抗的心志，从而招致灭亡的南朝悲剧。元好问的创作意识中或许参照了杜牧"商女不知亡国恨，隔江犹唱后庭花"的《泊秦

---

① 金朝帝室1234年正月在蔡州被蒙古军所灭。
② 狄宝心《元好问诗编年校注》等皆如此注记。
③ 参见《资治通鉴》卷一七六《陈纪十》"长城公祯明二年十二月"条。

淮》诗。"秦淮"是南朝都城建业(今江苏南京)城内的河，商女们演唱的《后庭花》是南朝最后一位天子陈后主为宠妃所作的"亡国之音"。元好问通过将《后庭花》替换成《小娘歌》，将演唱《后庭花》的商女替换成"三百年间的逸乐堆起来的吴地儿郎"，以俗谣的方式吟唱着现实中河南一带金朝的"娇民"们被作为奴隶掳往蒙古、中亚等地区的悲剧。

《续小娘歌十首》中的其他七首，无不在诉说着同样的故事。

其二

北来游骑日纷纷，断岸长堤是阵云。

万落千村借不得，城池留着护官军。

（《文集》卷六，第79页）

每天来自北方的骑兵络绎不绝，河边残缺的堤坝上骑兵扬起的尘土像雾霭一样厚重。北去路上的无数村落根本不让奴隶们落脚，那是特意给押解的蒙古兵士们留出来休憩的地方。①

其三

山凡洞穴水无船，单骑驱人动数千。

直使今年留得在，更教何处过明年。

（《文集》卷六，第79页）

────────────

① 在这首诗中，如果将"北来游骑"理解为蒙古军的话，一般情况下，"官军"应该是指金朝的军队。此处从整体文意出发，将"官军"做敌兵，即蒙古军来解读。

山里没有容身的洞穴，河面上没有摆渡的船只，一个蒙古骑兵动辄押解数千名奴隶。即使今年能够存活下来，谁又知道明年又会被卖到何处去呢？

其四

青山高处望南州，漫漫江水绕城流。

愿得一身随水去，直到海底不回头。

（《文集》卷六，第79页）

站在山的高处眺望着江南的方向，滚滚的长江水啊环绕城郭。多想随着这河水一同流走，就算流到大海里去也再不要回来。

其五

风沙昨日又今朝，踏碎鸦头[①]路更遥。

不似南桥骑马日，生红七尺系郎腰。

（《文集》卷六，第79页）

沙漠里的风啊一天天不停地吹，脚上的鞋袜已经磨破，前面的路依然不见尽头。还记得出嫁的那天，我也是穿着这样的鞋袜，骑马走过南桥。七尺红艳艳的腰带是我亲手系在了情郎你的腰上。

---

① "鸦头"指古时女子的袜子。因脚趾的拇指与其他四指分隔开来的样式而得名。

其六

雁雁相送过河来，人歌人哭雁声哀。

雁到秋来却南去，南人北渡几时回！

（《文集》卷六，第79页）

一群群的大雁护送着人们渡过黄河。北去的人们啊有的在哭有的在唱，大雁的叫声也透着哀伤。一起来到北方的大雁啊，秋天一到你们就能够飞回南方，而我们这些江南的人啊，这次北渡以后何时又能得以回去呢？

其七

竹溪梅坞静无尘，二月江南烟雨春。

伤心此日河平路①，千里荆榛不见人。

（《文集》卷六，第79—80页）

修长的竹林，潺潺的溪水，盛开的梅林安静美好，二月微雨中江南的春天美得像幅画。同样二月的日子里，我却在被掳往河平的路上，满目荆棘，荒凉没有人烟。

---

① 《元史》卷五八《地理志一》"卫辉路"条目中有"唐义州，又为卫州，又为汲郡。金改河平路。元中统元年（1260），升卫辉路总管府。设录事司"的内容。

其九

饥乌坐守草间人，青布犹存旧领巾。

六月南风一万里，若为白骨便成尘。

（《文集》卷六，第80页）

　　饥饿的乌鸦停在树上，盯着草丛中垂死的人影。青色的衣领处依稀可见围在颈上的陈旧丝巾。夏天六月的南风来自万里之外，为何山野在风中复苏而白骨却在风中化为尘土呢？

　　如此，元好问笔下的《续小娘歌十首》中，金朝就相当于六朝时的南朝，而蒙古就是北朝。

四、《薄命妾辞三首》

　　元好问在"吴儿""吴侬"等语汇中蕴含"贬义"的事情经常存在。比如，《自题中州集后五首》其一：

邺下曹刘①气尽豪，江东诸谢②韵尤高。

---

① "邺下曹刘"是指三国时代魏国的曹操以邺（今河南许昌）为国都，主导了所谓的"建安风骨"。"曹刘"指曹操和刘桢。

② "江东诸谢"指南朝刘宋时期的谢灵运主导元嘉诗风的事情。

若从华实①评诗品，未便吴侬得锦袍。

（《文集》卷一三，第143页）

　　三国时代，在北方邺都许昌主导文学的曹操、刘桢等人的诗作豪放磊落。其后文化中心转移到江南，活跃在建康的谢灵运一族的诗作纤细致密，格调高雅。但是如果从形式与内容的调和来进行诗歌评判的话，江南的黄毛小子们未必就能占得了上风。

　　这里的"吴侬"确是指南宋，而且不可否认这其中明显包含着些许蔑视的色彩。但必须注意的是，元好问在"吴"语中包含贬义的用法，都是在把金朝定位为中原的正统王朝，将"质实而刚健的北方"与"华美而软弱的南方"进行对照的时候使用的。像《岐阳三首》《壬辰十二月车驾东狩后即事五首》这样，把金朝定位为正统王朝，对它的覆灭进行描述的时候，元好问多选择"近体诗"诗体，利用众多的历史典故为读者展开了一幅壮丽的历史绘卷。这时候的金朝，在诗歌中，时而化身汉朝，时而化身唐朝，与南朝或者"江南"同等对待的情况是绝不存在的。但是在将国家灭亡以死别、流离这样的着眼点进行描写的时候，元好问会有意地选择"乐府""曲子词"这样的诗体，通过类似俗谣的"闺怨"来歌咏丧失的悲哀。被爱抛弃，被命运捉弄的充满了悲剧色彩的女性，在中国文学的传统上，更多的是"华美而脆弱的南朝女子"形

---

① "华实"，华，指形式；实，指内容。

象。因此，元好问在利用乐府、曲子词表现亡国的悲哀时，所选择的诗歌中的主人公更多的是"失恋的南朝妓女"，亦或是"被北朝俘虏的南朝宫女们"。在这样作品中出现的"吴宫""吴儿"，已经完全成为了金朝的代名词了。

比如下面这篇元好问的《朝中措》词。

> 卢沟河上度荤车。行路看宫娃。古殿吴时花草，奚琴塞外风沙。　　天荒地老，池台何处，罗绮谁家。梦里数行灯火，皇州依旧繁华。

（《遗山乐府》卷三，第459—460页）

横跨河面的卢沟桥上来往的是载着蒙古毡包的马车。走在路上的是原本生活在官中的官女们。本是生活在吴王夫差宫殿里花一样的女子们，如今怀抱着塞北的胡琴，走向风沙漫天的沙漠。　　岁月变迁天地易容，曾经繁华的宫殿庭院、妖娆美丽的宫女们都去了哪里？夜晚怀乡的梦里，灯火绚烂中皇都依旧是往日的繁华。

这首词描写的是经过卢沟桥向北去往塞外的金朝俘虏们的悲剧。卢沟桥是于金章宗明昌三年（1192，元好问三岁的时候）建成的众所周知的桥梁，在马可·波罗的《东方见闻录》中也曾有所记载，是具有中国特色的标志性建筑。这首词作和元好问以往的作品一样，非常慎重地避开了对相关事件的直接叙述。但是即使没有具体的描写，仅是通过"卢沟河"一语，在人们的眼中，特定事件的时间，事态的发展，就已经一清二楚了。

这首作品中的"宫娃"来自"古殿吴时花草"，原本也应该是如三国时的大乔小乔那样的名姬。后段中"池台""罗绮""皇州"等有着繁华意象的语汇与前段的"塞外风沙"形成对比，"宫娃"们的悲惨命运和她们将要经历的流离得到了强调。虽然放弃了对事件的直接描述，但是金朝"宫女"所经历的残酷命运却在这里得到了更为哀切的描写。

在"闺怨"主题中隐含另外的寓意，将其作为一种社会诗来创作，这是历代诗歌创作中常见的文学手法。元好问将"闺怨诗"变形为"丧乱诗"的做法或许不是什么值得大书特书的地方，但是像元好问这样的词作家却是极少的。他将传统的"闺怨"抽象化以后，巧妙地融入了司空见惯的悲哀、绝望，将其转化为"诗史"的手法是前所未有的。从这一意义上来说，元好问的"词"在中国文学史上具有划时代的意义，可以说堪称绝唱。以"丧乱诗"视角出发的元好问的"词"，历史背景大多被省略，只有女性的悲哀淡淡地在文字底下晕染开来。但是其中被反复吟唱的女性的追慕情感，转变升华为一种了悟，最终沉淀为深沉的孤独感。元好问"词"创作的这一特征在他题为《薄命妾辞三首》的《鹧鸪天》词作中得到了充分的体现。

复幕重帘十二楼。而今尘土是西州。香云已失金钿翠，小景犹残画扇秋。　　天也老，水空流。春山供得几多愁。桃花一簇开无主，尽着风吹雨打休。

（《遗山乐府》卷三，第411页）

在有着十二座楼台的宫殿深处，在层层帘幕遮挡的深宫中的后妃们，如今身处尘土漫天的沙漠尽头的西州。如云的乌发中已经不见了昔日装点着翡翠螺钿的发饰，手中残破的团扇上还依稀可见当时秋景的题画。　　日月飞驰，时光荏苒如东流之水滔滔不绝。如后妃们的修眉一样的远山啊只能让我更加哀伤。失去了欣赏的后妃们，春日里盛开的那枝桃花，只能在风雨摧残中蹉跎了岁月。

《薄命妾辞》这一标题是由乐府题《妾薄命》变形来的，"妾薄命"一语出自《汉书·外戚传》中孝成许皇后的"奈何妾薄命"一语。《乐府诗集》卷六二解题有云："《妾薄命》，曹植云：'日月既逝西藏。'盖恨燕私之欢不久。梁简文帝云'名都多丽质'，伤良人不返，王嫱远聘，卢姬嫁迟也。"[1]也就是说，"妾薄命"即指家人无法团圆，丈夫出征不返，被遗留在家中的妻妾们感慨自己的不幸。如果将标题结合上面元好问的作品来解释的话，那就可以说，以被抛弃的女子们的不幸为题材的"妾薄命"这一歌谣的历史自曹植以来延绵不绝，元好问继承了这一传统并将其融入到了《鹧鸪天》词的创作中。

《薄命妾辞》第一首首句"复幕重帘十二楼。而今尘土是西州"，说的是昔日生活在深闺中的后妃们如今身处西州的漫天黄沙中。这里的"西州"恐是指唐朝的西州，相当于今天的新疆吐鲁番周边。而在"复幕重帘十二楼"中生活的女性，并不单纯是宫女，如前述的《朝中措》

---

[1]《乐府诗集》卷六二《杂曲歌辞》，第689页。

词中所描述的那样，这里指的是被掳往蒙古高原的金朝最高地位的女子们，也就是哀宗的太后、皇后这些后妃们。但是这一词作的真正主角并不是被掳走的这些女子们，而是那些被遗留在故国中的宫女（或许其中亦有暗指元好问自身的意思）。后半段的"天也老，水空流"，描写的是帝室男女被带走之后空旷的宫中。天荒地老岁月更替，只有春天不问世故年年依旧，已成废墟的宫殿里盛开着几枝格外繁盛的桃花。作品以在风雨飘摇中颓废凋谢而去的桃花做结，凄风苦雨之意足以比肩李后主，堪称绝唱。

再看《薄命妾辞三首》的第二首。

> 颜色如花画不成。命如叶薄可怜生。浮萍自合无根蒂，杨柳谁教管送迎。　云聚散，月亏盈。海枯石烂古今情。鸳鸯只影江南岸，肠断枯荷夜雨声。

（《遗山乐府》卷三，第414页）

妙笔描绘不出的美丽容颜，却无法抵挡如树叶一样单薄的命运。浮萍的随波逐流是因为它没有牢靠的根系，那么又是谁让杨柳承受着任人攀折送别的命运的呢？　云聚云散，月圆月缺。沧海桑田山崩石裂，岁月无法改变的是心中那个人的存在。如今独自一人伫立在江南的水边，耳边雨点敲打枯荷的声音阻不断心中的思念。

第二首描写的是离散宫女的流离。岁月荏苒，人老珠黄的宫女如今身在江州，亡国之前的恋人成了心中永远的痛。枯荷夜雨声中，寂寞和孤独也就愈发清晰。

《薄命妾辞三首》的最后一首是这样的：

> 一日春光一日深。眼看芳树绿成荫。娉婷卢女娇无奈，流落秋娘瘦不禁。　　霜塞阔，海烟沉。燕鸿何地更相寻。早教会得琴心了，醉尽长门买赋金。

（《遗山乐府》卷三，第416页）

　　春光日盛，树木着花催绿，生气勃勃。美丽的卢姬最终没能在大好春光中出嫁，不幸流落的杜秋娘晚年最终在贫穷消瘦中度过。　　漫天飞霜的塞外空旷寂寥。烟霭笼罩的海面阴暗寒冷。离群的鸟儿该去哪里寻找自己的同伴？如果早知已然不能挽回，定会把那用来购买《长门赋》的黄金换成美酒尽情的醉一场。

这里的"卢姬"是三国时曹操的爱姬。《乐府诗集》卷七三收录了乐府题《卢女曲》，解题曰："卢女者，魏武帝时宫人也，……梁简文帝《妾薄命》曰：'卢姬嫁日晚，非复少年时。'盖伤其嫁迟也。"[1] "秋娘"即指因唐杜牧《杜秋娘诗》而闻名的杜秋娘。据杜牧诗序的记载，杜秋娘十五岁时为李锜妾，李锜谋反失败伏诛后，秋娘入宫受到了宪宗的宠

---

[1]《乐府诗集》卷七三《杂曲歌辞》，第783页。

爱。宪宗死后，秋娘成为穆宗的乳母。后因卷入王室的政治斗争而遭遇流放，回到故乡金陵后在困顿贫穷中死去。

"琴心"一语，化用了司马相如和卓文君的故事，即指"寄托于琴音的爱恋之情"。"会得"意为"明白、知晓"。"长门买赋"指汉武帝陈皇后被幽闭长门宫的故事。陈皇后听闻当时成都司马相如的文才，以百金之资让其为自己创作了《长门赋》，并凭此赋重新得到了武帝的宠爱。"早教会得琴心了，醉尽长门买赋金"二句，以司马相如的故事为基调，用反语的手法描写了诗作主人公对昔日恋人抹不去的留恋。

《乐府诗集》"妾薄命解题"中梁简文帝所说的"卢姬嫁日晚，非复少年时"应该是《薄命妾辞》第三首的解读关键。元好问明显是承袭了简文帝的诗句，在作品中将没有能够与所爱的人结合、错过了婚期的宫女设定为诗歌的主人公。卢姬虽非少年出嫁但终究是嫁出去了，陈皇后虽然被幽禁在长门宫，但一纸《长门赋》还是挽回了汉武帝的宠爱，而元好问诗中的宫女被驱逐出宫之后，就全然失去了寄身之处，直至迟暮之年依然只能禁锢在对昔日恋人的思慕中。寒塞萧条，海水苍茫阴暗，失群的鸿雁仍然在执着地相互找寻着对方，而宫女归国的希望早已如凋谢的黄花。即使像卢姬和杜秋娘那样为人所知，在这严霜笼罩的大地上，终究是要被幽闭在那雾霭沉沉的海的那边了。词到此处，元好问所要表达的那种远超出亡国悲哀的无尽孤独已经溢于言表了。

将《薄命妾辞三首》作为"丧乱诗"来解读是否恰当——这是理解这组词作上最大的问题。在这三首词中，"复幕重帘十二楼，而今尘土是西州""海枯石烂古今情""霜塞阔，海烟沉"这些语句，明确意味着

"金朝灭亡""两宫北迁"这些史实。至少在这三首词的表面，是能够读取到对被卷入家国战乱中的宫女不幸的描写。但是，元好问的大部分词作存在着相同的问题，譬如，作品是何时因何而作、如何流传等。这组诗作的背景毫无资料可查，词中描写的宫女们的境遇也是极其暧昧。因此，《薄命妾辞三首》中寄托的究竟是一种怎样的悲哀，这一点至今仍不是十分明了。所以，笔者在本书中将其作为"丧乱诗"的一种来解读的做法，归根结底，也不过是这组作品的解读方法之一而已。

但是，在这里值得考虑的一点是：元好问模仿杜甫以"近体诗"形式创作的"丧乱诗"中，即使在诗作的标题存在着"岐阳""壬辰""即事"这样有着明确指向的文字，在其正文的韵文部分中，他还是很慎重地避开了历史性的叙述，丝毫没有涉及到相关历史事件的具体内容。元好问的诗歌中通常只是象征性地呈现事件的轮廓。假如没有了标题，我们甚至连他"丧乱诗"具体描写的事件都无从知晓。

清朝的赵翼在《瓯北诗话》卷八中揶揄元好问说"遗山尤多复句"。赵翼的这一评论恰好说明了，元好问有自己爱用的"特定的文字表达方式"，对于在怎样的场面使用这一表达方式才能获得最好的效果，他也是经过了反复的推敲尝试的。从这一点上来说，元好问属于通过对同一构思进行反复锻造凝练从而使其成为不同作品的"苦吟型"诗人。

对于《薄命妾辞三首》这一组作品，后世的读者们所能够分析的事实，或许仅仅是作品中所充盈的深沉的孤独感以及他酝酿情感方面的极为传统的表现手法。在这一意义上，与《续小娘歌十首》等作品一样，《薄命妾辞三首》充分体现了元好问诗歌的特点，亦属于他的代表作之一。

　　元好问的"丧乱诗"从来不对事件、事态进行直截了当的叙述，而是通过运用"典故""比拟"等手法，只对事态的深刻性进行集中描写。元好问的记述重心并不是金元交替期的历史，而是通过对时代性的人为消除，揭示了金元王朝交替期间发生的惨事其实是任何一个朝代都有可能发生的"普遍的历史悲剧"这一本质，同时借此努力向人们证明金国作为坐拥中原的封建王朝的正统性。

第四章

战后的元好问

*

一、《癸巳岁寄中书耶律公书》

1232年十二月出奔开封的哀宗，在第二年四月进入归德府后，对白撒等王族、将军、官僚们约三百多人进行了整顿，意图在归德进行政权的重建。然而，哀宗最终还是陷入了不得不连归德也要放弃的局面，无奈之下只能出逃到与南宋接界的蔡州。当时的南宋正在协助蒙古军攻打邓州等地，哀宗到达蔡州后，派遣完颜阿虎带出使南宋，游说两家联手攻打蒙古军。可想而知，南宋此时是不可能与金朝议和的，完颜阿虎带的出使换来的只有南宋朝臣的嘲笑。1233年九月，成吉思汗四大怯薛之一博尔忽的儿子塔察儿包围了蔡州。哀宗面谕群臣"正汝等立功报国之秋，纵死王事，不失为忠孝之鬼"并赐酒，蔡州进入了笼城抵抗战。这一年的十一月，南宋将领孟珙也率军到达蔡州。十二月九日，蒙古军占领蔡州西城，哀宗几要自决。二十四日，哀宗率兵意图从东城突围，为敌兵所阻不得已返回。

1234年正月八日，哀宗召集臣下，宣布传位于东面元帅完颜承麟（据说是金世宗的后裔，具体不详）。承麟不受，哀宗曰："朕所以付卿者其得已哉？以肌体肥重，不便鞍马驰突。卿平日矫捷有将略，万一得免，祚胤不绝。"[1]完颜承麟无奈接受了玉玺，升改年号为"盛昌"。九日，完颜承麟的即位仪式还没有完全结束，蒙古军攻入蔡州城内。哀宗完颜守绪自缢，末帝完颜承麟为乱兵所杀，金亡。

---

[1] 参见《金史》卷一八《哀宗本纪下》，第402页。

一方面，哀宗出奔以后的国都开封，1233年正月发生了"崔立兵变"，继崔立及其徒党的暴虐之后，1233年四月十九日，金国国都开封被崔立献给了速别额台。此时身在开封的元好问，在金朝真正灭亡，也就是哀宗、末帝在蔡州死亡的九个月之前，实质上已经经历了一次亡国的体验。

太后和皇后被崔立交给蒙古方面的四月十九日以后，根据刘祁《归潜志·录大梁事》的记述，四月二十日城中的道士、僧侣、医生、占卜师、技师、手艺人等被带往郊外的青城后，蒙古兵在开封城内开始了彻底的掠夺[①]。就是在这样的事态中，元好问从国都开封向耶律楚材递交了一封所署日期为四月二十二日的书信，即《遗山先生文集》卷三九"书"部中收录的《癸巳岁寄中书耶律公书》。

> 四月二十有二日，门下士太原元某谨斋沐，献书中书相公阁下。
>
> 《易》有之："天造草昧""君子以经纶"。伏惟阁下辅佐王室，奄有四方，当天造草昧之时，极君子经纶之道。凡所以经造功业、考定制度者，本末次第，宜有成策，非门下贱士所敢与闻。独有一事系斯文为甚重，故不得不为阁下言之。自汉唐以来，言良相者，在汉则有萧、曹、丙、魏，在唐则有房、杜、姚、宋。数公者固有致太平之功，而当时百执事之人毗助赞益者，亦不为不多。传记具在，盖可考也。夫天下大器，非一人之力可举。而国家所以成就人

---

① 参见《归潜志》卷一一，第130页。

材者，亦非一日之事也。从古以来，士之有立于世，必藉学校教育、父兄渊源、师友之讲习，三者备而后可。喻如修明堂总章，必得楩楠豫章、节目磥砢、万牛挽致之材，预为储畜数十年之间，乃能备一旦之用。非若起寻丈之屋，欂栌椳楔、楹梲薨桷，杂出于榆柳槐柏，可以朝求而暮足也。

窃见南中大夫士归河朔者，在所有之。圣者之后如衍圣孔公，耆旧如冯内翰叔献、梁都运斗南、高户部唐卿、王延州从之，时辈如平阳王状元纲、东明王状元鹗、滨人王贲、临淄人李浩、秦人张徽、杨焕然、李庭训、河中李献卿、武安乐夔、固安李天翼、沛县刘汝翼、齐人谢良弼、郑人吕大鹏、山西魏璠、泽人李恒简、李禹翼、燕人张圣俞、太原张纬、李谦、冀致君、张耀卿、高鸣、孟津李蔚、真定李冶、相人胡德圭、易州敬铉、云中李微、中山杨果、东平李彦、西华徐世隆、济阳张辅之、燕人曹居一、王铸、浑源刘祁及其弟郁、李仝、平定贾庭扬、杨恕、济南杜仁杰、洺水张仲经、虞乡麻革、东明商挺、渔阳赵著、平阳赵维道、汝南杨鸿、河中张肃、河朔句龙瀛、东胜程思温及其从弟思忠。凡此诸人，虽其学业操行参差不齐，要之皆天民之秀，有用于世者也。百年以来，教育讲习非不至，而其所成就者无几。丧乱以来，三四十人而止矣。夫生之难，成之又难。乃今不死于兵，不死于寒饿，造物者掣而授之维新之朝，其亦有意乎？无意乎？

诚以阁下之力，使脱指使之辱，息奔走之役，聚养之，分处之，学馆之奉不必尽具，饘粥足以糊口，布絮足以蔽体，无甚大费，然施之诸家，固以骨而肉之矣。他日阁下求百执事之人，随左右而取之，衣冠礼乐，纪纲文章，尽在于是，将不能少助阁下萧、曹、丙、魏、房、杜、姚、宋之功乎？假而不为世用，此诸人者，可以立言，可以立节，不能泯泯默默、以与草木同腐。其所以报阁下终始生成之赐者，宜如何哉。阁下主盟吾道，且乐得贤才而教育之。一言之利，一引手之劳，宜不为诸生惜也。

　　冒渎台严，不胜惶恐之至。某再拜。

（《文集》卷三九，第398—399页）

　　这封书信中首先应该引起注意的是，元好问在列举留存国都开封中的文人时，"窃见南中大夫士归河朔者，在所有之"这一巧妙的叙述方法。这里"南中"和"河朔"相对应，"河朔"即黄河以北，主要指山东、河北、山西等地。而"南中"一语，是金朝版图上除去河朔之外的地域，实质上就是指河南地区。在元好问写这封信的时候，虽然金朝的灭亡已经是一目了然的事情，但是此时哀宗尚在，金朝还没有灭亡，因此在对金朝和蒙古的称呼上元好问是刻意避开了"亡金""天朝"这样的字样，而是依据中原王朝版图上的地域划分，称金朝方面为"南中"，而对于蒙古方面，则根据他们所占领的地理区域，称其为"河朔"。

　　此外，元好问按照《礼记》的分类，将困于开封的文人们分为"卿（上）""大夫（中）""士（下）"，将文人们对蒙古的投降称作为"归河朔"。他笔下"不死于兵，不死于寒饿"能够在王朝交替的战乱中幸存下来的文人，是被"造物者挈而授之维新之朝"的存在，所以有"其亦有意乎？无意乎？"的喟叹。"维新"语出《诗经·大雅·文王》，是从周朝的角度表现殷周革命的词语。也就是说，守护着《礼记》传统的"大夫""士"们，穿过战乱的硝烟，经历了饥饿的洗礼后，终于迎来了"维新"的朝代。这些看似无意的文字表达，揭示了元好问意在通过这种传统的措辞方法，向耶律楚材表明：金朝这一中原王朝实质上已经等同灭亡，但中原传统却依然保留在这些归顺蒙古的金朝文人们身上。这充分体现了元好问文学表现上的风格。

这样一封用心周到的书信，当了解到它是在开封投降的三天后，也就是在蒙古官兵对开封进行肆意掠夺的时候所写的事实后，不能不让人惊讶和感叹，在那样的境况下，元好问依然能够冷静且精确预测到未来。这是何等强大的精神！但笔者在这里注目的，并不是这封书信的背景，而是这封书信与"正史"之间在记录开封投降前后状况上存在的些许矛盾点。

《元史·耶律楚材传》中，是这样记述1233年前后的耶律楚材的：

> 时避兵居汴者得百四十七万人。楚材又请遣人入城，求孔子后，得五十一代孙元措，奏袭封衍圣公，付以林庙地。命收太常礼乐生，及召名儒梁陟、王万庆、赵著等，使直释九经，进讲东宫。又率大臣子孙，执经解义，俾知圣人之道。置编修所于燕京、经籍所于平阳，由是文治兴焉。

（《元史》卷一四六，第3459页）

在前述元好问的《癸巳岁寄中书耶律公书》中，元好问向耶律楚材推荐的人才中，衍圣公孔元措是列在第一位的。元好问的信，说明了在1233年四月二十二日，孔元措与元好问一起，在开封周边的某处经历了开封开城投降这一大事件。而《元史》的记述，则意味着在开城之前，耶律楚材就已经派人寻访到了孔元措并对其进行了保护。

关于《元史》的成书过程是这样的：1368年在蒙古无法压制中国的混乱不得不撤回蒙古高原后，明朱元璋改元"洪武"的同时下令编纂史书，二年后，书成。因此，《元史》的杜撰和敷衍了事是众所周知的。在日本学界流传着一个有名的逸闻：汉学家那珂通世在执笔撰写《支那通史》的过程中，写到元朝部分时，愤慨于《元史》的杜撰，转而成为了一名蒙古历史研究者。然而《元史》的杜撰以及其粗糙复制的原始资料的存世却提醒我们，在读《元史》的时候必须注意这些原始资料的内容。

《元史·耶律楚材传》利用的原始资料，来自苏天爵编《国朝文类》卷五七所收的宋子贞撰写的《中书令耶律公神道碑》。

> 汴京垂陷，首将速不觯（译者注：即速别额台）遣人来报，且言："此城相抗日久，多杀伤士卒，意欲尽屠之。"公驰入奏曰："将士暴露凡数十年，所争者地土人民耳。得地无民，将焉用之？"上疑而未决，复奏曰："凡弓矢、甲仗、金玉等匠，及官民富实之家皆聚此城中。杀之，则一无所得，是徒劳也。"上始然之，诏除完颜氏一族外，余皆原免。

时避兵在汴者，户一百四十七万。仍奏选工匠、儒释道、医卜之流散居河北，官为给赡。其后攻取淮、汉诸城，因为定例。初，汴京未下，奏遣使入城，索取孔子五十一代孙袭封衍圣公元措，令收拾散亡礼乐人等，及取名儒梁陟等数辈。于燕京置编修所、平阳置经籍所，以开文治。

时河南初破，被俘虏者不可胜计。及闻大军北还，逃去者十八九。有诏："停留逃民及资给饮食者，皆死。无问城郭保社，一家犯禁，余并连坐。"由是百姓惶骇，虽父子弟兄，一经俘虏，不敢正视。逃民无所得食，踣死道路者，踵相蹑也。公从容进说曰："十余年间，存抚百姓，以其有用故也。若胜负未分，虑涉携贰，今敌国已破，去将安往？岂有因一俘囚，罪数百人者乎？"上悟，诏停其禁。

（《国朝文类》卷五七，第634—635页）

此处节选的《中书令耶律公神道碑》，明确记述了耶律楚材"索取孔子五十一代孙袭封衍圣公元措，令收拾散亡礼乐人等"是在"汴京未下"之时。也就是说，开封投降之前，耶律楚材就已经提前确保了孔子后代孔元措的人身安全。既然《元史·耶律楚材传》的内容并没有出现抄写上的错误，那么，又该如何解释元好问的记述与《元史》内容上的矛盾呢？

二、孔元措其人

作为孔子五十一代子孙的孔元措，在金朝明昌二年 (1191) 四月，年仅十一岁的时候就已经袭封为"衍圣公"了。在探究中国文明的表现形式上，孔元措的存在是一个重要的提示，从历史的角度来说，他又是一个极具戏剧性色彩的人物。而孔元措本身并不是什么伟人，"衍圣公"的名号，是自宋仁宗朝以来，由朝廷授予孔子直系子孙的诸侯封号，"袭封"即指由皇帝敕命正式任命的意思。"衍圣公"的名衔孔子家族并不能自主继承，而是需要朝廷方面在孔子家族子弟中进行选任后，出具正式的诏敕进行任命。特别是征服王朝，往往会在孔家一族中选择内命妇或者是驸马，从而与孔家缔结姻亲关系。而"衍圣公"最重要的工作，就是主宰国家祭祀之一的孔子祭祀仪礼。从汉王朝起，儒教一直被奉为官方正统。延续孔子的祭祀，也是对一个国家的成立基础从伦理和精神层面上的支持。中国历代王朝的更替虽然是易姓革命的不断重复，而代表中华文明的孔子的家系却是保持着名目上的万世一系，可以说某种程度上具有着类似于日本"象征性天皇"的认可政权正统性的重要作用[1]。孔子的第五十一代子孙"袭封衍圣公"孔元措，无论他本人的意志是怎样的，他在金元交替时期的遭遇，都将会成为证明"斯文的传统"在这个时代的处境的试金石。

---

[1] 译者注：日本的首相即使经过了国民大选，也必须要在形式上象征性地"接受天皇任命"后，内阁才可以启动。作者在这里将——"孔元措对统治政权正统性的认可"与"日本天皇对日本首相就任、组阁的认可"——这两种象征性活动进行了类比。

　　　　　　　　　　　　　　　元好问与他的时代

有关金元交替期间孔元措动向的值得信赖的史料，在《金史·宣宗本纪上》贞祐三年（1215）十月的条目中，可以看到以下记述。

> 召中奉大夫、袭封衍圣公孔元措为太常博士。上初用元措于朝，或言宣圣坟庙在曲阜，宜遣之奉祀。既而上念元措圣人之后，山东寇盗纵横，恐罹其害。是使之奉祀而反绝之也，故有是命。
>
> （《金史》卷一四，第314页）

节选内容所载之事发生在贞祐三年，即金国国都由北京迁往开封的"贞祐南迁"的第二年。此时曲阜所在的山东，因为匪盗、南宋以及蒙古官兵的入侵处在混乱状态。宣宗特意将孔元措从曲阜召到开封，确保他"衍圣公"的身份，其本质上是利用他来担保金王朝政权的正统性。

如此，在1215年以后，孔元措犹如人质一般被迫迁居到开封，与金王朝的命运捆绑在了一起。"衍圣公孔元措"的名头再次在正史本纪中的登场，是在速别额台包围开封后，窝阔台从郑州派遣使者前来游说金朝投降的1232年三月十三日。《金史·哀宗本纪上》天兴元年（1232）三月甲午条目中这样记载：

> 大元遣使自郑州来谕降，使者立出国书以授译史，……书索翰林学士赵秉文、衍圣公孔元措等二十七家，及归顺人家属，蒲阿妻子，绣女、弓匠、鹰人又数十人。
>
> （《金史》卷一七，第386页）

按照这里的记述，索求赵秉文、孔元措以及绣女、弓匠、鹰人等人的使节团来自郑州。一般认为太宗窝阔台当时驻留在那里，这里的"大元"实质上就是指窝阔台。若《金史》记载属实的话，《国朝文类》中收录的《中书令耶律公神道碑》中所记述的"汴京未下，奏遣使入城，索取孔子五十一代孙袭封衍圣公元措"，应该就发生在此时。根据宋子贞的记述来推断，耶律楚材此时应该是作为中书令跟随在窝阔台身边的，因为担心速别额台对开封城实施无差别杀戮，才急忙上奏窝阔台要求救出赵秉文等人。但是，使节团索求人员名单中的赵秉文，于同年五月十二日，就在开封的私宅中寿终正寝，结束了自己七十四岁的生涯，元好问还为他书写了墓碑（《文集》卷一七所收）。由此可知，耶律楚材的营救计划并没有能够实现。我们做一个大胆的推测，在耶律楚材要求的"赵秉文、孔元措等二十七家"名单中，元好问也应该是其中的一人。而就是因为耶律楚材的这次营救，在第二年的1233年四月二十二日，元好问才得以主动向耶律楚材寄出这封请求保护的恳求书。

无论真相如何，可以确定的是，1233年四月在开封开城投降的时候，"衍圣公孔元措"是与元好问一起身处开封城内的。那么，开封投降以后，孔元措的情况又是怎样的呢？

今日依然存于曲阜孔庙碑石上的《大朝崇褒祖庙之记》碑文，给我们提供了重要的史实依据。这块石碑的碑文同样收录于《曲阜县志》，森田宪司在著作《元代士人与地域社会》（《元代知识人と地域社会》，日本汲古书院，2004）一书中对其做了介绍。碑文的作者是东原的李世弼，落款处的"乙亥年孔元措立石"字样，表明了石碑是由孔元措本人树立的事实。这篇《大朝崇褒祖庙之记》中，记录了1233年以后"衍圣公孔元措"的去向经历。

　　宣圣五十一代孙袭封衍圣公，曰元措，以太常卿寓于汴。岁癸巳，当京城变，被领中书省耶律公奏禀，邀迁于博，再迁于郓。其衣食所需，舍馆之安，皆行台严相资给之。亲族三百指坐享温饱，咸其所赐也。以至岁时之祭祀，宾客之往来，闾里之庆吊，穷乏之瞻济，莫不仰庇而取足矣。行台恐其专善，而欲归美于上，乃闻之中书，遂令孔氏阖门勿算赋，看林庙户亦然。吾相贤明，可谓知所本矣。既而都运张公告公曰："瑜申禀上司，专以本路历日所售白金，修饰圣庙。中书又虑不足，并以益都历金焉。其事已附断事官山丞相。府君当亲诣焉。"公闻之忻然。遽率子弟，具□□不远千里，直抵燕京，邂逅竹林堂头简老、长春宫大师萧公，皆丞相之师友，喜而相许优佑之。萧诘朝先往，道经河，冰未坚，祝曰："此行非致私，以宣圣故。"遂策马而前，余者以冰坼不继。简□不亲行，继以侍者往，皆为之先容而言于山相曰："宣圣，治世之教，如天地日月，莫能形容。今其孙以林庙故亲来，赞成其事，不亦善乎？"山相敬而从之。丁酉岁仲冬二十有六日，公自燕而适固安之西□□山相帐下。由二师先言故，信宿而就其事。宣圣之后，悉蠲租赋，而颜、孟之裔亦如之。袭封之职、祭祀土田，并令仍旧，朝廷优恤德至渥也。然权舆于行台严公，维持于中书耶律公，成于丞相山公，事历三相而复还旧观。①

碑文中涉及到的"京城变"，即1233年崔立兵变，同年四月开城投降这
一系列的事件。身在开封城内的孔元措，其后如《大朝崇褒祖庙之记》
记述"被领中书省耶律公奏禀，邀迁于博，再迁于郓"。这里的"中书
省耶律公"，毫无疑问是指耶律楚材。而耶律楚材奏禀的具体过程我们
已经无从得知，但是"邀迁于博"中的"博"，指金朝的博州，也就是
投降后元好问被拘禁过的山东聊城。所谓的"邀迁"，记述中看上去似
乎是以宾客的身份得到了邀请，而实际上能想象得到，他是与元好问一
起被蒙古兵强制带走并拘留在那里的。

在元好问为孔元措等人写恳求书的时候，如果耶律楚材在太宗窝阔
台的身边，那么窝阔台就应该是在1232年四月和睿宗拖雷一起从郑州出
发，经过燕京方面悠哉悠哉地班师回到了蒙古高原。所以在1233年四月
的时候，耶律楚材当然也应该是在蒙古高原上的②。至少，此时他的确没
有在开封附近，而元好问写给耶律楚材的书简要想送到他的手边，必然

---

① 《大朝崇褒祖庙之记》有载于《光绪曲阜县志》卷八，但卷八所录碑文混乱不堪用。
日本学者森田宪司据曲阜孔庙《大朝崇褒祖庙之记》原碑整理了碑文。本书所引文字
是作者在森田氏所录碑文的基础上进一步校正整理后的内容。

② 耶律楚材的《湛然居士文集》卷十《扈从冬狩》序文中有"癸巳（1233）扈从冬
狩，独予诵书于穹庐中"之语。此外在同卷《谢西方器之赠阮杖》序中，有"甲午
（1234）之秋，陈、田入觐，果馈之于我"之语。由此可见，1233年的冬天和1234年
的秋天，耶律楚材都是身在蒙古高原的。但是，同书卷八所收寄与燕京大觉寺主持奥
公的诗文中，其中一首的末尾有"癸巳中秋"的自署。一般认为，耶律楚材把自己的
立脚点放在了燕京，所以，在被任命为中书令的1231年秋天以后，他应该仍然频繁
地往来于窝阔台和燕京之间。

需要送信的使者以及书信往复所需的时间。这就不得不提起在第一章介绍的《学东坡移居八首》中第八首中的一节：

> 此州多寓士，论年悉肩随。风波同一舟，奚必骨肉为。
>
> 永怀王与李，朔漠行当归。书来闻吉语，报我脱絷维。
>
> 惭非一狐腋，不直五羖皮。我作野史亭，日与诸君期。
>
> 相从一笑乐，来事无庸知。

流寓此地的士人很多，大家彼此年岁相近。跻身在狭窄的小舟中共同渡过这暴风骤雨的，却未必一定是骨肉同胞。心中一直挂念的是王、李二人，远涉沙漠的旅程应该是归来的时候了。二人的书信带来了好消息，报告我脱离拘禁的事情。惭愧啊，我没有可以比肩狐腋皮毛那般非凡的价值，也不是像百里奚那样可以让秦穆公用五张公羊皮去交换的贤人。只有把自己的住所命名为"野史亭"，每日等待着诸位士子的到来。只要大家能够一起欢聚谈笑，就不会再去在意那些未来的事情了。

《学东坡移居八首》是元好问从聊城的拘禁中解放出来移居冠氏后所创作的。笔者认为，这里出现的"王与李"，或许就是将元好问的书信送到了蒙古高原后，得到了耶律楚材的许可得以还乡的两名使者①。

---

① 文集卷八所收《望王李归程》诗疑为元好问吟二人归程的作品，全诗如下："一褐霜雪晚思孤，眼中行李见归途。虞卿仲子死不朽，石父晏婴今岂无。义士龙沙元咫尺，累臣驹隙自舒徐。何时斗酒欢相劳，惊看燕家头白乌。"

另外，在苏天爵《元朝名臣事略·万户张忠武王（张柔）》条目中，引用了王鹗撰写的墓志铭，记叙了开封投降前后张柔的行动。

> 壬辰（1232），天兵渡河。明年，汴降，诸将争取金缯，公独入史馆，收《金实录》、秘府图书，仍访求乡曲耆旧、望族十余家，若高户部夔，李都运特立，赵礼部三子赞、克刚、克基，杨翰林子恕、婿贾庭扬，护送北归。[①]

这里记载的张柔其人，后仕奉世祖忽必烈，在元朝中统政府的建立和后期南宋的接收过程中建立了莫大的功勋。张柔的妻子是大名潞州录事毛伯朋的次女，而元好问在1231年原配妻子张氏去世后，迎娶了临清毛提举端卿的女儿。毛端卿与毛伯朋同族，元好问与张柔通过妻家的姻亲关联，在金亡之前，二者之间的人情往来是可以推测的。在开封开城之际，张柔之所以能够第一时间接收《金朝实录》和《秘府图书》，没有元好问的提示和点拨，张柔是做不到的。而被张柔护送北归的这些人，也都在元好问请求耶律楚材保护的人员名单之中。综上可以推测，在开封开城投降时，金朝的士人们分别被当时蒙古军中的汉人将军们分批带往自己的大本营，等候耶律楚材的指示。如果那时有使者携带元好问的书信去寻访耶律楚材的话，从与元好问的个人关联出发，这个信使必然得到了张柔属下的保护和引荐。

---

① [元] 苏天爵辑撰，姚景安点校：《元朝名臣事略》卷六，北京：中华书局，1996年，第98页。

从这个角度出发，《大朝崇褒祖庙之记》中所说的"当京城变，被领中书省耶律公奏禀，邀迁于博，再迁于郓"之意，实际上就是指孔元措和元好问等一起被带到聊城，在那里拘禁了一段时间以后，大约是在1234年夏天之后，从拘禁中获得解放，移居至东平。

三、孔元措的待遇

在上一节中提及了仓促间编撰的《元史》的杜撰性，而元好问留存下来的记录与《元史》内容之间存在比较大的矛盾，特别是对耶律楚材动向的记叙。《元史》的编撰者们对有关耶律楚材的原始资料不加批判的选择和粗糙的复制是造成这一结果的主要原因。《元史·耶律楚材传》的原始资料无疑就是宋子贞的《中书令耶律公神道碑》，但是，就像日本史学者杉山正明在他的著作《耶律楚材与他的时代》（日本白帝社，1996）一书所分析的那样，在忽必烈政权创建时政治形势的影响下，《中书令耶律公神道碑》一文充斥着迎合当时局势的"诔墓之辞"，是具有极高危险性的传记史料，在作为历史资料来利用的时候必须要对其进行审慎地、批判性地读取。耶律楚材作为辽国建国者耶律阿保机的后裔，与助力蒙古军征服华北的契丹军队的领导者们属于同族。他自身也极有可能怀有某种政治上的野心，而他周围无时无刻不在酝酿着更大的政治阴谋，置身于诡谲的政治风云的漩涡中，耶律楚材注定是一位一生充满着毁誉褒贬的"传奇人物"。

要想探究金亡后孔元措受到的待遇，就有必要重新审视剔除了对耶律楚材的"谀词"之后的孔庙碑文《大朝崇褒祖庙之记》。

开封开城以后直到1235年夏天，孔元措和元好问等人一起被拘禁在山东聊城，这期间特别值得注目的事件就是窝阔台命令实施的人口调查。1234年正月金朝帝室消亡后，元太宗窝阔台派遣将军失吉忽秃忽到燕京，命其对华北进行全面的人口调查。这次人口调查的目的，是为了将华北的土地和居民分封给蒙古王室和功臣们。《元史·太宗本纪》八年丙申（1236）条目中这样记述：

> 夏六月，复括中州户口，得续户一百一十余万。……秋七月，命陈时可阅刑名、科差、课税等案，赴阙磨照。诏以真定民户奉太后汤沐，中原诸州民户分赐诸王、贵戚、斡鲁朵。
>
> （《元史》卷二，第34—35页）

失吉忽秃忽受命后首先进行的人口调查史称"甲午年籍"，是在1234年进行的。《元史》所记载的，丙申年六月，"复括中州户口，得续户一百一十余万"，一般认为是对"甲午年籍"的后补追加部分。如此，到1236年，对华北地区的人口调查基本上是结束了的。在此基础上的税收由陈时可负责计算概略后，华北地区的"民户"就被分拨给了蒙古的王室、贵族等相关人员，这就是元史中的"丙申年分拨"，也就是上面引文部分的记载内容。

游牧出身的蒙古族原本是没有定居民族的土地支配观念的，在远离蒙古高原的东方拥有自己的土地这件事，对他们来说并没有什么实际的意义。

《元史》中的这次分封，虽然分封的是土地，但实际上就是将土地上的人口换算成具体的税额数目，大汗按照这个数目向诸王、贵戚们分配赋税收入。据推测，至少在开封投降之前窝阔台就已经确立了这种分配方式，1233年窝阔台向燕京派遣了十八名蒙古子弟学习汉语的读写，1234年派失吉忽秃忽进行人口调查，1236年七月按照失吉忽秃忽、陈时可、耶律楚材等做成的"华北分割案"实施了"丙申年的分拨"。

在蒙古的这一"战后体制"中，居住在华北地区的所有人口，都会有自己所属的蒙古领主，都必须要向其缴纳被称为"差拨"的人头税。原本作为"士大夫"的知识阶层，现在与普通的"民户"一样有了纳税义务。对他们来说这是一种前所未有的打击。对于这种事态最先敏感做出反应的，自然就是作为"士大夫"的领袖、被赋予了象征地位的"衍圣公"。

对从聊城的拘禁中解放后的孔元措，《大朝崇褒祖庙之记》所记述的一系列内容，主要是以下几方面：

1. "衍圣公"的窘困现状是通过行台严实向耶律楚材报告的。

2. 都运张瑜向燕京行省的断事官耶律山田申请以东平路的"历日银"修复曲阜宣圣庙。

3. 孔元措赴燕京会见了海云禅师和长春宫大师萧元。

4. 长春宫大师萧元单独会见了燕京行省断事官耶律山田。

5. 丁酉年（1237）十一月二十六日，孔元措在固安西会见耶律山田，孔氏一族以及颜氏、孟氏后裔的免税措施得到了认可。

从上面的要点中可以明确看出，《大朝崇褒祖庙之记》的执笔目的其实是向朝廷内外明示丁酉年孔家获得的免税政策。而这一系列行动的根源，自然就是前文涉及到的"丙申年分拨"。据《元史》卷九五《食货志·岁赐》内容可知，在"丙申年分拨"中，曲阜所属的济宁路的三万户被拨给了鲁国公主薛只干。这三万户中自然包括孔庙、颜庙和孟庙的相关者。为了给孔庙等相关者申请免税，行台严实向耶律楚材提出了请求，这就是碑文中的"恐其专善，而欲归美于上，乃闻之中书"的真正意思。

碑文《大朝崇褒祖庙之记》记述中最有深意的地方是，行文中反复言及的耶律楚材实际上在孔元措的这次免税申请活动中什么都没有做。此外，最终决定孔氏免税的人不是太宗窝阔台而是断事官耶律山田的记述也不容忽视。这里登场的断事官耶律山田究竟是一个怎样的人物，并没有详细的记载。但他是燕京行省的实权操控者这一点是毋庸置疑的。成吉思汗任命的燕京行省最初的断事官，是契丹军团的首领耶律阿海。从姓氏判断的话，耶律山田无疑与其有着一定的渊源。耶律楚材应该也是同样与其具有某种血缘关系的人物。都转运使张瑜能够把耶律山田介绍给孔元措，是因为都转运使处于燕京行省的监督之下。所谓的"都转运使"是对"漕运总负责者"的称呼，所以燕京行省就相当于蒙古进驻军的统括据点，从华北地区收缴上来的所有的税收，首先都要集中到燕京，然后再分配到各投下去。而承担收集和分配任务的机关就是燕京行省，此时它的总责任者就是耶律山田。也就是说，至少在这一时期，耶律楚材在华北的力量是远远赶不上耶律山田的。

另外，在孔氏获得免税决定的过程中，孔元措得到了海云禅师和长春宫大师萧云助力的事实有必要引起关注。在"丙申年分拨"实施之后，原则上华北地区的所有人口都要向自己所属的领主缴纳人头税，但也有不承担纳税任务的几种人口，其中就包括得到了成吉思汗认可的不用纳税特权的僧侣和道士们。僧侣，就是孔元措在燕京拜访的海云禅师，他曾在1219年得到了成吉思汗的免税特权①。而道士们的免税，则是由西游至印度河上游拜访了成吉思汗的全真教道士丘处机，在1223年获得了同样的特权②。成吉思汗赋予他们的这一特权，实际是丘处机将当时得到的成吉思汗的口谕——"丘神仙应有底修行底院舍等……所据大小差发税赋，都教休着者。据丘神仙底应系出家门人等，随处院舍，都教免了差发税赋者"③——翻译成汉字，拿来当作了道教的特许圣旨。成吉思汗的本意仅是"免除特定区域的特定赋税"，而佛教徒和道教徒们都将字面的意思作了扩大化解释，以海云禅师为首的僧侣和以丘处机为首的道士理所当然地认为，他们被免除的不仅是"差发"，而是所有的纳税义务。"'衍圣公'作为儒教的代表人物，在儒佛道已经被统括为'三教'，其中的佛、道已经得到了免税特权的情况下，在佛、道两教的声援下如果也能得到免税特权的话，这份特权自然就会遍及'儒教'全体。"——这恐怕是"衍圣公孔元措"、行台严实、都转运使张瑜等人所

---

① 参见笔者拙稿《蒙古人眼中的道教》（《モンゴルが見た道教》），《知性的欧亚大陆四 知性驰骋宇宙》（《知のユーラシア四 宇宙を駆ける知》），东京：明治书院，2014年。
② 参见笔者拙稿《蒙古时代道教文书的研究》（《モンゴル時代道教文書の研究》），东京：汲古书院，2011年。
③ 参见《蒙古时代道教文书的研究》第一章第六节《大蒙古国累朝崇道恩命之碑》C"癸未年三月成吉思汗皇帝圣旨"，第177页。

考虑的，也是海云禅师、长春宫大师萧元支持这件事的理由。

"衍圣公"和"颜氏、孟氏后裔"的免税请求，最终在1237年十一月二十六日得到了断事官耶律山田的认可。他们的目的看似是达到了，但值得注意的是，这里执行的免税政策仅限于"孔氏一族"和"颜氏、孟氏的后裔"，他们最初畅想的"儒教全体的免税"并没有实现。并且，给予他们这一免税特权的是燕京行省的断事官耶律山田而不是太宗窝阔台。也就是说，这并不是蒙古大汗的正式认可，而是华北税务责任人在自己的裁量范围内做出的仅限于一部分人口的免税特权。成吉思汗赋予了佛教和道教的代表人自行管理宗教团体的权限，而佛教和道教的首领也实际向自己的宗教团体发布过号令。但是儒教不仅没有获得这样的特权，它甚至都没有获得作为教团能够与佛教和道教并称的地位。

无论金朝支配下的华北是怎样一种状态，其政治体制核心中儒教伦理的存在是可以想象的。比如说，在"官制""学校""选举"中，支持其制度的基本理念就是传统的儒教观念。然而，在蒙古的战后体制中，虽然"孔氏一族"和"颜氏、孟氏后裔"的特权作为特例得到了认可，但这只是将他们作为孔子、颜子、孟子祭祀的组织执行者而给予的便利，并不是因为统治理念核心中有对儒教理念的设想。在中国的传统社会中，儒教是构筑各种制度的基本理念，不认可这一儒教集团的地位，就是对"官制"立足"根本"的否定，亦是对士人阶层的存在意义的否定。在蒙古的战后体制中，"读书人"是无用之才，要与农民同样承担纳税义务，基本上是与"民户""军户"同等的存在。

四、金朝遗民和耶律楚材

元史中有"戊戌选试"一语。太宗窝阔台于戊戌年，即1238年，在耶律楚材的建议下，在华北实施了"科举考试"——这是东洋史概论中对"戊戌选试"的解释。的确，在一部分地区都可以找到戊戌年前后实施任官以及僧侣、道士资格考试的痕迹。如果将这些都汇总为"戊戌选试"的话，这一用语的确算不上是对历史的捏造。但是，我们在《元史》的《太宗本纪》《选举志》《耶律楚材传》中根本找不到"戊戌选试"一语。退一步讲，即使真的"戊戌年前后在一部分地区实施了任官以及僧侣、道士的资格认证考试"，这些考试也是不能与"科举考试"相提并论的，更没有可能举行"乡试""省试""殿试"来层层选拔。不得不说，把"戊戌年前后在一部分地区实施的资格考试"，等同于"太宗窝阔台根据耶律楚材的意见实行的任官考试"，只是一种单纯的误解。

《元史·选举志一·科目》中有这样的记述：

> 太宗始取中原，中书令耶律楚材请用儒术选士，从之。九年（1237）秋八月，下诏令断事官术忽解与山西东路课税所长官刘中，历诸路考试。以论及经义、词赋分为三科，作三日程，专治一科，能兼者听，但以不失文义为中选。其中选者，复其赋役，令与各处长官同署公事。得东平杨奂等凡若干人，皆一时名士，而当世或以为非便，事复中止。
>
> （《元史》卷八一，第2017页）

从《经世大典》等著作中胡乱地把元朝的儒学、学校制度抽取出来汇总而成的《庙学典礼·选试儒人免差》中，引用上面《元史·选举志一·科目》中"(太宗)九年秋八月下诏"的具体内容做了这样的记述：

> 丁酉年（1237）八月二十五日，皇帝圣旨道与呼图克、和塔拉和坦、谔噜博、克达扎尔固齐官人每：自来精业儒人，二十年间学问方成，古昔张置学校，官为廪给，养育人才。今来名儒凋丧，文风不振。所据民间应有儒士，都收拾见数。若高业儒人，转相教授，攻习儒业，务要教育人材。其中选儒士，若有种田者，输纳地税。买卖者，出纳商税。开张门面营运者，依（行）[体]例供出差发。除外，其余差发，并行蠲免。此上。委令断事官蒙格德依与山西东路征收课程所长官刘中，遍[行]诸路一同监试，仍将论及经义、词赋分为三科，作三日程试，专治一科为一经，或有能兼者，但不失文义者为中选。其中选儒人，与各住处达噜噶齐、管民官一同商量公事勾当者。随后照依先降条理，开辟举场，精选入仕，续听朝命。准此。①

上面《庙学典礼》引文中，"圣旨"的颁发对象是"呼图克、和塔拉和坦、谔噜博、克达扎尔固齐官人每"，这里出现的是对非汉语系的

---

① 王颋点校：《庙学典礼》卷一，杭州：浙江古籍出版社，1992年，第9页。

人名、地名使用的"乾隆式音译汉字"①，"依（行）[体]例供出差发"存在着明显的抄写错误，这些都表明了元朝实际通行的原始文书在形式上无法复原的特点。《选试儒人免差》条中的"呼图克"又称"胡都虎"，"谔噜博"或许就是《孟庙丁酉年免差役赋税碑》中言及的"斡鲁不"②，其他如"和塔拉和坦""克达""蒙格德依"等人名的汉字标识，极其容易造成句读上的困惑。这里引用的"圣旨"，既然是1237年窝阔台颁发的，为什么没有采用官方的"直译体风格的汉语文体"来记述③？如此种种皆是《庙学典礼·选试儒人免差》记述中的难解之谜。

本处引文的末尾部分，与《元史·选举志一·科目》的记述几乎一

---

① 清朝乾隆帝编纂《四库全书》时，从政治观点出发，对辽、金、元时代文献中出现的译名有组织地进行了谬误百出的随意篡改。例如，洪武三年秋七月刊行的《元史》卷一《本纪第一》中"太祖法天启运圣武皇帝，讳铁木真，姓奇渥温氏，蒙古部人也"一句，《四库全书》所收版本中改为了"太祖法天启运圣武皇帝，讳特穆津，姓却特氏，蒙古部人也"。"铁木真"改为"特穆津"，"奇渥温"改为"却特"，这样一来，这些词汇在原本译音的归纳上就会发生错位。乾隆期以后的写本、版本中统一进行了这种篡改，这种情况下使用的音译汉字即本书中所说的"乾隆式音译汉字"。这是一种对资料的篡改。

② "胡图克""斡鲁不"，参见蔡美彪编著《元代白话碑集录（修订版）》（40）《邹县孟庙文书碑》，北京：中国社会科学出版社，2017年，第98页。译者注：原著脚注中称《邹县孟庙文书碑》为《曲阜文庙免差役赋税碑》，《元代白话碑集录（修订版）》对《邹县孟庙文书碑》的题解中有"碑在邹县孟庙，原误为曲阜文庙"的说明，作者高桥文治在脚注中提到的《曲阜文庙免差役赋税碑》即为被误解时的标题。高桥氏另一著作《蒙古时代道教文书的研究》中提到的《孟庙丁酉年免差役赋税碑》，即此处的《邹县孟庙文书碑》，乃为同一碑文的不同标题。

③ 蒙古的汗王发布命令时，汗王的蒙语命令文被翻译成各地语言后，与原来的蒙语记录在一起进行发布是蒙古的习惯。在向中原方面传达命令的时候，使用的翻译语言是"白话体的汉语文体"（译者注：即正文中的"直译体风格的汉语文体"），正文此处引文中的"圣旨"是使用"吏牍语体"进行的记述。具体请参见拙著《蒙古时代道教文书的研究》。

致，记述"圣旨"内容的文体采用了极为普遍的吏牍语体，其文体和内容都与《孟庙丁酉年免差役赋税碑》[①]、"《孔氏祖庭广记》卷五《历代崇重》卷末所见官方的签发文书"[②]有着很多的共通点。从这一点上来说，这一命令文书的发出者除了耶律楚材不可能是别人。"窝阔台圣旨"的部分究竟是耶律楚材的意译（也就是说，耶律楚材这一命令文书的发出得到了窝阔台的许可），还是凭空捏造的内容姑且不论，这里最重要的事实是这段《选试儒人免差》引文的结构——前后分为两段，而前段的"圣旨"不过是后段"发令文"的开场白。如此，原来的文书在多处误读并抄写的不断重复下流传到今天，就成了我们所看到的《庙学典礼》中记载的内容。而被不明就里的明初史官们进一步概括之后的内容就是现在《元史·选举志一·科目》开篇的内容。这可以说是今天对于这组史料的普遍认识。

在本章节内容中最重要的问题点，首先是我们在《庙学典礼》所引的"圣旨"中找不到任何有关"儒士选试"的记述。"圣旨"说的是"所据民间应有儒士，都收拾见数"（见数=现数），注意此句中使用的动词是"收拾"而不是"选拔"。这里说的"收拾"就是单纯的"归拢""整顿"的意思，甚至都没有"登录"的前提。而且，"收拾"的最终目的并不是为了官吏的录用，而是为了让"中选儒士，若有种田者，输纳地税。买卖者，出纳商税。开张门面营运者，依（行）[体]例供出差发。除外，

---

① 参见拙著《蒙古时代道教文书的研究》第一章《附论〈孟庙丁酉年免差役赋税碑〉》，第68—71页。
② 此文书仅见于常熟瞿氏铁琴铜剑楼藏蒙古刊本《孙氏祖庭广记》（《四部丛刊》续编史部所收），可参拙著《蒙古时代道教文书的研究》第70—74页。

其余差发，并行蠲免"（被朝廷认可的儒士、士人们，如果现在在种田，那就缴纳地税；如果在经商，那就缴纳商税；如果在经营铺面生意，那就按照规定缴纳差发。这些都是理所当然的事情，而除此之外的差发都统统给予免除）。"中选儒士"的"中选"一语并不是"考试合格"的意思，而是与"收拾"同义，"属于被归拢、被认可范围内"的意思。整体上"圣旨"说的是：被认为具有儒士资格的人，如果现在有其他的谋生手段，就要向朝廷缴纳相对应的税金，而相当于人头税的"差发"则一律免除，可以不用缴纳。一言概之，这里记述的其实只是对"儒士"税金的处理内容。

另一方面，《庙学典礼》引文的后段中尚有"其中选儒人，与各住处达噜噶齐、管民官一同商量公事勾当者"一文。这里使用的称呼是"儒人"，而不是"儒士"。并且"与各住处达噜噶齐、管民官一同商量公事勾当者"，意味着合格者会作为各地的官吏被朝廷录用。《庙学典礼》引文前段的"圣旨"与后段的"发令文"，虽然看上去记述的都是关于"士人"的待遇，但"圣旨"所论的只是关于"税金"的决定，并没有涉及"选试"和"任官"。后段"发令文"涉及到了"选试"和"任官"，但没有论及到"户籍"（税制）问题。前后两段内容，乍看之下记述的似乎是一系列共通的现象，仔细分析下来就会发现，这里分别记述了"任官"和"税制"两个问题，而人们关心的"儒人的制度"究竟是由谁如何构筑的问题最终没有显现出来。这究竟是因为什么呢？

与元好问同时代的文人杨宏道曾经写过一篇题为《送李善长序》的文章。李善长是居住在济南的"士人"，杨宏道在送别他去履行自己作为"军户"的差役——军役的时候创作了这一文章。这也是"士人"一词与表示"户籍种类"的"军户"一词同时出现在文章中的极其少见的用例。虽然无法确定文章的具体执笔时间，但据现存资料可知，杨宏道在金朝末年二十九岁的时候，在襄汉（即襄阳）躲避战乱，五十二岁的时候得以北归，在至元初八十三岁的时候离世[①]。此外，在写下《送李善长序》之后的1243年，杨宏道再次为李善长写下了《窥豹集后序》。综合这些资料推测，《送李善长序》一文比较妥当的创作时间大约是在1240年前后。

《送李善长序》原文的节选如下：

> 济南士人唯余心苦，而善长尤苦。何以言之？余老而还乡，封树先茔，更期亲戚有在者，田园得三之一，一二故人相与往来，以慰余生。今亲戚无在者，田园为有力者所据，一二故人以余贫贱，疏绝不相往来，故曰济南士人，唯余心苦。善长流寓于此，戚属相依，同食者殆十余口，唯以小学为生生之资，而复为军户，故曰善长尤苦，岂不信然？善长母老而子未冠，不得已推其母之侄魏氏子从军。又恐伤母氏之心也，故舍其朝夕之养、生生之资而与之偕行，岁暮途远，不敢告劳，意者欲哀祈所司，置其弟于优处，归以慰其母也。[②]

[①] 据《投赵制置第三札子》的内容可以推测出，至少到1235年之前，杨宏道是身在南宋领域中的。其在至元七年（1270）前依然健在的事实通过《李氏迁祖之碑》可以得到证实。

[②] 李修生主编：《全元文》卷九，南京：江苏古籍出版社，1998年，第192—193页。

进入近代之前的中国，比较多的场合，法令只是面向有必要的地域作针对性地颁布和实施，并不是面向全国一律通行的。特别是蒙古时代初期，华北被分拨给蒙古的诸投下以后，各地域都有自己不同的情况。因此，"覆盖整个华北地区的统一制度的存在"这种设想，不过是毫无意义的空论。即使这样，上面引文中对"以小学为生生之资"的士人，因为户籍登录为"军户"[①]而挺身志愿出征的记述，与《庙学典礼》中"只要被认可为'儒士'就可以免除'差发'"的记述，显然有着很大的区别。在《送李善长序》中，一次也没有使用"儒士""儒人"等称呼，并且在李善长成为能参与教育的"儒士"之前，他就已经是拥有耕地且家中"男丁"必须履行兵役义务的"军户"了。

综合上面的分析，再次梳理《庙学典礼》中《选试儒人免差》的内容，我们从中不难读取到以下几点内容：

失吉忽秃忽奉命实施华北户籍调查，"甲午年籍"由此诞生，并成为实施"丙申年分拨"的基础，华北的居民就这样被分割给了各自蒙古领主的投下。原则上，所有的居民都是征税的对象，但其中有一部分不负担"差发"义务的户籍，那就是经过了成吉思汗特权认可的僧侣、道士，以及负责税收业务的军人和官吏们。在僧侣、道士以及官吏们之间，又实施了资格认证考试，对他们获得免税措施的资格进行了再次确

[①] 蒙古时代初期的华北存在着"蒙古军户"、"探马赤军户"和"汉军户"三种类型，这里所说的应该是"汉军户"。"汉军户"又具体分为"正军户"和"贴军户"两种。出征征兵时，从数户人家中出一人从军，出人的人家户籍即为"正军户"，其他的数户则作为"贴军户"，负责筹集出征兵士的所需费用。

认。——这就是被称为"戊戌选试"的真实情况。"戊戌选试"的目的并不是"儒人"的选拔,而是对官吏的选定录用。然而,中国传统文化中"官吏"皆为"儒士"的事实,就给予了负责实施"戊戌选试"的耶律楚材在窝阔台"圣旨"中添加"儒士"概念的必要。

在这里还要注意的是,戊戌年前后举行的僧侣、道士的资格认定考试,分别是由佛教集团和道教集团自己组织实施的[①]。也就是说,道教和佛教拥有自主管理宗教团体的权限。这种权限的拥有,促进了宗教教团组织的形成,最终使其成长为强大的政治势力。依此类推的话,1237年秋八月,耶律楚材建议窝阔台"以儒术选士"的时候,如果其目的是真正的"儒士选拔",那么他推荐的主持选拔的主宰者就理所当然应该是"孔氏一族"的相关者。然而假如耶律楚材不但没有这样做,还与"皇帝圣旨"一起,向断事官术忽觯发布了自己的命令的话,那就毫无疑问地意味着"戊戌选试"的目的就只是官僚的选拔,而耶律楚材则是想以"中书令"的身份来主持这件事情。

在《元史》卷二《太宗本纪》中可见"三年 (1231) 秋八月……以耶律楚材为中书令,粘合重山为左丞相,镇海为右丞相"[②]的记述。《元史》的这一记载,不禁让人疑惑:太宗窝阔台是如何了解"中书令"这一中国固有的官职名称的呢?他在发布命令时使用的又是哪一种语言呢?关于"中书令"这一职衔,金朝时世宗的儿子显宗在被委派"留守"国都的时候,和"留守"任务同时接受的就是"中书令"的职位。蒙古时代,世

---

① 参见拙著《蒙古时代道教文书的研究》。
② 《元史》卷二,第31页。

　　　　　　　　　　　　　　　　　　　　元好问与他的时代

祖忽必烈的儿子真金太子同显宗一样，被委任为"燕王"的同时也被授予了"中书令"的头衔。由此可见，"中书令"实际上意味着类似皇太子这样的帝室实力派，在形式上已经居于政治机构顶端，是具有特别意义的职位。蒙古的可汗是绝不会把这样纯粹中国式的官职名称，赐封给一个甚至都不是自己亲卫的臣下的。所以，"中书令"只能是耶律楚材向华北地区自称的头衔。可以说这一头衔的自称中，包含着与他代笔"圣旨"同样的目的——即意图主持此次的"戊戌选试"。这明显是以宋子贞为代表的金元交替时的文人们对耶律楚材不吝"谀辞"的原因所在。

从蒙古政权出现在华北，一直到第八代仁宗爱育黎拔力八达，这百年间侍奉可汗的汉人官僚们一直在请求"科举考试"的复活，却一次都没有实现。之所以这样，是因为蒙古政权对中国式政权构成模式不感兴趣，因此也就没有对中国官僚们显示出特别的关注。蒙古时代的汉语文献资料，比如像《庙学典礼》这样，经常会看到对"儒士""儒人"免税政策的记述。但如果对其作仔细的考察，就会发现这些记叙内容上的前后矛盾，其中大部分甚至属于刻意混淆事实的捏造杜撰。

例如《庙学典礼·秀才免差发》条目中，在世祖忽必烈至元八年（1271）的"圣旨"后面用小字作了附注，记载了一个名为高智耀的文人的传记。

> 高学士讳智耀，字显道，河西中兴路人也。世为西夏显族，曾祖某擢蕃科第一，祖某仕至大都督府尹，父某仕至中书右丞相。夏设蕃、汉二科以取士，蕃科经赋与汉等，特文字异耳。公巍然擢

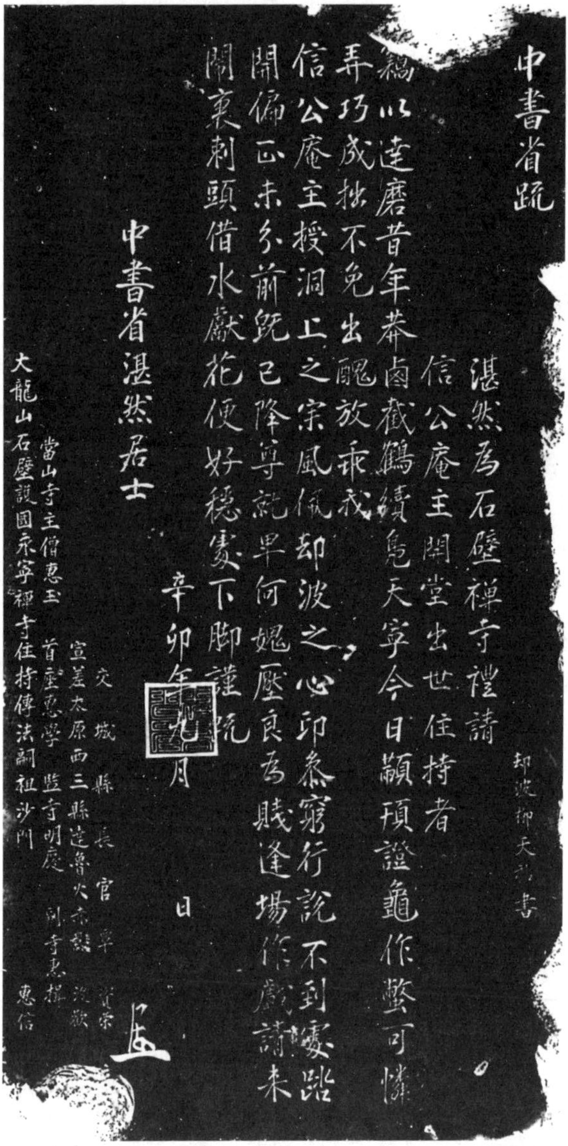

图6　1231年耶律楚材签发给石壁寺（玄中寺）的许可证

"中书省湛然居士"是耶律楚材的佛号　印章文字为"中书省印"

第，授佥判，未及大用，天兵西役，夏人举国归附，公隐处贺兰山。哈干皇帝尝问西夏故家有贤子孙在者否，以公对，召见，上存抚，留公左右。公性乐恬退，未几复归旧隐。时库德太子（皇子阔端）镇西凉，令民间立传置，士亦与焉。众请于公，遂乘驿走千里，诣藩府进见，难遽陈儒者事。适太子悬一笙于木上，募有能吹响者，大赏之。公应募而前，太子大悦。公曰："本家世业儒，粗知音乐，兵燹之余，某家乐工尚多存者。"因公乘驿往取之，公遂言西州多士，昔皆给复，今置传，与编氓等，乞与蠲免。太子从之。公奉旨归取乐工，复往西凉。太子喜，欲官之，公不就，受重赏而归。久之，蒙克皇帝即位。公复以儒人差役事，北上奏陈："儒者之所能，三纲五常，治国平天下。自古以来，用之则治，不可一日无者，故有国家蠲其徭役，以养成之。"因备陈尧、舜、禹、汤、文、武、周公、孔子之道有补于世，非区区技术者所能万一。上曰："有是乎？此至美之事也，前未有与朕言者。"遂诏汉地、河西儒户，徭役悉蠲之，无所与。色辰皇帝居潜藩，公因帕克巴国师进见，首论佛教，帝大悦，公曰："释教固美矣，至于治天下，则有儒者之道。"又反覆论其所以然者，帝甚异之，有用公意。及即位，刻符印付公，凡汉北、河西儒户，悉委公镇之，从公给文以为验。时汉北、淮、蜀儒人多为驱者，公奏曰："以儒为驱，古无是也。帝方以古道治天下，宜除之。"上可其奏，命公奉旨以行，前后得释为民者几三四千人。以此忤权势，或诉于上曰："高秀才所释者多非儒也。"上诘公，公对曰："譬之于金也，有浅深，谓之非金，不

第四章
战后的元好问

181

可。儒者学问亦有高下，谓之非儒，亦不可。"上为之释然。时庶事草创，纲纪未张，公奏曰："前代有御史台为天子耳目，所以肃官常，整治具，诚不可阙。"上命宰臣记其事。越明年，命立御史台，实用公议。久之，有权臣欲令儒户与民给徭役者，公奏曰："昔孟尝君，一列国陪臣耳，尚养士三千人，至今多之。今陛下富有四海，皆为臣妾，儒在其中万分一耳，除之何补于政？然使之安意讲习，幼学壮行，为治理助，其效不亦多乎？陛下何惜此而不为也？"上以为然，权臣之议遂格。

（《庙学典礼》卷一，第10—11页）

上面的引文中提及到了阔端太子，而阔端统领旧西夏领域的时间大约就是在"丙申年分拨"前后，所以如果文中所述"太子悬一筚于木上，募有能吹响者"的逸事属实的话，那就毫无疑问地说明这事发生在"戊戌选试"前后。《庙学典礼》中《选试儒人免差》和《秀才免差发》的内容在时间上并不矛盾，二者看上去记述的是同一时期发生的同一事件。然而实际上，《秀才免差发》中没有与窝阔台"圣旨"相关的记叙内容，而且这里得到阔端太子许可，编入"儒户"的不是"士人"，而仅是高智耀身边的"乐工"们[1]。高智耀在旧西夏领域上的作用与华北的"衍圣公"有一定的相似之处。上面引文中将高智耀的这一事迹描述成"蒙古朝廷对'士人'的保护"，可以说，这就是一处

---

[1]《元史·礼乐二·制乐始末》："太祖初年，以河西高智耀言，征用西夏旧乐。"见《元史》卷六八，第1691页。

故意的"事实混淆"。

阔端太子以外，引文中还提到了宪宗蒙哥"诏汉地、河西儒户，徭役悉蠲之，无所与"。据《元史·宪宗本纪》的记载，宪宗即位可汗是在辛亥年（1251）夏六月，所以引文记载的就应该是宪宗即位后的事情。但是有意思的是，在《元史》的记录中，蒙哥在即位的同时就将"漠南、漠地的军国、民户庶事"一发汇总委派给了自己的弟弟忽必烈。因此，高智耀建议的对"汉地、河西儒户"的免税一事，可能许可的权限已经不在宪宗蒙哥的手里了。引文中"汉地、河西儒户"这一记述本身就是一种微妙的表现方式。这里的"汉地"，是包含着蒙古时代特有背景的地域名称，它所指的就是陕西、四川地区以外的整个旧金朝领域。而"河西"，则是指旧金朝之外的陕西、四川以及整个旧西夏领域。而"汉地"和"河西"合并后就几乎与"漠南、漠地"所指的领域是一样的。高智耀是西夏人，谏言"河西儒户"的免税是合乎情理、有可能发生的，但他进谏的对象却不应该是宪宗蒙哥，而应该是彼时尚属潜邸时代的忽必烈。据此，笔者认为此处的"汉地"或为"漠北"的误记。

关于潜邸时期的忽必烈，引文中仅是说"有用公（指高智耀）意"，至于"儒户"，不要说免税了，甚至连"认定"都没有提及。而且在忽必烈即位后的记叙部分，"汉北、河西儒户"的表述中，使用了当时的汉语文献资料中几乎不见用例的"汉北"一词。这一词语同样出现在对忽必烈时代后期"时汉北、淮、蜀儒人多为驱者"的记述中。反复使用的"汉北"一语，如果不是"汉地""漠北"的误记，在语序上与

"淮""蜀"并列，就意味着是与国名相当的地域。而"淮""蜀"皆是与南宋有争议的地域，所以"汉北"也可能是指"汉水北侧"的某地。无论怎样，引文中"儒户""儒人"的运用是有着微妙的区别的。既然文中明确记载了忽必烈时代"儒户"的认定由高智耀来认定（"从公给文以为验"），也就是说，在此之前"汉地"地域上对于"儒人"汇总式的免税措施明显是不存在的。这可以说是《庙学典礼》中第二处刻意的"事实混淆"。

上面引文记叙的内容并不意味着"'汉地'的知识阶层被认定为'儒户'，没有了徭役赋税的负担"，而是指"在整个'汉地'上'儒户'与时代并行的认定以及成为免税对象的事情一次也没有发生过"。

蒙古人蔑视和冷遇"全体知识阶层"的事情自然是不存在的。他们对于汉蒙语言上的差异极其敏感，为了正确地传达自己的命令，对翻译、书记官等给予了很好的待遇。对于能够使用文字出台政策、组织战略方案的人也给予了很高的尊重。当时窝阔台的智囊团中吸纳维吾尔人牙剌瓦赤、镇海的事是蒙古时代广为人知的逸话，在西方史料中也记载了众多士人的名字。《元史》等中国方面的史书中，频频暗示耶律楚材属于窝阔台智囊团成员之一的事实，而当需要我们明确这一实际情况的时候，却发现汉语史料具有的暧昧语境的"传统"，让所有真相都遁形在了历史的迷雾中。

蒙古政权对中国的知识阶层几乎没有产生什么兴趣。个中原因就是因为中国"士人"的双重身份，即在其"知识分子"的身份之前，还有着一重对蒙古朝廷来说不必要的"政治家"的身份。

五、元好问与耶律楚材

1233年四月二十二日，元好问写下给耶律楚材的书信，将其托付给了蒙古方面的将领张柔身边的人之后，他自己与以孔元措为代表的数十名金朝遗民一起，北渡黄河，被蒙古兵押解到了"河朔"地区。此后一年半的时间里，他都在聊城等待蒙古方面对自己的处置。期间，蒙古高原的太宗窝阔台向燕京派遣了失吉忽秃忽，命其重新进行人口调查，所有居留在华北地区的人口都被分拨给了蒙古的王族、功臣们，蒙古灭金之战的善后处理工作接近了尾声。元好问应该是在1235年的上半年之前解除了拘禁，虽然不清楚他的户籍种类所属，但他的人身自由的确是得到了保障。元好问曾经决定在冠氏定居以度余生，但一直到1237年夏天，他却一直在东平、济南、大名以及冠氏周围辗转周旋。直到"丙申年分拨"完成后的1237年秋天，才暂时回到了山西太原。同年的十二月又再次返回到冠氏。1239年夏天，他率领家人回到了本籍的山西忻州，重修一族的墓所并购买了耕地。然而其后，元好问年年在东平、顺天、燕京、真定、获鹿等地之间频繁地往来奔波，最终于1256年定居真定的获鹿。他在这里继续着自己的创作活动，直到1257年九月四日结束自己六十七年的生涯。

元好问后半生的颠沛漂泊，其一是因为他所担负的重大使命——收集残存在华北地区的金朝的历史资料。其二就涉及到本书中此前屡次说明过的，有关他在新体制下身份的隶属关系问题。

"丙申年分拨"以后，华北地区所有居民的户籍都有了一定的类别所属，成了相应的税金缴纳对象。而能够享受免税措施的，只有被成吉思汗认可过特权的僧侣、道士，以及负责税金征收业务的军人和官吏们。从金朝遗民的角度来看，如果他们想要在金亡后依然享受无税待遇的话，或是藏身山野成为隐者，或是出家为僧为道，或是倚附于地方军事势力成为负责税务的官吏，除此之外没有可选之路。也就是说，就像实际落实的"僧人""道士"资格考试那样，"戊戌选试"只是在比较安定——治安得到了一定程度的保证、能够实施考试——的行政区域进行了实施，合格者们也都是就地中选、就地录用。也就是说"迁转法"①对汉人官僚们的适用，始于"戊戌选试"二十五年之后的至元元年（1264）十二月。在这之前就地采用的金朝遗民们，就等同于与当地的课税机关"粘"在了一起，长此以往，与当地军事势力之间的勾连攀扯是无可避免的。他们不得不与散布在华北各地的军事势力结成类似于"主从"之间的密切关系。在金元交替时期的华北，存在着东平的严实、顺天的张柔、真定的史天泽等这样的汉人军事势力，今日的学界有时候会称他们为"汉人世侯"，过高评价他们的政治力量。他们这种没有自己封地的存在之所以会受到这种过高的评价，是缘于那些汇聚到他们麾下寻求庇护的金朝遗民们时常表现出的党派性的行为。

元好问作为一介遗民，从聊城获得解放，一直到离世都身无官职，所以他定居在哪里，就要履行哪里的纳税义务。就如第一章中所论述的那样，元好问在《学东坡移居八首》诗作中描写了自己亡国后的人生，意欲以"和东坡一样手握犁锄的贫者"身份来度过自己的后半生。可以

---

① 迁转法，指以三十个月为一考进行业绩评定，并根据评定结果调整其工作和职位的制度。没有"迁转法"就不会有官员的转任调动。

说作为一介农民的后半生是他所希望的，但从事农民的"贱役"却不是他主动选择的。虽然说元好问的后半生未必是逃避税金的后半生，但也的确没有记录他负担税赋的相关文字。如果是这样，那就只能说，当时作为与孔元措、耶律楚材比肩的名人，元好问在拒绝新体制下官吏委派的同时，又充分利用"名人效应"为自己赢得了一线生机。

1243年，元好问应耶律楚材的邀请奔赴燕京。这件事情在他写给耶律楚材的次子耶律铸的书简《答中书令成仲书》①中这样记述：

> 张子敬②处备悉盛意，未几张伯宁③来，招致殷重，甚非衰谬之所堪任。其还也，不得不以书通。癸卯（1243）之冬，盖尝从来使一到燕中，承命作先相公碑。初不敢少有所望，又不敢假借声势。悠悠者若谓凤池被夺，百谤百骂，嬉笑姗侮，上累祖祢，下辱子孙。与渠辈无血仇，无骨恨，而乃树立党与，撰造事端，欲使之即日灰灭。固知有神理在，然亦何苦以不赀之躯蹈覆车之辙，而试不测之渊乎。君侯材量闳博，蔼有时望，士大夫出于门下者，有何限量。朝夕接纳，足以广见闻、益智虑而就事业。顾仆何人，敢当特达之遇乎。复有来命，断不敢往。孤奉恩礼，死罪、死罪。某再拜。

> （《文集》卷三九，第400页）

----

① "成仲"是耶律铸的字。"中书令"是耶律楚材面向汉地时自称的职衔。如果元好问在这里是以"中书令"称呼耶律铸的话，那就意味着此时耶律楚材已经去世，耶律铸承袭了他父亲的这一职衔。
② 元好问《癸巳岁寄中书耶律公书》中的"河中张肃"即张子敬，李治的侄女婿。
③ 在王恽《秋涧先生大全文集》卷三八《御史箴后记》中可见"义士张伯宁"的记述。

《国朝文类》卷五七收录了元好问为耶律楚材的父亲耶律履撰写的碑记《故金尚书右丞耶律公神道碑》，正好验证了上面"癸卯之冬，盖尝从来使一到燕中，承命作先相公碑"的内容。在碑记的末尾有这样的内容：

> 癸卯（1243）秋八月，中令君使谓好问言："先公神道碑，泰和末先夫人教授禁中，章宗以魏抟霄所撰墓铭为未尽，欲乔转运宇（转运使乔宇）为之而不及也。今属笔于子，幸而论次之，以俟百世之下。"好问再拜曰："谨受教。"乃为之。
>
> （《国朝文类》卷五七，第631—632页）

大约在1243年秋天，元好问滞留燕京的时候，耶律楚材兄长耶律辩才的儿子耶律镛拜访了元好问，委托他为自己的父亲耶律辩才撰写墓志铭，即《奉国上将军武庙署令耶律公墓志铭》一文。

> 镛以癸卯秋九月，奉公之枢葬于义州弘政县东南乡之先茔。镛弱冠而有老成之风，以尝从予学，来请铭，故略为次第之。
>
> （《文集》卷二七，第279页）

《国朝文类》卷五一还收录了元好问给耶律家所写的《故金漆水郡侯耶律公墓志铭》一文。编纂元好问年谱的施国祁、缪钺，以及其他学者都认为这是元好问在燕京的这一时期执笔的作品。在给耶律楚材的次子耶律铸的书简中，"初不敢少有所望，又不敢假借声势"之言，可以认为就是指这一时期元好问接到的来自耶律家族的碑文请求，而"悠悠者若谓凤池被夺，百谤百骂，嬉笑姗侮，上累祖祢，下辱子孙"之句，则是元好问毫无顾忌地记述了因为耶律家的委托而给自己招致的诽谤中伤。问题点就在"悠悠者若谓凤池被夺"的表达方式上。"凤池"的"凤"自然是象征帝室的词语，"悠悠者"来自陶渊明的《饮酒》诗，指"阻碍自身归隐的俗论"。而"悠悠者"和"凤池"的组合就酝酿出了一种独特的语感。

在陶渊明《饮酒二十首》的第十二首中可见"悠悠"一词的用例。

长公曾一仕，壮节忽失时。杜门不复出，终身与世辞。
仲理归大泽，高风始在兹。一往便当已，何为复狐疑。
去去当奚道，世俗久相欺。摆落悠悠谈，请从余所之。[1]

汉代的张长公也曾经走上过仕途，却在年富力强的时候失势。从此以后他闭门不出，终身不仕。后汉的杨仲理在大泽归隐，他高尚的学风得以在那里兴起。即使一度涉入俗世，只要适时抽身就可以了，没有什么值得犹豫的。沿着这条路往前走吧，已经没有其他的选择了，被世俗欺瞒得已经够久了。不去理睬那些舌灿莲花的家伙们，唯有在自己的路上一直走下去。

---

[1] [明] 张溥辑：《汉魏六朝百三家集》卷六二《陶彭泽集》诗卷五六，南京：江苏古籍出版社，2002年，第256页。

《饮酒》的第十二首吟咏的是终生闭门不仕，恣意任性挥洒人生的决心。对于"悠悠谈"一语，众多笺注中都做"悠谬之谈"解释，就是指那些荒诞无稽的"清谈"之类。"悠悠者若谓凤池被夺"一句，就可解为"不了解我的那些清谈之辈以为我夺走了他们与帝室之间联络的机会"之意，就是"那些高尚的士人中有人怀疑我的本心"。在耶律家族的周围围绕着很多觊觎其权势的文人们（即那些所谓的"高尚的士人"），在他们的眼中，元好问的一举手一投足都被看做是一种有目的的"狩官"行为。

在考虑元好问和耶律楚材的关系时，值得注意的是，耶律楚材的《湛然居士文集》中元好问的名字一次都没有出现过。在元好问的《遗山先生文集》中虽然有写给耶律楚材的书信，但是却看不到一首赠给耶律楚材的诗作。也就是说，在二人存世的文集中，甚至找不到二人之间礼节性的诗歌酬答的痕迹（或者是没有留下来），也许两人在有生之年根本就没有过面会（如果两人见面，定会发生诗歌上的酬答）。

在《湛然居士文集》卷一四题为《和太原元大举韵》的七言律诗中，有这样的诗句：

> 魏帝儿孙气似龙，而今飘泊困尘中。
>
> 君游泉石初无闷，我秉钧衡未有功。
>
> 元氏从来多慷慨，并门自古出英雄。
>
> 李唐名相沙堤在，好与微之继旧风。[①]

---

① ［元］耶律楚材著，谢方点校：《湛然居士文集》卷一四，北京：中华书局，1986年，第320页。

作为北魏建国拓跋氏的后裔，你有着龙一样的气概，现在却漂泊流落在世俗。你日日游荡在山野间无忧无虑，我虽身在朝堂却为没有建功立业而烦恼。元氏一脉原本就有英雄气概，你的出身地太原自古以来就英雄辈出。唐王朝元氏一门也曾出过宰相，希望你也像元稹一样，将元氏的旧风继承发扬下去。

耶律楚材诗中的元氏，是出生在"并门"即山西太原的"北魏后裔"，寄情山水却有着与元稹比肩的才情、宰相的裁量。王国维就曾怀疑这里的"元大举"就是"元好问"的笔误。如果从诗的内容和当时的情况来考量的话，王国维的推测未必没有道理。从标题的"和韵"可以知道，这首诗是耶律楚材后来的"和诗"。假如"元大举"即元好问的话，那就意味着元好问率先向耶律楚材寄赠过诗作。但是，极尽赞美之辞的耶律楚材的这首诗作，无疑只是出于礼节上的"和诗"，显然并不足以成为元好问和耶律楚材之间深厚友谊的证明。

元好问出于耶律楚材的请求，在1243年为其兄耶律辩才撰写的《奉国上将军武庙署令耶律公墓志铭》中，丝毫没有顾忌耶律楚材的存在写下了下面的内容，从中可以看出，元好问对于耶律楚材不可能有什么好感。

公讳辩才，辽太祖长子东丹王之八世孙。曾祖讳内刺，赠定远大将军。祖讳聿鲁。考讳履。章宗明昌初拜尚书右丞，谥文献公。生三子，公其长也。……壬辰（1232）正月，公之季弟、今中书令楚材，奉命理索公昆季北归。二月朔，谕旨于隆德殿，公涕泣请留死汴京。哀宗幸和事可成，赐金币固遣之。公归，留寓真定。以丁酉岁（1237）十一月十有一日，春秋六十有七，遘疾终。夫人靖氏，前公卒。子男一人，曰镛。男孙二人：曰志公奴，谢家奴。皆尚幼。镛以癸卯（1243）秋九月，奉公之枢葬于义州弘政县东南乡之先茔。镛弱冠而有老成之风，以尝从予学，来请铭，故略为次第之。

（《文集》卷二七，第278—279页）

墓志铭中"公涕泣请留死汴京。哀宗幸和事可成，赐金币固遣之"的记述，称得上是明确针对耶律楚材的"口诛笔伐"。

在给耶律楚材的亲族耶律贞撰写的《故金漆水郡侯耶律公墓志铭》中，元好问对于耶律楚材的褒贬更为露骨。

金天兴初元（1232）三月廿七日，金昌府陷，静难军节度使致仕、漆水郡侯贞死之。公辽族，河间人。初以护卫事章宗，累迁左将军。贞祐丙子（1216）奉旨分领关陕军。朔方兵猝破潼关，主帅讹可力不支，失利于乾石壕之间，将卒多被俘。执公，义不受辱，引佩刀自刺，且投大涧。中刺不殊，下涧数丈，碍大树而止。明日朔方兵退，左右求公，得之，扶舁归洛阳。事闻，朝廷驰遣尚医救之。即拜同知河南府事。未几，改孟州经略使，历归德知府、西安军节度使、昌武军节度使、知河州。再任昌武，入为殿前右副都点检，换左副，转武卫军都指挥使。河南改金昌府，升中京，以公权留守，行帅府事。俄拜静难军节度使。明年请老，闲居洛阳。至是城

　　　　　　　　　　　　　元好问与他的时代

陷，公族属有在朔庭秉大权者，得公兵乱中，将由孟津渡北行。公叹曰："吾家世受国恩，吾由侍卫起身，至秉旄节。向在乾石壕已分一死，今北行，欲何求耶？"乃不食七日而死。时年六十七。夫人纳合氏负遗骨藁葬聊城。后二年夫人殁，乃合葬焉。夫人在时，尝求予铭公墓。其殁也，其弟重以临终之言为托。故略为次第之。呜呼，世无史氏久矣。辽人主盟将二百年，至如南衙不主兵，北司不理民，县长官专用文吏，其间可记之事多矣。泰和中，诏修《辽史》。书成，寻有南迁之变。简册散失，世复不见。今人语辽事，至不知起灭凡几主，下者不论也。《通鉴长编》所附见，及《亡辽录》《北顾备问》等书，多敌国诽谤之辞，可尽信邪？正大初（1224），予为史院编修官。当时九朝《实录》已具，正书藏秘阁，副在史院。壬辰（1232）喋血之后，又复与辽书等矣，可不惜哉。故二三年以来，死而可书如承旨子正（乌古孙仲端）、中郎将良佐（完颜陈和尚）、御史仲宁（裴满阿虎带）、尚书仲平（完颜仲平）、大理德辉（完颜德辉）、点检阿散（完颜阿散）、郎中道远（乌古孙道远）、右司元吉（聂天骥）、省讲议仁卿、西帅杨沃衍、奉御忙哥、宰相子伯详、节妇参知政事伯阳之夫人、长乐妻明秀、孝女舜英，予皆为志其墓。夫文章天地之元气，无终绝之理。他日有以史学自住者出，诸公之事，未必不自予发之。故不敢以文不足起其事为之辞。呜呼，可惜哉。

（《国朝文类》卷五一，第554页）

在这篇墓志铭中，元好问不仅以史官的口吻赞扬了耶律贞的"节义"——"至是城陷，公族属有在朔庭秉大权者，得公兵乱中，将由孟津渡北行。公叹曰：'吾家世受国恩，吾由侍卫起身，至秉旄节。向在乾石壕已分一死，今北行欲何求耶?'乃不食七日而死"——这些记述显然是对耶律楚材"不忠"的嘲讽。元好问为很多投靠了蒙古的武将撰写过墓志铭，但如此明显地从正面描写对金朝的背叛的例子是绝无仅有的。从这一意义上说，元好问这里的文字甚至是透露着一种恶意的。

元好问1243年应耶律楚材的邀请赴燕京，在那里执笔了耶律一族的相关碑记。这之后，耶律家族也频繁地关照元好问，邀请他到燕京。《答中书令成仲书》就是元好问对耶律家族表示谢意的书信之一。而元好问将信寄给耶律楚材的儿子耶律铸，或许是因为耶律楚材已经在1244年五月十四日去世的缘故。耶律楚材去世后，他的次子耶律铸也曾经请求元好问撰写父亲耶律楚材的神道碑，但元好问以种种借口拒绝执笔，这篇《答中书令成仲书》也可以说是元好问对拒绝执笔耶律楚材神道碑一事表示歉意的书信。这个推测成立的话，这封信的执笔时间应该是在1244年五月十四日之后。

元好问给归顺蒙古的武将写过很多碑记，也为耶律家族留下了很多碑文，却没有为耶律楚材留下只言片语，虽然找不到明确的原因，但这决不是单纯的偶然。

六、衍圣公与曲阜县令

对金元交替时期的历史和文化表现出极大兴趣的清代文人们，经常会引用《元史·张德辉传》的内容，对元好问的"名节"表示质疑。

> 壬子，德辉与元裕北觐，请世祖为儒教大宗师，世祖悦而受
> 之。因启："累朝有旨蠲儒户兵赋，乞令有司遵行。"从之。仍命德
> 辉提调真定学校。
>
> （《元史》卷一六三，第3824—3825页）

张德辉和名为元裕的人在1252年去开平府（后来的上都）觐见了忽
必烈，并送上了"儒教大宗师"的名号。如果这里的"元裕"就是"元
裕之"（元好问字裕之）的话，那么作为金朝遗民一生都没有侍奉过蒙古
新政权的元好问，就成了一个彻头彻尾的"背叛者"，对蒙古政权阿谀
奉承，并给忽必烈送上了这么一个奇怪的称号。对于相信元好问是"忠
臣"的人来说，这自然是一个大问题。其中甚至出现了像李广廷这样，
坚称"元裕就是元裕，绝不是元裕之"的文人。但遗憾的是，上面《元
史》的内容明显是对《元朝名臣事略》卷十《宣慰张公（德辉）》内容的
复制，而在《元朝名臣事略》中清楚地记载着"元好问"的大名，毫无
疑问"元裕"就是"元裕之"[1]。元好问1252年的确到过开平府给忽必烈
奉上了"儒教人宗师"的称号。

那么，上面引文中元好问给忽必烈奉上的"儒教大宗师"的名

---

[1]《元朝名臣事略》卷十《宣慰张公》（第207页）中载："壬子，公与元好问北觐，奉
启请王为儒教大宗师，王悦而受之。继启：'累朝有旨蠲免儒户兵赋，乞令有司遵
行。'王为降旨。仍命公提举真定学校。"

图7 收有海云禅师舍利的"海云可庵塔"
从长安街的大庆寿寺移筑至今天北京西郊的潭柘寺

号，以及他"累朝有旨蠲儒户兵赋，乞令有司遵行"的奏言又意味着什么呢？

首先从"儒教大宗师"的名号来考虑。这个名号中的"大宗师"，来自当时全真教教团授予教团代表的"掌管道门事玄门大宗师"这一位号。

在之前的章节中已经申明，"丙申年分拨"以后，所有的华北居民都成为了纳税对象，能够得到免税特权的只有成吉思汗认可的僧侣、道士和负责征税业务的军人、官吏们。成吉思汗认可的对僧侣和道士们的特权，用《大蒙古国燕京大庆寿寺西堂海云大禅师碑》（元刊《佛祖历代通载》卷二一所收）碑文中引用的成吉思汗的话来解释的话，就是"与行达里罕（darqan）的权利"。这里的"行达里罕的权利"指"成吉思汗的勋臣，可以免除其在特定地区的纳税义务、可以持弓箭饮酒、有九次免罪的机会、可以自由支配在掠夺战中获得的物品、可以自由支配在狩猎时自己射获的猎物、具有世袭以上这些特权的权利"[1]。由成吉思汗认可具有"达里罕自由"的全真教道士丘处机，返回燕京以后，大量扩充弟子数量，以"世袭"为名让弟子们继承了这些特权，并制作了印玺和证明书来作为特权的保障，面向教团发布命令文书，逐步将自身的政治力量渗透到整个华北。在金元交替的约五十年间，道教和佛教急速地实现了教团化，宗派之间都拥有自己先锐的党派意识，是中国史上极为特殊的时代。能够想象得到，这种党派意识、宗教意识的开端，来自于丘处机对"达里罕自由"的扩大解释，华北遗民源源不断地投身宗教集团促进了这一现象的形成。作为门人，只要得到像丘处机这样经过成吉思汗认可的教祖的认定，当天就能够躲进被免除税赋的道教寺院中。在这种便利的世俗利益面前，被重税压迫的人民又怎么会无动于衷？这样一来，度牒的发放权，就发挥了独立的政治作用，全真教就不得不急速扩充自己的教团组织。上面言及的"掌管道门事玄门大宗师"，就是1229年丘处机去世时，继承他衣钵的弟子们意图代代相传的、只有教团领袖才可

---

[1] 参见惠谷俊之《答拉罕考》，《东洋史研究》22—2，1963年11月，第75—76页。

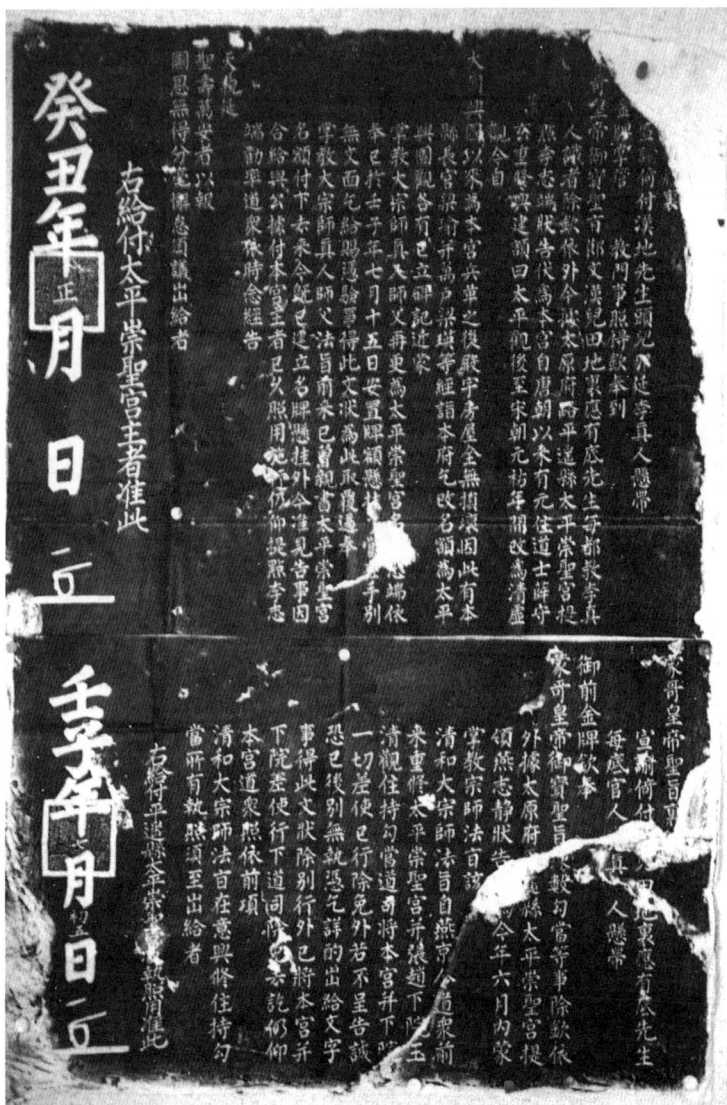

图8 《平遥崇圣宫给文碑》

上段有癸丑（1253）年正月的日期　下段有壬子（1252）年

七月的日期　皆为李志常所颁布的碑文

以拥有的、道教度牒发行最高责任者的名号。

丘处机死后，全真教第四代代表是尹志平（道号清和）。他的道行碑（道士的神道碑称为道行碑）《清和演道玄德真人仙迹之碑》中，记述了"戊戌选试"那年（1238）尹志平的活动。

> 戊戌正旦，诸路宿德庆节，师曰："吾今已七旬，力弱任□，鲜能胜举，欲付有德者久矣。"金言谁可嗣法？曰："舍权教真常（李志常，字真常），其畴克之？"众唯唯而退。上元日，作大斋，授大宗师法印，真常再四逊避曰："弟子与师代劳，尚且不堪，敢膺此托？"时会众昌言，师欲付之非一次，数年来教门巨细事，君常裁制。真常自度不能免，故从众议，师即退居西越。[1]

如上文所叙，尹志平在1238年正月十五日举行了盛大的法事，将"大宗师"的法印授予了李真常，从全真教"掌教"（全真教代表）的位置上退了下来。这里出现的"法印"，显然就是全真教中向门徒、道观发行各种命令文书时必需的教门总负责人的公认印章。既然是"大宗师法印"，那么"大宗师"自然就是全真教教团总负责人的意思。

关于"大宗师法印"，现在亦存有据说是李志常从尹志平处继承来的传说中的法印的仿制品。在山西平遥清虚观内现存的碑刻中，也可见"宣谕倚附汉地掌管道门之印"三行十二字的篆刻印章的石刻（参图9、

---

[1] 陈垣编纂，陈智超、曾庆瑛校补：《道家金石略》，北京：文物出版社，1988年，第538—541页。

图9 《平遥崇圣宫癸丑年给文碑》印章部分　　图10 《平遥崇圣宫壬子年给文碑》印章部分

图10）。留存在清虚观中的这些碑文，是李志常给清虚观出具的两张许可
证的石刻，从文末的"收执照用"字样来看，应该是清虚观将其作为道
观的官方免税证明书，刻在了石碑上。这两张证明书上都印有"大宗师
法印"，从中可见其效力的强大。而颇有意味的是，法印内容"宣谕倚
附汉地掌管道门之印"中使用了"宣谕"二字，也就是说，这枚印章在
明确标榜全真教现在拥有的权威皆来自于皇帝（此处指蒙古的汗王）。而蒙
古朝廷的汗王是不可能出具这样汉字标识的印章的，只能说是全真教单
方面认为，他们自身的权限是由"达里罕自由"生发而来的。

成吉思汗等蒙古人口中的"达里罕"何时成为了全真教教徒理解的"大宗师"一事，实际上并没有明确的记述。笔者上面引用的《清和演道玄德真人仙迹之碑》中所见的"戊戌年"（1238），从时间上说是最早的用例。而这里的"戊戌年"，毫无疑问就是"戊戌选试"实施的时间。这一时间上的重合也说明了，随着金王朝从华北地区的消失，战后处理工作开始展开，在为了完善税收制度而开始户籍调查的阶段，拥有"免税特权"的教团代表名号的重要性也随之加强了。

　　元好问和张德辉将"大宗师"的称号冠以"儒教"二字后，把这个新的名号献给了忽必烈——这事发生在1252壬子年。据《国朝文类·经世大典序录》篇"版籍"（户籍簿）条目的记载，这一年宪宗蒙哥下令，对华北户籍进行"再调查"。

　　　　岁壬子，欲验户口登耗，复下诏籍之。视乙未（1235）之数，
　　增二十余万户。

　　　　　　　　　　　　　　　（《国朝文类》卷四〇，第419—420页）

　　也就在这一年，第五十一代衍圣公孔元措去世。对华北的士人阶层来说，这也是他们失去精神象征的一年。《国朝文类·中书左丞姚文献公神道碑》（姚燧撰）的内容中，通过忽必烈身边的大臣姚枢的奏言，记述了这时的情况。

　　　　公奏："在太宗世，诏孔子五十一代孙元措仍袭封衍圣公，卒，

其子与族争求嗣，为讼及潜藩，帝时日：‘第往力学，俟有成德达才，我则官之。’"

"姚文献公"即姚枢，引文是在世祖忽必烈即位二年后的1261年，姚枢就任大司农时的奏言。具体内容是说，在孔元措去世后的十年间，衍圣公的继任者一直空缺。孔氏家族围绕谁继任的问题闹到了尚没有即位的忽必烈面前，忽必烈当时说要等到优秀的孔氏后辈出现后再行袭封。

综合以上的资料，重新梳理《元史·张德辉传》的记述，"儒教大宗师"的名号和"累朝有旨蠲儒户兵赋，乞令有司遵行"发言的目的就自然地浮现出来了。当时，忽必烈受其兄蒙哥可汗的委托，负责"漠南汉地的军国庶事"，并遵照蒙哥的命令对华北户口进行了调查。华北的士人阶层们自然是希望在"儒户"这一户籍划分被认可后，都能得到免税待遇。但是最终结果，佛教和道教被认可的"达里罕自由"在士人阶层这里没有得到认可。而唯一有可能统率士人集团的"衍圣公"孔元措，又偏偏在此时撒手人寰。因为士人作为官僚被任用的权力掌握在皇帝手中，于是元好问等人就借用了道教集团"大宗师"的名号，冠以"儒教"二字，把"儒教大宗师"的名号献给了忽必烈，请求为其治下"儒户"的所有士人实施免税政策。因此《张德辉传》中的"累朝有旨"的意思并不是"历代朝廷的圣旨"，而是专指"太宗窝阔台时期颁布的蒙古政权下的圣旨"。也就是特指前文分析的耶律楚材代笔的"丁酉年(1237)八月二十五日圣旨"。

202   元好问与他的时代

本章的题目是"战后的元好问"，主要围绕士人们的待遇问题，分析论述金朝灭亡后华北的新体制。中国的士人阶层自古以来，首先以孔子门徒自称，所以本章选择了从蒙古政权下孔元措的待遇开始论述，但是以元好问为代表的金朝士人，在"捍卫传统"的名义下究竟是如何行动的呢？真实反映当时实际状况的事例就留存在"孔家"的相关记录中。

1251年孔元措去世的时候，围绕"衍圣公"继任者的问题，孔氏一族内部发生纷争的事在上面的引文中已经涉及。这次纷争的种子在孔元措接受金宣宗的邀请进入南京的1215年就已经埋下了。今日依然保存在山东曲阜林庙内的碑石《故奉训大夫袭封衍圣公世袭曲阜县令墓铭》(兖州教授张铎撰)中记载了这一情况。此碑是孔元措的侄子孔之全的神道碑，于中统五年 (1264) 三月二十五日，由孔之全的儿子孔治所立。

初贞祐二年 (1214)，以金宣南幸 (即贞祐南迁)，河朔不安，我故袭封太常 (袭封衍圣公太常卿)，辟□之汴。拟兄元用摄祀事，即公 (孔之全) 之父也。无几，宋有山东。以宝庆元年 (1225)，授元用袭封衍圣公，世袭仙源县令 (即曲阜县令)，出为兖州签判。二年 (1226)，改授济州通判兼京东□路安抚司主管机宜文字。是年八月，(蒙古方面) 朝命特授其子之全迪功郎袭父世封。……圣朝 (蒙古政权) 恢复宋之侵疆，时先太师 (即木华黎) 以王爵统绪诸道兵，(孔之全) 承制封拜。丙戌 (1226) 二月，授公 (孔之全) 承爵秩如故。己丑 (1229)，便宜元帅石侯 (石天禄) 迁 (孔之全) 奉训大夫。壬子

（1252），宣差万户严相（严忠济）、承燕京行省札付，亦沿典故，以世爵授之（孔之全）①，一无增损。公五历授受而不出祖庭。……②

1214年金宣宗迁都开封，孔元措进入南京后，曲阜的祭祀事宜就由与孔元措同辈但年长的孔元用代为执行。但在1225年，也就是李全在宋朝、金朝、蒙古三方之间反复投降反叛，在山东与刘庆福、彭义斌、严实等争夺霸权的时候，曲阜一带隶属了南宋改名为仙源县，南宋朝廷将"衍圣公"的称号和县令的官职授予了孔元用。然而，第二年六月，蒙古方面包围益都，李全败走淮南，曲阜落在严实的手中。于是这次孔元用的长子孔之全被封为"衍圣公"，以图借此来保全孔家和曲阜。

这期间的事情经过在《五十三代孙中议大夫袭封衍圣公神道碑铭》（翰林学士资善大夫知制诰同修国史兼国子祭酒蔡文渊撰）中的记叙更为直接明了。此碑是孔元用的孙子、孔之全的儿子孔治的神道碑，后至元六年（1340）七月，由第五十四代衍圣公孔思诚（孔治的儿子）立石。

公（孔治）之曾祖，讳元用，字俊卿。当金季政乱，遗弃宗社，播越南迁，中原不守几二十余年，群盗攻剽，略无暇日。时天兵（蒙古军）压境，公（孔元用）以林庙为重，乃率孔族及庶姓，以降其大帅太师国王（木华黎），承制封拜，以公（孔元用）夫子适派，授承德郎袭封衍圣公，世袭曲阜县令。以公（孔元用）有文武才，复拜其

---

① 这句话应该是意味着孔措在壬子（1252）或者是前一年去世。
② 此碑文系笔者根据曲阜所存原碑整理而成。

子之全袭封衍圣公，仍令其邑，授公（孔元用）兵柄，攻取益都，累有胜捷，后没于王事。曾祖（孔元用）妣聂氏，封宜人。妇德为宗族楷轨。一子，即之全，字工叔，袭爵一十五年。金亡，前袭封公元措来归。同谒武惠严侯公（严实），因让曰："以□以长，责在吾叔（孔元用）。"以公爵逊之。元措乃言曰："子父子保全林庙，当世其邑（指世袭县令事）。"武惠（严实）允之。仍居邑宰二十余年。岁在壬子（1252），公（孔之全）复受袭封衍圣公爵。祖妣抹燃氏，名门右族，贞孝慈祥。三子：长曰治，抹燃氏出。次曰澄，戚氏出。次曰济，郭氏出。……①

引文中"公有文武才，复拜其子之全袭封衍圣公，仍令其邑，授公兵柄，攻取益都，累有胜捷，后没于王事"，叙述的是孔元用亲自带兵出征益都的事情，由此可知其并非一介文人。大胆想象的话，孔元用追随的是南宋，孔之全追随的是蒙古，而孔元措则在金朝这边。也就说，无论哪一方面取得胜利，都能够让孔家和曲阜得以保全。这无法不让人认为是一种刻意的安排。上面的《五十三代孙中议大夫袭封衍圣公神道碑铭》的记述，不仅有孔元措"子父子保全林庙，当世其邑"的发言，东平的严实俨然成了认可孔元用子孙应该世袭曲阜县令的见证人。

孔元措、孔之全、孔治的关系图如下。括号内的数字是根据历史资料判断的"衍圣公"的世代顺次。

① 此碑文系笔者根据曲阜所存原碑整理而成。

```
            孔琥              孔璠
                            (49)
             │           ┌────┴────┐
            孔拂         孔摠      孔拯
         ┌───┴───┐       │        (50)
        孔元用  孔元孝   孔元措
        (51)              (51)
         │       │
        孔之全  孔之厚
        (52)
         │
        孔治
        (53)
```

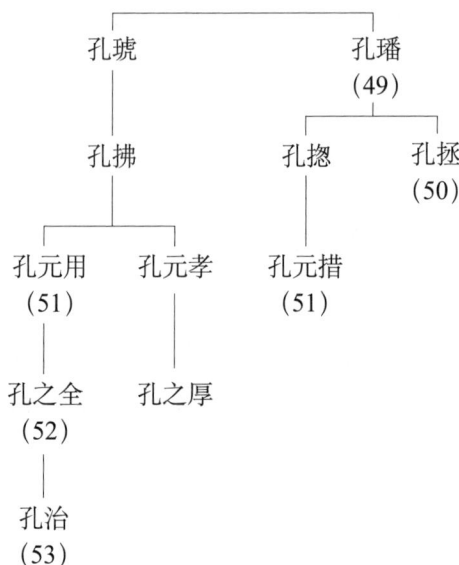

　　上面两篇神道碑，作为证明孔之全父子正统性的根据，都提到了"太师国王"的记述值得注目。太师国王木华黎1223年三月死在山西闻喜军中，他根本不可能参与1225年的山东攻防战。因此碑文中所记载的奉"大帅太师国王"承制袭封的记述纯属杜撰。从上面两篇碑文立石的时间，也就是中统以后的政治局势来分析的话，孔之全父子急需一条任意形式的、可联结蒙古朝廷中枢的政治途径，哪怕这一途径是虚构的、不曾存在的。概而言之，就是需要展示与蒙古可汗有直接关联的权威性。反过来说，这种权威的刻意宣扬也就意味着他们手上根本就没有与袭封有关的"敕令""敕文"之类的文书。这一点，在1252年孔之全再次被认定为曲阜县令时的记述中也能够明确地读取出来。孔之全的神道碑《故奉训大夫袭封衍圣公世袭曲阜县令墓铭》中，"壬子，宣差万户

严相、承燕京行省札付，亦沿典故，以世爵授之，一无增损"的意思，应该是"孔元措去世后，'衍圣公'出现了空缺，但孔之全按照惯例世袭曲阜县令一事却得到了燕京行省的认可"。"以世爵授之，一无增损"这一表现仅仅是针对曲阜县令的世袭而言。然而，碑文在不经意的阅读中，给人的感觉是"孔之全完成了对衍圣公的袭封"。也就是说，诱导读者把"曲阜县令的世袭"理解为"衍圣公的世袭"这一文学表现，是孔之全父子（或者说整个曲阜）刻意编织的"（文字表述）传统的陷阱"。恐怕孔氏家族手中，并没有任何形式的蒙古可汗出具的有关"袭封衍圣公"内容的"圣旨"。孔元措以"耶律楚材奉上"为袭封根据，孔之全则抓住"降太师国王，承制封拜"不放。"奉上""承制"直接意味着皇帝的存在，但在需要具体明示其存在的地方，又成了"燕京行省札付"。像这样，有关忽必烈政权成立之前曲阜的记录，一方面向人们暗示联结蒙古朝廷最高统治者的政治途径的存在，另一方面却又丝毫没有涉及实际的具体情况。

在1215年孔元措进入开封的时候，曲阜的孔家一族或许就做出了由孔元措和孔元用这二支来分别维护"曲阜县令"和"衍圣公爵位"的决定。蒙古朝廷正式对"衍圣公爵位"进行袭封是在1295年。虽然这一天的到来在第五十一代衍圣公孔元措死去后等待了整整四十三年，但为了实现这一爵位的袭封，在孔家采取的千折百回的不懈努力中，隐藏着中国士人阶层的政治性和强韧性。

第五章

归乡与复兴

*

一、《南冠录引》

开封开城投降时，元好问在写给耶律楚材的信中以"门下士太原元某"自署。在姓名前面添加自己的官名或出身地，是中国文人书信中自署的惯例。此处元好问"门下士太原元某"的自称，可以说是中规中矩的文人署名。但较之在正大二年（1225）五月《警巡院廨署记》中"儒林郎权国史院编修官元某记"和同年六月十一日《杜诗学引》中"河南元某记"的自署，在开城投降之后，元好问采取的"河东元某""太原元某""新兴元某""秀容元某"[①]这些统一附上自己籍贯亦或是籍贯附近地名[②]的署名形式，毋庸置疑，意味着在金朝灭亡失去了官僚地位以后，家谱和籍贯就成了元好问仅剩的能够捍卫自身文人矜持身份的标识。

1234年正月金朝帝室消亡之后，被拘禁在聊城的元好问写下了家谱式样的备忘录《南冠录》。在所附的"序引"中，他回顾自己半生的经历，希望子孙能够与自己共有同样的"记忆"和"骄傲"。序引中"违吾此言，非元氏子孙"这包含着强烈情绪的最后一句话，向人们昭示了金亡后元好问作为精神支柱的自我认识和使命感的具体内容。另一方面，当他的自我认识和使命感最终只能寄托在"家族血脉的保全"这一点时，又多少给人一种绝望的幻灭感。

《南冠录引》的全文如下。

---

① 这里的"河东"是指今日山西省的全地域。"新兴"是后汉建安年间对忻州的称呼。"秀容"是唐代对忻州的称呼。

② 元好问的籍贯是山西忻州，并不是山西太原。

予以始生之七月，出继叔氏陇城府君。迨大安庚午（1210），府君卒官，扶护还乡里，时予年二十有一矣。元氏之老人、大父，凋丧殆尽。问之先世之事，诸叔皆晚生，止能道其梗概。予亦以家牒具存，碑表相望，他日论次之，盖未晚也。因循二三年，中原受兵，避寇阳曲、秀容之间，岁无宁居。贞祐丙子（1216），南渡河，家所有物，经乱而尽。旧所传谱牒，乃于河南诸房得之，故宋以后事为详，而宋前事皆不得而考也。益之兄尝命予修《千秋录》，虽略具次第，他所欲记者尚多而未暇也。

岁甲午（1234），羁管聊城，益之兄邈在襄汉，遂有彼疆此界之限。侄拯俘絷之平阳，存亡未可知。伯男子叔仪、侄孙伯安皆尚幼，未可告语。予年已四十有五，残息奄奄，朝夕待尽。使一日颠仆于道路，则世岂复知有河南元氏哉？维祖考承王公余烈，贤隽辈出，文章行业，皆可称述。不幸而与皂隶之室混为一区，泯泯默默，无所发见，可不大哀耶？乃手写《千秋录》一篇，付女严，以备遗忘，又自为讲说之。

呜呼，前世功名之士，人有爱慕之者，必问其形质颜貌、言语动作之状，史家亦往往为记之。在他人且然，吾先人形质颜貌、言语动作，乃不欲知之，岂人之情也哉。故以先世杂事附焉。

予自四岁读书，八岁学作诗，作诗今四十年矣。十八，先府君教之民政。从仕十年，出死以为民。自少日，有志于世，雅以气节自许，不甘落人后。四十五年之间，与世合者不能一二数，得名为多，而谤亦不少。举天下四方，知己之交，唯吾益之兄一人。人生

元好问与他的时代

一世间，业已不为世所知，又将不为吾子孙所知，何负于天地鬼神而至然耶。故以行年杂事附焉。

先祖铜山府君，正隆二年（1157）赐出身。讫正大之末，吾家食先朝禄七十余年矣。

京城之围，予为东曹都事。知舟师将有东狩之役，言于诸相，请小字书国史一本，随车驾所在，以一马负之。时相虽以为然，而不及行也。崔子之变，历朝《实录》，皆满城帅所取。百年以来，明君贤相可传后世之事甚多，不三二十年，则世人不复知之矣。予所不知者亡可奈何，其所知者，忍弃之而不记耶。故以先朝杂事附焉。合而一之，名曰《南冠录》。叔仪、伯安而下，乃至传数十世，当家置一通。有不解者，就他人训释之。违吾此言，非元氏子孙。

（《文集》卷三七，第384—385页）

文中的"铜山府君"即元好问的祖父元滋善，籍贯秀容（即忻州）。铜山指现在辽宁铁岭周围，官终那里的县令，所以称"铜山府君"。正隆二年"赐出身"指"皇帝授予的入仕途径"，注意这里的记述不是"通过科举进士及第"，意在表示自己祖父"被授予了与汉人进士同等的身份"。联系下文的"吾家食先朝禄七十余年"，这里要表达的是"从正隆二年受到皇帝提拔入仕开始到金朝灭亡，元氏一族始终是食金朝粟米之臣"。对元好问来说，世代仕金一事是自己家族的骄傲。

元滋善有三个儿子：德明、格、升。元好问是德明的第三个儿子，长兄好谦（字益之），次兄好古（字敏之）。父亲德明的弟弟元格无子，因此元好问出生后就被父亲过继给了叔父作养子。《南冠录引》开篇"予以始生之七月，出继叔氏陇城府君"说的就是这件事。

元好问的养父陇城（今甘肃天水）府君元格同祖父元滋善一样历任各地地方官，元好问除了在陵川独自求学的那段时间，他的幼年期几乎都是在元格身边度过的，一次也没有在自己本籍的忻州生活过。后期，在他《忻州天庆观重建功德记》（《文集》卷三五所收）一文中，对于自己的本籍生活做了这样的说明："曩予婴年先大夫挈之四方，十八乃一归。"（幼年随养父元格四处历任，十八岁的时候才第一次回到老家。）元好问第二次回到本籍，是在大安庚午年（1210）为陇城县令元格扶灵归葬。就像《南冠录引》中所说的那样，此时元好问的亲生父亲、祖父等元氏的长老们都已经离世，为了去中都参加科举考试，元好问匆匆忙忙告别上路，根本没有时间从"留在乡里的诸叔"那里寻访相关的"元氏记忆"。所以很难说，在养父去世时二十一岁的元好问会对于本籍忻州有着什么特别的感情。

在崇庆元年（1212）的科举考试中落第的元好问，从中都出发经过代州回到了故乡。即使此时金王朝正在逐步陷入蒙古军的南侵中，元好问归乡的目的地依然不是忻州而是府学的所在地太原。

贞祐二年（1214）三月，术赤、察合台、窝阔台等率领蒙古右翼军袭击了忻州，元好问的次兄元好古战死，元好问带着养母（元格的妻子陇西君）和自己的妻子暂时在太原山中避难。这一年的七月，金宣宗把首都从中都迁到了南京开封后，元好问立刻追随宣宗单身一人来到了开封。刚刚即位的宣宗为了打开局面，在第二年的1215年实施了科举考试。元好问应该就是为了这次应考才来的南京，遗憾的是，此次科举也是以落第告终，元好问只好又回到了太原近郊用来避难的家中。1215年五月，中都陷落，第二年二月蒙古兵包围太原。元好问只能携带家人沿着汾水向南逃亡，同年五月渡过黄河后向河南方向避难。这时候的元好问二十七岁，其后他在四十三岁时成为俘虏，一直到四十五岁在聊城写下《南冠录引》，这期间元好问一次也没有踏足山西。

在《南冠录引》中，元好问将自己和自己的家族称为"河南元氏"——"予年已四十有五，残息奄奄，朝夕待尽。使一日颠仆于道路，则世岂复知有河南元氏哉?"——而这一自称同样出现在他的另一篇文章《承奉河南元公墓铭》中。

公讳升，字德清。少不羁，喜从事鞍马间，欲复以武弁取官。及长，乃更谨饬，举措不碌碌。明昌、泰和，入仕路非有梯级不得进。公闲居乡里，郁郁不得志。然日课家人力田治生，厚自奉养，禄食者不及也。贞祐丙子（1216），自秀容避乱河南，客居嵩山。时公已衰，无复仕宦意，亲旧竞劝之，乃始以兄陇城府君荫，奏补得系承奉班。明年当调官，而以疾终于登封寺庄之寓居，春秋五十有五。曾祖谊，宋忻州神虎军将领。祖春，不仕。考滋善，柔服丞。夫人，同郡史氏。无子，以从孙好谦之子抟奉其后。权厝金店东北一里所。道路阻绝，未卜归葬，遂为南迁第一祖矣。

（《文集》卷二五，第253页）

"承奉河南元公"就是元好问的叔父元升（生父元德明和养父元格的弟弟）。引文中涉及到的贞祐丙子年从秀容（山西忻州）到嵩山的避难，应该就是元好问率领众人一起度过的。翌年也就是兴定元年（1217）元升在登封去世的时候，因为没有子嗣，就过继了元好问长兄元好谦的儿子抟为养子，元升暂时埋葬在金店东北一里的地方。而最为重要的，是末尾"道路阻绝，未卜归葬，遂为南迁第一祖"的叙述，这意味着元好问的叔父元升是忻州元氏变为河南元氏的第一人。

《承奉河南元公墓铭》虽然没有明确的创作时间，但其明显是在距离1217年不远的时间段的作品，正是元好问决定"既然已经不能回到山西，那就只能迁居河南"的时候。这样一来，《南冠录引》中发出"世岂复知有河南元氏哉"这样的感慨时，元好问心中同样对回到故乡山西这件事并没有什么具体的计划。1233年开封投降时，他在给耶律楚材的信中以"太原元某"的身份自署，无疑是对自己太原出身的公然昭示。然而两年后，被拘禁在聊城的他却在考虑如果放弃了忻州，就只有叔父元升、妻子、女儿①的埋葬地河南可以作为元氏一族的归属地了。

二、两次归乡

元好问为了归乡开始做各种具体的准备工作是乙未年（1235）以后

---

① 元好问在《孝女阿秀墓铭》中记述了女儿阿秀的死，"年十三，予为南阳县令，其母张病没"。见《文集》卷二五，第257页。元好问在1231年失去妻子，1232年失去女儿。本书第六章详述。

的事。那时的他已经解除了聊城的拘禁，在行动上获得了一定程度的自由。

这年七月，曾和元好问一起拘禁在聊城的李天翼（字辅之）得到了山东青州（益都）的职位前去赴任。元好问趁着这个机会，前往济南开始了为期二十多天的旅行。《济南行记》中是这样记载的：

> 予儿时从先陇城府君官掖县，尝过济南，然但能忆其大城府而已。长大来，闻人谈此州风物之美，游观之富，每以不得一游为恨。岁乙未（1235）秋七月，予来河朔者三年矣，始以故人李君辅之之故而得一至焉。因次第二十日间所游历为《行记》一篇，传之好事者。初至齐河，约杜仲梁俱东。并道诸山南与太山接，是日以阴晦不克见。至济南，辅之与同官权国器置酒历下亭故基。

（《文集》卷三四，第348—349页）

根据上面的引文可以了解到，元好问聊城拘禁的解除最晚应是在1235年七月。结束了济南之旅后的元好问，在冠氏将军千户赵天锡的援助下，和家人一起得以寓居冠氏，从而产生了在冠氏终老的念头。《学东坡移居八首》就是在这样的心境下完成的[1]。

---

[1] 在《密公宝章小集》诗末尾附有"甲午（1234）三月二十有一日，为辅之书于聊城至觉寺之寓居"的自注。见《文集》卷三，第52页。《学东坡移居八首》创作于1235年，第五首有"去年住佛屋，尽室寄寻丈。今年僦民居，卧榻碍盆盎"句。具体参见第一章第四节。

冠氏将军千户赵天锡在1240年去世时，元好问在为其撰写的神道碑《千户赵侯神道碑铭》中对当时的情形做了这样的记述：

> 予往客平阳者六年。岁戊戌（1238）七月，以叔父之命将就养于太原。侯留连郑重，数月不能别。军行河平，予与之偕。分道新乡，置酒行营中。夜参半，把烛相视，不觉流涕之覆面也。明日，使人留语云："欲与吾子别，而情所不忍。唯有毋相忘而已。"于是疾驰而去，不反顾。呜呼，此意其可忘哉。
>
> （《文集》卷二九，第297页）

也就是说，1238年元好问欲回太原的时候，与带兵出征南宋的赵天锡同路至河南的卫辉，在这里的挥泪离别是二人最后的一次会面。这段内容中，元好问去太原的理由是"以叔父之命将就养于太原"，这一记述值得留意。元好问成为元格的养子之后，被他称为"叔父"的人就只有1217年在登封去世的元升。这样一来，这里的"叔父之命"就只能是指元升的遗言。"将就养于太原"指元好问遵照元升遗言将其遗骸归葬太原一事。元好问被拘禁期间虽然决心成为"河南元氏"，但拘禁解除重获自由以后，"恢复太原元氏的身份"的念头又如春天的草儿一般在他心中急速地成长起来了。

但是必须要注意的是，《千户赵侯神道碑铭》中记述的1238年七月的归乡，并不是元好问亡国后的第一次归乡。在《太原昭禅师语录引》（文集卷三七所收）一文中有"岁丁酉（1237）八月，予自大名（应指冠氏还太原"的记载,《州将张侯墓表》(《山右石刻丛编》卷二四所收)中也有"丁酉秋八月北来"的记载。元好问在1237年,从冠氏穿过河南的黄河北岸进入晋城,再从那里通过高平,北上到达过太原。所以,对他来说1238年的归乡实际上是他的第二次归省。而且据推测,元好问1238年的这次归乡极尽波折辛劳。他虽是八月从冠氏出发,但在途中数次来回反复,最终在第二年也就是1239年的夏天才到达故乡忻州。

图11 金元交替时期的山西、河南

首先，我们来梳理一下元好问1238年第二次返乡的路程。

就像《千户赵侯神道碑铭》所记述的那样，元好问的确是在戊戌年（1238）八月从冠氏开始了自己的归乡之旅。这一事实可以通过七言律诗《别冠氏诸人》中的自注日期"戊戌秋八月初三日"得到验证。此外，《千户赵侯神道碑铭》中记述了元好问和赵天锡先是一起出发到卫辉，然后才与出兵南宋的赵天锡分别。这一情况与七言律诗《入济源寓舍》自注的到达济源的时间"戊戌秋八月二十二日"相符合。神道碑的记述几乎都一一得到了确认。从卫辉到济源的路程约为一百五十公里，携家带口的"车行"①速度按照每日二十二公里左右考虑的话，元好问从卫辉出发的日子应该是在八月十五日前后。然而，元好问还有题为《戊戌十月山阳雨夜》的五言古诗，"山阳"指今日河南焦作附近，也就是说，十月里元好问又返回到了八月中旬左右就已经路过了的焦作。山阳位于济源的东面，在卫辉通往济源的途中。元好问八月二十二日到达济源之后，并没有从这里直接北上山西，一直到他十月返回山阳的这段时间里，元好问带着家人在济源附近的黄河北岸盘桓（一般认为，元好问在这一时期是打算要南渡黄河去嵩山周边。具体情况在第六章详述）。

《遗山先生文集》中有题为《初挈家还读书山杂诗四首》的七言绝句。其中第二首是这样的：

---

①《元典章》史部卷之四"赴任"条目中，在论及官员赴任时间的计算方法时，有"长行马（长距离运输行李的马）日七十里，车行（行李马车）日四十里"的记述。见陈高华等点校：《元典章》，北京：中华书局，天津：天津古籍出版社，2011年，第371页。

天门笔势到闲闲，相国文章玉笋班。

从此晋阳方志上，系舟山是读书山。

（《文集》卷一三，第140页）

李白吟咏天门山的笔力为闲闲老人赵秉文所继承，宰相的珠玉文字如春笋般层出不穷。宰相赵秉文称系舟山为我父亲的读书山。也正因为如此，今天晋阳的地方志上这座山的记载才会从以前的"系舟山"变成了现在的"读书山"。

这首诗作有自注"系舟，先大夫（即生身父亲元德明）读书之所。闲闲改为'元子读书山'。又大参杨公叔玉（参知政事杨慥，字叔玉）撰先人墓铭"。根据自注可以知道，"从此晋阳方志上，系舟山是读书山"二句，意为"系舟是父亲的读书场所，闲闲老人赵秉文因此把它称作读书山。现在太原北部的地方志上，也将系舟山称作读书山了"。题目"初挈家还读书山杂诗"就是"刚刚携带家人回到本籍忻州的时候创作的诗歌"之意，这意味着它是元好问1238年八月从冠氏出发，历经千辛万苦回到忻州后创作的最初的作品。本组诗作的第四首中有吟咏夏天风物的"只愁六月河堤上，高柳清风睡杀人"二句[1]。虽然这组诗没有记年，但从他另一首吟咏读书山的诗作《己亥（1239）十一月十三日雪晴夜半读书山东龛看月》题目中也可以明确地知道，1239年十一月元好问是的的确

---

[1]《初挈家还读书山杂诗四首》之四全诗如下：乞得田园自在身，不成还更入红尘。只愁六月河堤上，高柳清风睡杀人。见《文集》卷一三，第140页。

确身在读书山下的。如此，他携带家眷回到忻州的时间只能是1239年的夏天。

关于元好问为何途中滞留的问题，他的五言律诗《己亥元日》提供了一定的线索。

五十未全老，衰容新又新。渐稀头上发，别换镜中人。
野史才张本，山堂未买邻。不成骑瘦马，还更入红尘。

（《文集》卷七，第84页）

五十岁还算不得是老人，可容颜却是一日比一日衰老。头发也越来越稀薄，镜子里映出的好像是另外一个人。自己着手编纂的"野史"刚刚初具规模，故乡该有的元氏祠堂，到现在也还没有买到土地。万万没有想到自己到了这把年纪还要天天骑着匹瘦马，为了这些事情在世俗中混迹。

本诗第五句"野史才张本"即指《学东坡移居八首》其八中的"我作野史亭，日日诸君期"。这里描述的，就是因千户赵天锡的援助得以在冠氏寓居的元好问，将冠氏的居所命名为"野史亭"并把它作为自己编纂金史的据点。而它的对句"山堂未买邻"或许就是指"在故乡忻州本该有的元氏祠堂（亦或是自己的草堂、居所），现在甚至都没有做好建设的准备"。既然"野史"的编纂，已经有了"张本"的规模，那么末句"还更入红尘"的主要原因自然就是这里的"山堂未买邻"了。元好问

1238年八月携带家眷从冠氏出发，直到1239年正月还是没有做好进入忻州的准备，为了解决"山堂"诸事，他不得不在河南周边不停地左右央告东奔西走。

那么，元好问是在毫无准备或计划的前提下从冠氏出发的吗？显然不是。元好问的这次归乡经历了与赵天锡以及其他友人们的挥泪惜别，是被众人郑重其事地送出了冠氏，而且是携带家眷的返乡，要说没有事前的绸缪是不可能的。元好问归乡途中不得不延迟的原因，恐怕与"丙申年分拨"之后的政治局势有着密切的关联。

《山右石刻丛编》卷二四中收录了一篇元好问为金元交替时期生活在忻州的将军张安宁撰写的墓表《州将张侯墓表》。

> 张侯既葬四年，墓有碑矣。凡侯之有劳于吾州与父兄之所以不忘者，皆述之矣。宾客故人念侯平生□□□以为未尽也，故又表而文之，而元好问实为之辞。曰：
>
> 始予自汴梁客大名，闻之乡之人，知侯之名，固欲亟见之。岁丁酉（1237）秋八月北来，乃以州民见侯。侯不以予老且谬，若遂将受学者，意甚恳，貌甚恭，挽予之归为甚力。予承间为侯言："予不忘还归，犹痿者之于起，而盲者之于视也。他日幸脱絷维，以从吾侯游，实夙昔之愿。虽然，予归之与否，于侯何损益，而睠睠如是？"侯曰："君归而辱教我，一言之利，吾州之人不受君赐矣乎？"予谢不敢当。问之州之士人，皆曰："侯于吾属悉然，不独厚于子而然也。"于是益贤之。

维侯起田亩间，跨弓刀以角逐于分崩离析之际，出入行陈，攻坚击强，莫有敢敌者。其于文墨，特略能记姓名而已。治吾州十五年。州当朔南之冲，营帐驿传，项背相望，勋贵之下，奔走从事。事有便民者，必死守而力图之，初不以威尊命贱而为计也。志胆如此，欲使之略势位、折行辈，自屈于一介寒士之后，不阶于矫揉，不由于姑激，高骞退而逊让，刚严化而和柔，盖亦难矣。若夫单贫者业之，散亡者合之，疾病者扶之，婚嫁者成之，丧葬者举之。大望而不靳，久涸而不厌，恳切至到，终始如一，虽大夫士之笃于好贤者，不如是之备也。

嘻！人情其不美，重为风俗所移，父不能教其子，兄无以制其弟，乡里督邮辈一奉州檄，忽自忘其愚不肖，屈陶靖节庭趋者皆是也。然则吾属之报于侯者，宜如何哉？宜如何哉？

壬寅（1242）四月吉日书。[1]

在国王木华黎于山西、陕西展开你争我夺的攻防战的兴定年间，忻州周边的农民自卫军中有一位首领崭露了头角，他就是这里记述的州将张侯张安宁。从宣德、大同起纵贯山西的忻州是通往京兆、洛阳的交通要冲，所以在金末战乱中，这里的战斗最为激烈，同时也是蒙受损失最为严重的地域之一。在"丙申年分拨"以后，张安宁应该是经过郝和尚拔都的斡旋，得到了以太原地区为食邑的蒙古领主的委托（据《元史·食

---

① 国家图书馆善本金石组编：《辽金元石刻文献全编》所收〔清〕胡聘之撰《山右石刻丛编》卷二四，清光绪二十七年刻本，北京：北京图书馆出版社，2003年，第251页。

　　　　　　　　　　　　　　　　　　　　元好问与他的时代

货志》记载，此地的领主是察合台），成为了忻州的镇抚使。

根据《州将张侯墓表》的内容，张安宁和元好问之间，以同为州民的理由有过一次会面。也就是说，元好问在亡国后最初回到太原的1237年八月，特意到忻州直接面会了张安宁，以获取在忻州居住的许可。墓表中，在元好问表示了如果能够解除拘禁，自己有归乡之意后（他日幸脱縶维，以从吾侯游，实夙昔之愿），张安宁也表示了积极的欢迎态度（君归而辱教我，一言之利，吾州之人不受君赐矣乎）。元好问这时候已经解除了聊城的拘禁，所以他才能够远游到忻州。然而明明"解除了拘禁"，为何还要说"他日幸脱縶维"呢？这也就意味着，新体制下的华北，尚不能简单地迁移居住地，身份和所属领主相关的户籍上的问题等俨然存在。对此，张安宁"君归而辱教我"云云的回答中，"教我"一语暴露了张安宁对元好问归乡后的安置预定，即他没有把元好问作为一介州民或臣下来欢迎，而是打算将其作为自己的"食客"来接收。也就是说，张安宁为可能实现归乡的元好问准备好了"张侯食客"的身份虚席以待。

有了张安宁的承诺，元好问1237年十二月十六日由忻州返回了冠氏①，第二年八月带领家人开始了返乡之旅。然而元好问却万万没有想到，他有意依托的忻州张安宁却在这一年去世了。上面墓表末尾"壬寅年四月吉日"的日期记录，显示了墓表的写作时间是1242年四月。不

---

① 《遗山先生文集》收录有题为《十二月十六日还冠氏十八日夜雪》的七言律诗：少日骞飞掣臂鹰，只今痴钝似秋蝇。耽书业力贫犹在，涉世筋骸老不胜。千里关河高骨马，四更风雪短檠灯。一瓶一钵平生了，惭愧南窗打睡僧。见《文集》卷九，第100页。

过，墓表开篇明记的"张侯既葬四年"，说明了张安宁的去世时间应该是在1238年，也就是元好问出发归乡的这一年。元好问八月从冠氏出发，如果他预先知道张安宁去世的事情或者是及时得知这一消息的话，或许会重新考虑离开冠氏归乡的事情，只能说张安宁极有可能是在元好问出发以后去世的，而元好问彼时正与出兵南宋的赵天锡一起在去往卫辉的途中。元好问与赵天锡在卫辉分别，而此时在山西忻州的张安宁已经作古。可以说，同时失去出发地和目的地（即冠氏与忻州）这两方面的保护者，是元好问始料未及的事。再加上河南一带因为距离前线比较近的缘故，治安混乱。如此种种，对于举家而迁的元好问来说，他面对的是进退两难的窘迫境地。这些就是让他戊戌年的归乡路变得超乎想象的艰难的主要原因。

三、南寺外家

沿着时间的长河溯流而上，接下来我们将要考证的是元好问丁酉年（1237）的归乡轨迹。

下面所引的是在第二章中已提到的《外家别业上梁文》的一部分：

> 复齿平民，仅延残喘。泽畔而湘累已老，楼中而楚望奚穷？怀先人之敝庐，可怜焦土。眷外家之宅相，更愧前途。岂谓事有幸成，计尤私便，东诸侯助竹木之养，王录事寄草堂之资。占松声之一丘，东皋子《北山赋》："菊花两岸，松声一丘。"近桃花之三洞。予此

别业与白子西所居相近。东墙西壁,无补坼之劳。上雨旁风,有闭藏之固。已与编户细民而杂处,敢用失侯故将而自名?因之挫锐以解纷,且以安常而处顺。老盆浊酒,便当接田父之欢。春韭晚菘,尚愧夺园夫之利。彼扶摇直上,去水三千,韦杜城南,去天尺五。坐庙堂佐天子,盖有命焉。使乡里称善人,斯亦足矣。

(《文集》卷四〇,第410—411页)

这篇上梁文没有纪年,所以它具体的创作时间并不明确。但其所记述的内容明显是在聊城得到解放以后初次归乡回山西时的事情。从这一点出发,《太原昭禅师语录引》(《文集》卷一七所收)文中"丁酉年八月,予自大名还太原"中涉及的丁酉年,即1237年秋天,可以认定是上梁文的执笔时期。以施国祁为代表的《遗山年谱》的编者们也将《外家别业上梁文》编入丁酉年作品中,并认为元好问此次归乡的目的是为"外家"安置别业。

元好问对于自己属于叔父元格一脉继承人的定位认知有着很强的意识(这或许与元好问生母的早逝有一定的关系),他笔下的"外家",毫无疑问是指元格妻子(即元好问的养母)陇西君张氏的母家。陇西君张氏母家在太原府阳曲县东北六十里的至孝社,被认为是与本上梁文同一时期创作的七言律诗《外家南寺》中,附有"在至孝社,予儿时读书处"的自注。也就是说,元好问的养母本为太原人,因其母家在战乱中损毁,所以元好问1237年单身奔赴太原,进行房屋等的复兴重建。

《外家南寺》的内容是这样的:

郁郁秋梧动晚烟，一庭风露觉秋偏。

眼中高岸移深谷，愁里残阳更乱蝉。

去国衣冠有今日，外家梨栗记当年。

白头来往人间遍，依旧僧窗借榻眠。

（《文集》卷九，第100页）

　　郁郁葱葱的梧桐树笼罩着一层秋天的烟霭，满院的秋风、露水愈发加深了秋天的气息。在我的眼中，世道的变化就像高耸的山崖瞬间变成了深谷那样激烈，饱尝了悲痛和心酸的我只能伫立在夕阳中静静地听取满耳嘈杂的蝉鸣。作为被赶出国都的南冠楚囚，竟然真的迎来了可以归乡的这一天。外祖家的记忆依然停留在自己贪恋梨子栗子的幼年时光中。来到这人世上，转眼青丝已经变成了白发，这里那里地辗转了半生，结果现在却和小时候一样，借着寺庙窗边的长椅午睡小憩。

李光廷注意到自注中"予儿时读书处"的内容，从而认为本诗是元好问己亥年（1239）在忻州的作品。但是要知道，元好问的幼年期原本就不是在忻州度过的。"自注"中的"读书处"明显不是指忻州的读书山。尾联"白头来往人间遍，依旧僧窗借榻眠"两句，描写的是在如雨的蝉鸣声中，一位沧桑半生后满怀虚无，追寻着儿时朦胧遥远的记忆而陷入睡梦的老人形象——不得不让人感叹元好问堪称绝唱的非凡笔力。

《外家别业上梁文》看上去似乎是说明了元好问为何要在回忻州之

前必须先去太原的内在原因。但实际上，在对《外家别业上梁文》的解读中，能够了解到，1237年八月的这次太原的北归之行，是当时形势所允许的元好问活动范围内最大限度的选择。

《外家别业上梁文》标题中的"别业"，应该不是通常我们所认为的"别墅"，而是因为外祖家原有的土地房屋在战乱中损毁荒废，必须重新购置建筑。即使是这样，外祖家"别业"的构建，依然需要来自"东诸侯的竹木援助"和"王录事草堂之资的捐助"。这里的"东诸侯"是指东平万户严氏一族以及他手下的冠氏千户赵天锡等人。"王录事"就像诸家注释所指出的那样，是指《元史》有传的王玉汝。

《元史·王玉汝传》中有这样的内容：

> 王玉汝字君璋，郓人。少习吏事。金末迁民南渡，玉汝奉其亲从间道还。行台严实入据郓，署玉汝为掾史，稍迁，补行台令史。中书令耶律楚材过东平，奇之，版授东平路奏差官。以事至京师，游楚材门，待之若家人父子然。……济州长官欲以州直隶朝廷，大名长官欲以冠氏等十七城改隶大名，玉汝皆辨正之。

> 戊戌（1238），以东平地分封诸勋贵，裂而为十，各私其入，与有司无相关。王汝口："若是，则严公事业存者无几矣。"夜静，哭于楚材帐后。明日，召问其故，曰："玉汝为严公之使，今严公之地分裂，而不能救止，无面目还报，将死此荒寒之野，是以哭耳。"楚材恻然良久，使诣帝前陈诉。玉汝进言曰："严实以三十万户归朝廷，崎岖兵间，三弃其家室，卒无异志，岂与他降者同。今裂其土

地，析其人民，非所以旌有功也。"帝嘉玉汝忠款，且以其言为直，由是得不分。迁行台知事，仍遥领平阴令。

（《元史》卷一五三，第3616页）

如上所引，王玉汝就是这样一位能够从东平严实幕府的事务官（应该是负责财政方面工作）提拔为"行台知事"的极有能力的财务官。但必须注意的是，上文中记述内容的具体所指却未必是清晰明确的。比如说，引文末尾"由是得不分"的表现，乍读之下极容易被误解为"避免了东平五十四城向各投下的分割"。但是，这里的"不分"一语其实是一种特殊的"惯用熟语"（idiom），意为"本不应该享有的分外的待遇"。回到原文中，即为"因为嘉许王玉汝的忠义直言，（窝阔台）提拔他做了'行台知事'"。也就是说，"出任行台知事"就是王玉汝作为汉人原本不能奢望的"分"外的待遇。"行台知事"的职责实质上与燕京行省课税所的业务是一样的，因为"东平五十四城"被分割给了诸投下，所以王玉汝就是负责东平行台各地赋税的收缴，并将征收的赋税按照各投卜所应得的份例进行分割和搬运的工作。

上面引文中最大的问题点是对"东平五十四城"分割给诸投下的时间的记述——戊戌年。关于这一点，在本书前面的章节中已经有所论述，既然《元史》卷九五《食货志·岁赐》中明确地将华北的分割记述为"丙申年"（1236），那么《王玉汝传》的时间记述就只能作为单纯的错误来理解。或者说，"戊戌"年号所指的也许只是王玉汝"迁行台知事，仍遥领平阴令"的时间。也就是说，在具体的"分拨"进行的"丙申年",王玉汝直接向耶律楚材表示了"分拨"对于严实的不公平。在其后举行选拔课税所税务官的考试时,耶律楚材想起了为严实鸣不平的王玉汝,给了他一纸"叙任状"。这就是1238年的"戊戌选试"。无论怎样,蒙古的诸王、公主、驸马、功臣们对华北的分割早在1236年就结束了。在元好问初次回到太原的1237年,华北的户口调查和登录也都已经完成了。在这种大形势下,元好问要想实现"外祖家"在本籍阳曲的定居,压在他肩膀上首先需要理顺并解决几个大问题:明了需要修复的房屋所属的投下领主(即原来的房屋占地在"丙申年分拨"后,现在具体隶属于哪位蒙古领主)、搞清楚负责房屋占地纳税业务的军团性质(即掌握户籍并负责征税业务的集团组织的性质)、确认"外祖家"的族系、身份(即"外祖家"现在所属的户籍类别)。至少以上这些问题得不到解决的话,"卜居"(房址的选定)、"上梁"(施工)甚至于"移动""移居"原则上都是不可能的事情。可以说,如果没有在《外家别业上梁文》中登场的"东诸侯""王录事"的政治影响力,元好问甚至都无法实现他的这次太原之行。不过,元好问周边或者是他自身如果没有能够与山西方面的"投下""军团"相联结的政治力量的话,无论"东诸侯""王录事"有怎样的本领,"移居"太原、忻州的事情也是无法实现的。王玉汝企图通过哭求耶律楚材来保全严实的土地,但最终还是丝毫没有影响到"丙申年分拨"的进行和结果。这样的情形,遍及旧金朝治下的华北全域。

丁酉年(1237)的这个时候,为了"外家"的土地房屋和自己的"移居"问题,元好问最终必须联结的政治力量,不是"东诸侯""王录事"

这些人，而应该是以山西为大本营的驻地军团。因为如果没有他们的力量和影响力，可以想象，在山西境内的活动一定会陷入寸步难移的境地。原本能够直接证明元好问在丁酉年与山西的军队有过接触的资料，就只有前面言及的《州将张侯墓表》。而墓表主人张安宁只是忻州的将军并不是太原的相关责任人。此外，在《州将张侯墓表》中元好问是以"自己是忻州之民"的理由，实现了与张安宁的会面的。如果没有山西相关责任者的从中斡旋，元好问就不可能获得拜访张安宁的途径。这样一来，元好问一定是首先与太原周边手握重兵的某将军建立了关系，在他的援助下开始着手进行"外家别业"的整顿，同时为了给自己将来回忻州、建"山堂"时的便利铺路，有人给他介绍了忻州的将军张安宁，在丁酉年内元好问亲自奔赴忻州面会了张侯①。

---

① 译者注：元潘昂霄撰《金石例》卷二中有元好问为郝和尚所作《安肃郝氏先茔碑》，写于郝和尚为宣差五路万户，受赐"金虎符"时（即1240年）。说明元好问与郝和尚在1237年以后是一直保持有直接联系的，或者说元好问的归乡，更进一步加深了他与郝和拔都之间的联系。《山右石刻丛编》周献臣神道碑中有"遗山先生与侯有姻戚之好，尝赠侯乐府，有'关心老来姻嫁，要与君邻屋共烟霞'句"的内容。又曰："（周献臣）女五人，长适樊大羽（《定襄县志》：天胜子，忻州管民官，改受同知武州事），次适张仁杰（《县志》：安宁次子，忻州知州），次适襄□，俱忻州牧民之职。次适太原苏珪，次适西蜀四川道提刑按察副使平遥县梁天翔。"从周献臣神道碑中可知，元好问与周献臣或有姻亲关系。不仅如此，周献臣五个女儿中有三个都嫁在忻州，且都是忻州牧民官吏，还有一个女儿嫁在太原。也就是说，在忻州太原一带，周献臣的姻亲关系网是极大的。尤为重要的是，二女儿所嫁的"忻州张仁杰"就是元好问撰写过墓表的忻州将军张安宁的二儿子。周献臣与张安宁是儿女亲家。假如神道碑中所载周献臣与元好问的姻亲关系属实的话，那么，元好问与周献臣，周献臣与张安宁，三人彼此之间姻亲关系的勾连，也就自然而然地揭开了元好问与张安宁面会的中介人的问题。概而言之，郝和拔都即是元好问倚仗的山西太原方面手握重兵的将军，而周献臣就是元好问与张安宁面会的中介人。

上文中提到的在当时的太原地区拥有一定的政治和军事力量，且在元好问的文集中出现过的一共有两人。一位是《元史》卷一五〇中有传记的郝和尚拔都，另一位是《山右石刻丛编》卷二七《神道碑》（王利用撰）中的周献臣。虽然今天并没有留下能够证明这二人在丁酉年与元好问接触的资料，但是能够推测出，就是因为这二人先后的知遇，元好问才得以实现了"外家"在太原的安居。

首先来看一下郝和尚拔都的相关资料。《元史》中的《郝和尚拔都传》的内容是这样的：

> 郝和尚拔都，太原人，以小字行。幼为蒙古兵所掠，在郡王迄忒麾下，长通译语，善骑射。太祖遣使宋，往返数四，以辩称。
>
> 岁戊子（1228），以为九原府主帅，佩金符。庚寅（1230），率兵南伐，略地潼、陕，有功。辛卯（1231），授行军千户。乙未（1235），从皇子南伐，至襄阳，宋兵四十万逆战汉水上。领先锋数百人，直前冲其阵，宋兵大溃。丙申（1236），从都元帅塔海征蜀，下兴元，宋将王连以重兵守剑阁。乃募敢死士十二人，乘夜破关，入蜀，诸城悉下。明年，取夔府，抵大江，宋兵三十万军于南岸。郝和尚拔都选饶勇九人，乘轻舸先登，横驰阵中，既出复入，宋兵不能支，由是以善战名。
>
> 庚子岁（1240），太宗于行在所命解衣数其疮痕二十一，嘉其劳，进拜宣德、西京、太原、平阳、延安五路万户，易佩金虎符，以兵二万属之，复赐马六骑、金锦弓铠有差。

甲辰（1244），朝定宗于宿瓮都之行宫，赐银万铤，辞以"赏过厚，臣不应独受，臣得效微劳，皆将校协力之功"，遂奏将校刘天禄等十一人，皆赐之金银符。

戊申（1248），奉诏还治太原，请凡远道租税监课过重者，悉蠲除之。岁饥，出白金六十铤、粟千石、羊数千，以助国用。

己酉（1249），升万户府为河东北路行省，得以便宜从事，凡四年。壬子（1252）三月，卒。追赠太保、仪同三司、冀国公，谥忠定。

子十二人：长天益，佩金符，太原路军民万户都总管；次仲威，袭五路万户；扎剌不花，镇蛮都元帅、军民宣慰使；天举，大都路总管，兼府尹；天祐，陕西奥鲁万户；天泽，夔州路总管；天麟，京兆等路诸军奥鲁万户；天挺，河南江北行中书省平章政事。

（《元史》卷一五〇，第3553—3554页）

上面的传记中第一重要的是，郝和尚拔都在幼年时期进入其麾下的蒙古将军郡王迄忒（亦作怯台），极有可能就是指兀鲁兀台氏一脉的后人术赤台的儿子①。这意味着蒙金战争中，最初有组织地对太原地区展开攻略的蒙古将军就是迄忒。至少到"丙申年分拨"前后，迄忒在这一地区是拥有一定权势的。而且从上面拔都的传记中，我们还可以得知，被称

---

① 《元史·术赤台传》载有"术赤台，兀鲁兀台氏。……子怯台，材武过人，自太宗及世祖，历事四朝，以劳封德清郡王，赐金印。丙申（1236），赐德州户二万为食邑"的内容。见《元史》卷一二〇，第2962页。

为"九原府"的地方或许就是迄忒的势力范围。"九原"原本是忻州的古名，但是忻州是"州"或"县"，却不是"府"。进而在《郝和尚拔都传》的后文中"庚子岁，……进拜宣德、西京、太原、平阳、延安五路万户，易佩金虎符"记述的那样，庚子年以后的行政区划中"九原"这一地域称呼消失了。也就是说，拔都传记中的"九原府"所指的几乎是与金朝的河东北路同样的地域。在1240年，"九原府"由"府"晋升为"路"，名称也变更成了"太原府"。丁酉年元好问游历太原时，统领包括忻州在内的河东北路（即后来的太原路）全盘事务的，正是郝和尚拔都的队伍。

在《山右石刻丛编》卷二七所收的周献臣的神道碑《故左副元帅权四州都元帅宣授征行千户周侯神道碑》中，记述了迄忒的山西进攻和周献臣的归顺。

> 明年（1216）春，大兵至。侯知河东不可保必矣。……乃率众迎谒郡王（即迄忒）于军门，王（迄忒）悦，时承制拜授定襄令。……遂从王南略太原。辽、沁、晋、绛、河、解，向风内附，……前后服劳□将十稔。虽王之威声素振，所向无前，……而侯与有力焉。勋升九原府左副元帅、权四州都元帅，行九原府事。……庚子（1240），行省条侯始终之绩以闻，上嘉之，宣授征行千户，佩以金符，太原路卒伍隶焉。
>
> （《山右石刻丛编》卷二七，第330页）

周献臣跟随迄忒攻略太原，十年后作为"九原府左副元帅、权四州都元帅，行九原府事"。在郝和尚拔都拜授五路万户（宣德、西京、太原、平阳、延安）的庚子年，周献臣作为"宣授征行千户"统管太原路的兵马。在周献臣的神道碑中，明显可以看出"九原府"即后来的"太原路"。周献臣"权四州都元帅"的权利范围，参考《元史》卷六《世祖本纪三》"至元三年（1266）秋七月"条目中"己未，以嶂、代、坚、台四州隶忻州"的内容可知，这里的"四州"即是指从滹沱河的北岸向忻州方向溯流而上，位于沿线的坚州、代州、嶂州、台州。以迄忒为代表的蒙古军团，应该是设想着从开平府附近向南西方向纵断华北，迂回穿过延安、京兆、洛阳后开始对山西的攻略。也就是说，整个"河东北路"都被称为"九原府"，为了方便又将其上下一分为二，即"太原、忻州地域"和"坚州、代州、嶂州、台州"四州。这些发生在《元史·郝和尚拔都传》中所说的戊子年，即1228年。而此时担任主帅的就是佩金符的郝和尚拔都，左副元帅就是周献臣。

然而，蒙古政权进行了对华北的再分割，这就是"丙申年分拨"的进行。在这次分拨中，"河东北路"划归了察合台；迄忒得到了山东德州的二万户。庚子年（1240），太宗窝阔台在派遣张柔等八名万户率军讨伐南宋之前[1]，召见了纵断山西进军华北的将军们，也许就是在这时，太宗对山西行政区域的整备和将军们的管辖范围作了调整。借此，"九原府"更名为"太原路"，郝和尚拔都成为了统括五路（宣德、西京、太原、

---

[1] 《元史·太宗本纪》有"十二年庚子春正月，……命张柔等八万户伐宋"的记载。参见《元史》卷二，第36页。

平阳、延安）的万户，周献臣则晋升为掌控太原兵力的征行千户，二人都得到了来自蒙古政权的实至名归的妥善安置。

《元史·郝和尚拔都传》中有"乙未（1235），从皇子南伐至襄阳""丙申（1236），从都元帅塔海征蜀""明年（即1237），取夔府，抵大江"的记述。如果是这样，那么元好问进入太原时的1237年八月，郝和尚拔都在太原的可能性几乎是零，而周献臣此时应该是与郝和尚拔都共同行动的。在前面引用的神道碑中，可见这样的内容：

> 庚寅（1230）秋，车驾南征，令候屯守大胜、三峻等寨。以御□□法锡以银符，继而取洛阳，平蔡州，镇关内，伐西蜀。侯暨行省郝公，咸预其列。
>
> （《山右石刻丛编》卷二七，第330页）

周献臣的行动如果真如上面记叙的那样，那么1237年八月元好问面会的太原责任者，一定是郝和尚拔都和周献臣这两个人。如果他没有实现与太原责任者的面会，那就是说这两个人他谁都没有见到。

元好问在为1242年去世的夹谷土剌撰写的《资善大夫武宁军节度使夹谷公神道碑铭》一文中，如此记述郝和尚拔都：

> 将葬，五路万户郝丑和尚（即郝和尚拔都）以行状来请，曰："吾子往在省寺（金朝尚书省），宜知武宁（夹谷土剌）之详。先锋（夹谷土剌之子）与我结弟昆之义，公之葬，犹葬吾父也。幸辱以神道碑赐之。"

予素善郝侯，义不可辞，乃用所以知公者著之篇，而系之以铭。

（《文集》卷二〇，第217页）

引文中"吾子往在省寺，宜知武宁之详"句，说明了元好问与墓主夹谷土刺曾为同僚的事实。"先锋与我结弟昆之义"说的是夹谷土刺的次子夹谷斜烈仕蒙古政权任宣授先锋使，与郝和尚是结拜兄弟。元好问自述的"予素善郝侯"句，说明了自己与郝和尚之间的关系。郝和尚的儿子郝天挺在《元史》卷一七四中有传，其中"天挺英爽刚直，有志略，受业于遗山元好问"的记述，足以证明两者之间有着非同一般的交情，但是这一事实可以追溯到何时却不得而知。

此外，周献臣与元好问之间的关系，从周氏兄弟的神道碑中可见一斑。兴定二年（1218）九月周献臣三十七岁的哥哥周鼎（字器之）去世，元好问为其撰写了《阳曲令周君墓表》。

好问辱从君（周鼎）游，献臣以墓表见属。尚忆在汴梁结夏课时，君（周鼎）日酣饮，于世事略不介怀，予亦笑其迂缓。及入官，其风力乃如此。始恨交游半生，知君不尽耳。乃为述其故，且系以招魂之辞。

（《文集》卷二二，第230页）

元好问赴开封应科举是在贞祐三年（1215），或许就是那时，他初与周献臣的兄长相遇相识。因为这时的机缘，周献臣请元好问撰写自己兄长的墓表。周献臣与元好问有旧交之谊的事实已经是无可置疑了。遗憾的是,《阳曲令周君墓表》的执笔时间、元好问与周献臣的相识时期依然是个未解之谜。

不过,元好问亡国后初次进入太原是在丁酉年(1237)八月,而且彼时"外家别业"修建工程的主体应该是已经完成了的。从这一点出发,元好问与郝和尚、周献臣的相识,当然要么是他这次进入太原的时候,要么就必须是在他此次太原之行以前。

四、《九日读书山用陶韵赋十诗》

丁酉(1237)秋,在安顿好"外家别业"之后,元好问并没有就此中止自己的山西之旅,而是继续北上至源平附近,拜会了李治(字仁卿)等友人后才踏上了归途①。虽然不清楚元好问离开山西的具体路径,但可以确定他于十二月十六日平安回到了冠氏②。翌年的戊戌年八月,元好问携领家眷再次从冠氏起身,踏上了他漫长而波折的举家归乡之旅。

《庄子·逍遥游》中有"适百里者宿舂粮,适千里者三月聚粮"之语。虽然这是先秦时期的文章,但经过激战之后的华北根本不会有什么安全平稳的移动环境,所以千里之遥的移居之旅事前必须要筹集准备

---

① 文集卷九收录的七言律诗《桐川与仁卿饮》或许就是这时的作品。诗作全文如下:
潇潇茅屋绕清湾,四面云开碧玉环。已分故人成死别,宁知尊酒对生还。风流岂落正始后,诗卷长留天地间。海内斯文君未老,不须辛苦赋囚山。
② 文集卷九收录有题为《十二月十六日还冠氏十八日夜雪》的七言律诗。

三个月左右的食粮，即使是在金元交替的时期也是与先秦时代没有区别的。在实现山西归省之前的元好问，只不过是被拘禁在山东聊城的一介俘虏。让这样的他，凭借自己的财力准备家人们归乡路上所需的三个月的糊口食粮简直就是异想天开。而且，当时的河南、山西处于严格的警戒状态，没有护卫兵士和通行证明，事实上根本就是寸步难行。元好问戊戌年归省的主要目的，是将叔父元升的遗骸送回忻州归葬，所以能够推测到他当时计划的路线应该是从河南的武陟、孟津附近南渡黄河后向着嵩山的方向进发（当时这一通行路线应该是没能实现的），但是往返两次横渡黄河这件事，在当时是一件多么艰难且重大的事情超乎今日人们的想象。规划这样危险且艰难的旅行，而且在一定程度上将其付诸了行动，所有这些都离不开当时军队上将军们的援助和协力。

元好问归乡时的河东北路究竟是处于一种怎样的状态呢？接下来让我们对此做一下考证。

《元史·李德辉传》中关于忽必烈政权刚刚成立后的太原路（金王朝的河东北路）是这样记述的：

> （中统）三年（1262），……德辉遂起为山西宣慰使。权势之家籍民为奴者，咸按而免之，复业近千人。至元元年（1264），罢宣慰司，授太原路总管。……帝（忽必烈）以太原难治，故以德辉为守。至郡，崇学校，表孝节，劝耕桑，立社仓，一权度，凡可以阜民者无不为之。
>
> （《元史》卷一六三，第3816页）

如此，太原路自来就以"难治"而闻名，因此忽必烈才任命李德辉为太原路总官。要说太原路"难治"的原因，其理由自然是因为长期持续的混乱。从"贞祐南迁"之前，太原一带就一直受到蒙古的侵略攻击，在经过无情的践踏和掠夺之后，"权势之家任意登录人口为奴""度量衡的一致也被破坏"，荒废的除了土地还有民心。元好问决定放弃太原移居河南是在1216年，从长城线附近南下，去往延安、京兆、洛阳方向必经的交通要塞就是山西，在金朝灭亡之前自不用说，即使是在金朝灭亡元好问归乡之后，这一带依然没有逃脱被继续践踏的命运，终究是与安定和平扯不上关系的地域。

在带领家人回到忻州后的1240年九月九日，元好问创作了一组具有纪念意义的诗歌作品，那就是《九日读书山用陶诗露凄暄风息气清天旷明为韵赋十诗》。其中第一首的内容是这样的：

> 行帐适南下，居人跼庭户。城中望青山，一水不易渡。
> 今朝川涂静，偶得展衰步。荡如脱囚拘，广莫开四顾。
> 半生无根著，筋力疲世故。大似丁令威，归来叹墟墓。
> 乡间丧乱久，触目异平素。汾榆虽尚存，岁晏多霜露。
>
> （《文集》卷二，第41页）

讨伐南宋的军队向着临安开拔而去的时候，担心受到战火的影响，人们都躲在自己家中。那时我能做的，就仅是从忻州城内眺望着读书山的方向，感慨横渡黄河的不易。而回到家乡后今日的早晨，郊外的原野是如此的寂静，身心俱疲的我也终于能够安心地在这里悠闲地漫步。从拘禁中解放后的身心得到了舒展，广漠的山川开阔了视野。自己就像是没有根基的野草一样飘零了半生，体力衰退，也开始疲于人情世故的周旋。就像那羽化成仙的丁令威一样，回到家乡也只能感叹眼前的累累坟茔。经过了长久战乱的故乡，所到之处完全找不到往日的影子。即使有留存下来的以前的树木，却还是要在这深秋的季节中遭受霜露的摧残。

前述已经介绍过《元史》卷二《太宗本纪》"十二年庚子"（1240）条目中记录了张柔等八名万户奉命讨伐南宋的事情。本诗开篇"行帐适南下，居人踞庭户。城中望青山，一水不易渡"，说的就是张柔等万户们的军队从太原路南下开拔，担心被殃及的元好问和居民们只能蜷缩在自家的庭院中。继而笔锋一转，"今朝川涂静，偶得展衰步。荡如脱囚拘，广莫开四顾"——回到家乡后的今天，郊外的原野是如此的寂静，身心俱疲的我也终于能够安心地在这里悠闲地漫步。看不到复兴希望的故乡的骚然动荡，与大自然呈现的让人心情愉悦的静谧，通过精湛的对比跃然纸上。

蒙古军队在攻陷华北的城市以后，掳掠城市中的财宝、人口作为战利品分赐给兵士是他们的一贯做法。而意味深长的是上面的诗作揭示的事实——这种居民人口的分割实际上已经不止是仅限于蒙古军之间。事实上，在确定了户籍的"丙申年分拨"之后，这样的掠夺依然存在。毫无疑问，蒙古方面切实实施的战后处理——"乙未年籍（失吉忽秃忽奉命进行的华北户口调查）的确定""丙申年的分拨"——虽然已经终结，却并没有带来立竿见影的战后体制的建立和运作。即使元好问在聊城的拘禁得到了解除，历尽艰难回到忻州开启了自己亡国后的生活，却也并没有立刻让他获得新生。更何况元好问的生活与地域复兴，本就不是可以相提并论的同一性质的事情。《元史·李德辉传》中所言及的"太原路难治"的记述，足以成为这一地域的复兴直到至元年间都没有任何起色的有力佐证。

这组诗的第三首是这样的：

> 山腰抱佛刹，十里望家园。亦有野人居，层崖映柴门。
> 昔我东岩君，曾此避尘喧。林泉留杖履，岁月归琴樽。
> 翁今为飞仙，过眼几寒暄。苍苍池上柳，青衫见诸孙。
> 疏灯照茅屋，新月入颓垣。依依览陈迹，恻怆不能言。
>
> （《文集》卷二，第41页）

半山腰中隐藏着的佛寺，就像是被大山抱在怀里。从这里可以眺望到山下十里绵延不绝的庄园。佛寺对面可以看见"野人"（译者按：即逃户，详见下文）的住所，层层叠叠的崖壁上隐约可见粗陋的柴门。我的父亲东岩君曾经在这里躲避世俗的尘埃，山中的林泉留下了他的足迹，琴弦拨动了岁月流转。现在先人已经作古，眨眼间就是寒来暑往的数十春秋。他曾经眺望过的池畔的柳树依旧茂密繁盛，一介白衣的我如今也已经是儿孙绕膝。"疏灯照茅屋，新月入颓垣"是先父留下的佳句，每每看到先人吟咏过的这些旧时景物，心中五味杂陈无以言表。

这组诗标题中的"露凄暄风息，气清天旷明"出自陶渊明的《九日闲居》诗，元好问将这两句诗的十个字分别用作韵字，刚好创作了十首五言古诗。也就是说，这是一组和韵诗。和韵陶渊明的诗作，是北宋苏轼之后常见的一种文人趣味。在这组诗作第七首中有"往年在南都，闲闲（赵秉文）主文衡"句，可以说，从以往诗友之间的"分韵"到现在自己一个人"和韵"的变化，以及因此而形成的以"怀旧"为中心构成的诗歌创作的整体走向，是这组诗作值得我们注目的地方。

在十首诗作中，《其一》如上文分析的那样，因为军队的南下而形势紧迫的忻州一带，在九月九日这天却迎来了宁静祥和的一天，漫步野外的元好问得到了短暂的身心上的愉悦。接下来的《其二》，记述了按照九日习俗去登高，在读书山中拜访寺院的情景①。《其三》从山中的景物着笔，话题转移到了与读书山有着深厚渊源的父亲元德明的身上。

在《其三》这首诗中，笔者注目的焦点不是元好问对父亲元德明的回忆，而是在诗作中展开的具体的景物描写（"山腰抱佛刹，十里望家园。亦有野人居，层崖映柴门"）。这里登场的"佛刹"自然就是指《中州集》卷

---

① 《其二》曰：今日复何日，霜气倏已凄。登高有佳招，山中古招提。翩翩刘公子，王田重相携。乾坤动诗兴，涧壑忘攀跻。霍侯家甚贫，劣有酒与鸡。城居厌鼙鼓，移家此幽栖。世网不易逃，所向皆尘泥。何以濯我缨，林间有清溪。

十"先大夫"（生身父亲元德明）条中所提到的"居东山福田精舍，首尾十五年"中的福田寺①。"十里望家园"并不是指元氏的家园，而是指福田寺绵延十里之广的庄园田产。"亦有野人居，层崖映柴门"是指福田寺广阔田产对面的断层状山崖，就是在这一层层的断崖上，这里那里隐隐可见"野人的柴门"。这里的"野人"，首先不是元好问的自指，而是逃进山中的"真正的野人"——即指现实中类似"逃户"的人们。

实际上，这些"野人"在《其四》的内容中也有涉及。

霜气一偃薄，杳杳秋山空。临高望烟树，黄落杂青红。

造物故豪纵，穷秋变春容。锦障三百里，不尽台山东。

粲粲黄金华，罗生蒿艾丛。野人不知贵，幽香散秋风。

秋物自横陈，顾揖苦不供。谁能摇醉笔，吐句凌清雄。

（《文集》卷二，第41页）

秋日的寒气愈加浓重逼人，矗立在秋天里的山峰静静地向着远方延伸，悠远而又渺茫。登高远望，树木笼罩着淡淡的烟霭，一片金黄色中夹杂着斑驳的绿色、红色。造物主的手腕是何其的豪放任性啊，到了秋天竟然能够变幻出一派春天的样子。像巨大锦屏一样的山脉绵延三百余里，一直到五台山的南面都还没有穷尽。一簇簇盛开的黄灿灿的菊花，像是杂草丛中铺上了绫罗。野人们不懂得菊

---

① 《中州集》卷十，第526页。

花的真正雅趣，任凭它幽幽的香气在秋风中随意飘散。秋天的风物毫无忌惮地张扬，让人来不及一一观望。要怎样的诗人才能在酷酊之后将这美好的景象化为傲视群雄的佳句呢？

诗中的"野人"不知道"黄花"的贵重，任其在秋风中肆意地发散着幽香。只能说不懂菊花雅趣的野人终究不是喜爱菊花的陶渊明那样的隐者，而是现实生活中隐藏在山里的"逃户"。

这里所谓的"逃户"，是指因为战乱和繁重的税金，主动脱离社会团体而失去户籍的农民。在持续激战的山西，如何将这些"逃户"纳入到新体制中是当时深刻的政治问题。而且，在"丙申年分拨"等新体制启动之后，各地的赋税是根据"乙未年籍统计的户籍数量"确定的，所以一旦有"逃户"发生，逃户所应缴纳的赋税就必须由其他留下来的人家分担缴纳，不堪这种附加负担的农民同样选择了逃跑，"逃户"催生新"逃户"的恶性循环就像多米诺骨牌，最终避免不了造成"共同生活团体被彻底破坏"的负连锁效应的发生。在金元交替期间的华北一带，让"逃户"返乡实现农业的稳定、妥善合理地管理"户籍"以防止新"逃户"的产生——这是当时地域复兴事业中尤为重要的政治课题。

关于元好问回山西后那段时间"逃户"的情况，通过刘因《静修先生文集》卷一六《泽州长官段公墓碑铭》文中记述的上党地区的"逃户"，就可以窥斑见豹。

公讳直，字正卿，姓段氏。世为泽州晋城人。少英伟，有识虑。甲戌（1214）之秋，南北分裂，河北、河东、山东郡县尽废，兵凶相仍，寇贼充斥。公乃奋然兴起，率乡党族属，为约束，相聚以自守。及天子命太师以王爵领诸将兵来略地，豪杰并应，公遂以众归之。事定，论功行赏，分土传世，一如古封建法。公起泽，应得泽，遂佩黄金符，为州长官廿余年。方天下初集，国家以泽冲隘，别置守兵。〔主将不善制御，恣其侵暴，〕久之，山民不胜其横，往往自弃为群盗。公上言愿罢守兵，请身任诸隘，保其无虞。朝廷从之，群盗遂息。公见泽民避兵多未复，乃藉其舍业于其亲戚、邻人户末，约曰："俟主还，与之。"户如故分，出赋如业。是以民多还集。且户额少而丁业优，故赋轻而易足。兵后屡饥，其还民无产者，复不能自生。公为出粟食之，不使流散。时新法藏亡甚严，乡民不一一晓知。泽当诸军往来之冲，病俘多亡留民家者。若以藏论，藉没从坐，保伍为空。公乃豫为符券，为官使收养，以俟诸军物色者。后凡留俘家，皆得以不藏释。州民被俘他郡者，公多为购得之。兵死暴露者，公必为收瘗之。当大变之余，兵气未已，生意未复，而泽风翕然，已为乐土矣。……时今上在潜邸，有以公兴学礼士闻者，嘉之，特命提举本川学校事。未拜而公卒，年六十五。子绍隆嗣，……夫人卫氏、张氏、马氏、李氏。子男四：绍隆，今以迁转法，行加武略将军，移知葭州。国初，凡守亲王分地者，一子当备宿卫。绍先，宿卫王府。绍祖，早卒。绍宗，未仕。女一，适裴氏。孙男六：倪、仪、信、杰、佐、仁。女四：长早卒，次适何氏、郭氏、李氏。卒于甲寅（1254）六月，三月而葬。葬建兴乡沙城里先茔。公平生，朝京师一，朝王二，王宠锡甚渥。初，太师承制封拜，时授潞州元帅府右监军云。[①]

　　上文中碑铭的主人段直，是在国王木华黎入侵山西逼迫金朝南迁的时候，在泽州崭露头角，于甲寅年六月离世，享年六十五岁。他与前面介绍的郝和尚拔都、周献臣几乎是同时代的人，无论是投身蒙古的缘由，还是晋升至将军的经历，三人都极其相似。在段直甲戌年率领乡党起义的二十多年之后，就像墓铭中记述的那样，"国家以泽冲隘，别置守兵"。这实际上意味着，在"丙申年分拨"中泽州被划归给了太宗窝阔台的儿子贵由[②]。在这前后，泽州一直被盗匪、"逃户"的问题所困扰，而负责这一地域治安和税务的段直凭借自己的智慧，出色地实现了泽州的复兴——这就是墓碑铭引文中所记述的内容。

　　既然"逃户"是当时华北地区重大的社会问题，那么曾经负责河东北路的郝和尚拔都、周献臣一定也直面过同样的问题。可是，在他们的传记材料中我们找不到相关问题的文字记录。即使是作为一介平民曾经在这个区域生活过的元好问的作品中也没有正面记述这个问题的文字。元好问涉及到"逃户"的文字记述，也就只有本节中例举的《九日读书

① [元] 刘因著：《静修先生文集》卷一六，《四部丛刊》初编本，上海：商务印书馆，1936年，第3—5页。
② 泽州隶属贵由投下的事，参见拙著《蒙古时代道教文书的研究》第二章第七节《阿识罕大王的令旨》，第408—436页。

山用陶诗露凄暄风息气清天旷明为韵赋十诗》中"亦有野人家，层崖映柴门"这样的程度。在堆叠的岩崖间的"柴门"，应该是指数家聚在一起的野外群居状态。草丛中任意横生的菊花，侧面说明了逃户们并没有进行耕作，真正是如"野人"一般在山中生活。在郝和尚拔都、周献臣的传记中，这些人口的境遇并没有被作为问题正视的原因，是整理传记资料的记述者不具备发现这些问题的眼光，而对于以元好问为代表的居住在河东北路的文人们，却是因为他们本身欠缺正确观察蒙古新体制的热情和积极性。

这组诗的第八、九首是这样的：

其八

我在正大初，作吏浙江边。山城官事少，日放浙江船。

菊潭秋花满，紫稻酿寒泉。甘腴入小苦，幽光出清妍。

归路踏明月，醉袖风翩翩。父老遮我留，谓我欲登仙。

一别半山亭，回头余十年。江山不可越，目断西南天。

（《文集》卷二，第42页）

我在金朝正大年间初期，出任了浙江的官吏。山城牧民官的工作并没有多少，天天得以在浙江上荡舟消遣。菊潭边处处是秋天怒放的菊花，丰收的紫稻和甘冽的泉水是美酒的最好原料。甘露一样的佳酿带着些许的苦味，秋光中的菊潭是这样的清澈明妍。踏着皎洁的月光走在回家的路上，习习晚风中醉后的衣袖上下翩跹。担心我酒后登仙飞去，村里的乡亲们热情地挽留我。与那座半山亭分别以来，回顾间已经过了十多年，无法逾越的山川隔断了再次回到浙江的路途，只能徒然地遥望着西南的天边怀想。

其九

吾山一何高，清凉屹相望。龙头出白塔，佛屋压青嶂。
云光见秋半，旭日发毫相。峨峨宝楼阁，金界俨龙象。
乡曲二十年，香火阙瞻向。金花香绵草，梦想云雨上。
福田行欲近，重为诗酒障。终当陟层巅，放眼天宇旷。

（《文集》卷二，第42页）

现在我身在其中的这座读书山是多么的高啊，与清凉山对峙一般遥遥相望。读书山的龙头峰上有白塔耸立，父亲游玩过的福田寺的佛屋密密麻麻地分布在山间。云层和日光无不透露着秋天已经过半的季节气息，升腾的旭日伴随着庄严的光环。旭日中福田寺巍峨的楼阁散发着宝玉一般的光辉，隐约着西天世界才有的龙象的身姿是那样的威严美好。对于离开了二十年的故乡，自己欠缺了太多对先茔应有的祭拜。二十年中只是默默地在心中想象那方净土佛国的金色莲花和香绵草。如今福田寺越来越近，诗兴大发的我终究是因为"写诗喝酒的恶业"而无法就这样进入寺中。将来我定是要攀上这层层叠叠的山峰，站在山巅，肆意地眺望这广阔的天地宇宙。

在《其七》中，元好问回想了自己二十几岁在国都开封得到文坛大家赵秉文的知遇，与翰林院的文士们一起在重阳节登高赋诗的盛景[1]。《其八》是元好问对自己三十几岁出任河南内乡县令时重阳节的回顾。酒醉后沉迷于月色，头重脚轻步履不稳地踏上归路，却惹得村里的乡亲们担心，从而受到热心地挽留。与当地人们满含情谊的交流让元好问流连怀念。但是就像第二章中所论述的那样，当时虽然是一种短暂的小康状态，但与北兵交战造成的华北各地的难民，对河南的农政造成了完全的破坏。元好问深谙这一状况，却还是将"流民""逃户"的困苦置之一旁，只聚焦在了自己的隐逸兴趣上。

在《其九》中，元好问的思绪从过去向着现在回归。站在读书山的山顶，从屹立的五台山，到远处连绵高低的山峰、眼前福田寺的大小伽蓝，他的目光最终投向那广阔无垠的天空。试图穿越时空与广袤宇宙相对峙的元好问没有闲暇去顾虑眼前"山中的野人"。元好问想在这组诗作中描写的，并不是战后人生的困苦，而是包含了自己跌宕起伏的半生经历在内的天地宇宙的运行。

五、不被书写的战后处理

金元交替期的华北，形形色色的文化、文物都在长久的战乱中遭

---

[1]《其七》诗作全文如下：往年在南都，闲闲主文衡。九日登吹台，追随尽名卿。酒酣公赋诗，挥洒笔不停。蛟龙起庭户，破壁春雷轰。堂堂髯御史，痛饮益精明。亦有李与王，玉树含秋清。我时最后来，四座颇为倾。今朝念存殁，壮心徒自惊。

到了破坏。就是在这样的环境中，作为历史上比较罕见的文人之一，元好问却给后世留下了让人难以置信的大量作品。而且，金朝灭亡时中年的元好问已经是享有赫赫文名的存在，所以当他立志要将经过了战火淬炼的金朝文化流传给后世而开始相关资料的收集时，仰慕他文名的金朝遗民们都积极配合，众多的史料就这样汇集到了他的手边。元好问是现存金朝文学的作者之一，同时在某种意义上，他是整个金朝文学的校阅者，亦是检阅者。正如世人们所说的那样，元好问的作品充满了"史事"，如果将那些看似无意的一言一语中所寄托的"含义"也算在其中的话，实际上元好问为未来留下了太多的东西。但是作为金朝文学整体上的检阅者，他又究竟擦去、抹杀了多少事实，是我们今天所无从考察和验证的。

清朝王士禛在随笔集《池北偶谈》中有这样的论述："元裕之撰《中州集》，其小传足备金源一代故实。……然元书大有纰缪，……蔡松年史称便佞，元首推其家学，且取其论王夷甫、王逸少之语，略无贬词。曲笔如此，岂足征信，而顾效之哉？"[①] 元好问出乎意料地有很多"曲笔"一事被很多人指摘过，今日甚至有人将其看做是一种定论。但是，只要有相关史料的存在，纠正这些"纰缪曲笔"就是极其简单的事情。元好问笔法上最大的问题，就是他有时对他眼前切实存在的东西，好像是在故意地"视若无睹"，或者说是"故意地漏写"，而没有文字记录的事情的实际状态我们是无法掌握的。元好问无疑是这个时代最著

─────────────────

① 参见［清］王士禛撰，靳斯仁点校：《池北偶谈》卷一一《谈艺一》"中州集"条目，北京：中华书局，1982年，第262页。

名的记述者，但从"故意地漏写"这一角度上来说，却无法保证他是最好的记述者。

本章笔者尝试考察揭示的，是金朝灭亡后的河东北路如何实现战后复兴，而元好问又是如何观察蒙古政权下的这一复兴的问题。然而，元好问似乎很执着于自己"亡金遗民"的身份定位，所以即使他实际的生活在很大程度上都与新体制有所关联，但对于那些制度、统治体制等，元好问却几乎都没有作过正面记述。

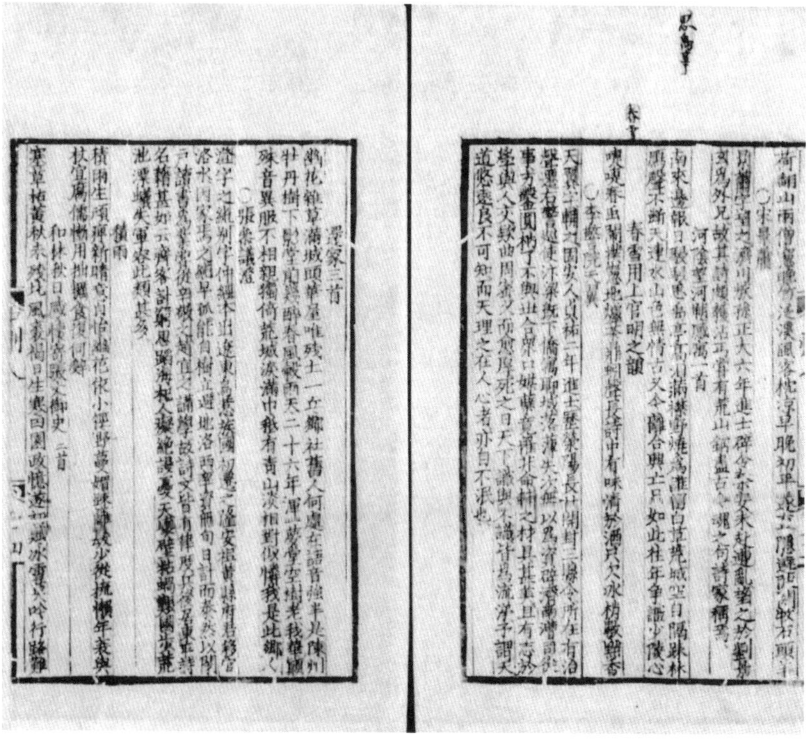

图12　五山版《中州集》（日本国立国会图书馆藏）卷八"李警院天翼"条目

本章的第二节曾经介绍过元好问的友人李天翼（字辅之）。李天翼与元好问一起被拘禁在聊城，解除拘禁后的乙未年（1235）七月，二人一同度过了历时二十多天的济南之旅。1250年元好问在河北真定迎来了《中州集》的付梓，而李天翼却在济南之旅后不久就去世了。《中州集》收录了李天翼题为《还家三首》的七言诗以及他的略传[1]。全文如下：

> 天翼字辅之，固安人。贞祐二年（1214）进士。历荥阳、长社、开封三县令，所在有治声。迁右警巡使。汴梁既下，侨寓聊城，落薄失次，无以为资。辟济南漕司从事，方凿圆枘，了不与世合，众口媒蘖，竟罹非命。辅之材具甚美，且有志于学。与人交，款曲周密，久而愈厚。死之日，天下识与不识，皆为流涕。予谓天道悠远，良不可知，而天理之在人心者，亦自不泯也。

还家三首

> 幽花杂草满城头，华屋唯残土一丘。
> 乡社旧人何处在，语音强半是陈州。

开在草丛中的野花和横生的杂草布满了城头，往昔豪华的房屋变成了废墟，只留下了一丘坟茔。乡里相识相知的人们这是都去了哪里？周围满耳都是听不惯的陈州方言。

---

[1]《中州集》卷八，第433—434页。

牡丹树下影堂前，几醉春风谷雨天。

二十六年浑一梦，堂空树老我华颠。

　　在祭扫先祖的清明时节，春风细雨中记不清有多少次醉倒在有着牡丹花树、悬挂着祖先影像的厅堂前。离开故乡的二十六年就像是一场梦一般，如今眼前是空落落的厅堂、半枯老去的树木，还有满头白发的我。

殊音异服不相亲，独倚荒城泪满巾。

只有青山淡相对，似怜我是此乡人。

　　和那些说着我听不明白的方言、穿着奇妙服装的人怎么也亲近不起来，一个人靠在这荒城上泪流满面。只有远处的青山默默地与我相对，似乎是在怜惜我这个不多的本乡人。

　　元朝巨儒虞集在他的《国朝风雅序》中如此评说《中州集》："国朝之初，故金进士太原元好问，著《中州集》于野史之亭。盖伤夫百十年间，中州板荡，人物凋谢，文章不概见于世，姑因录诗，传其人之梗概。"[1]虞集给《中州集》的定位是"录诗传人的野史"。然而，元好问《中州集》记录诗歌却没有具体解说内容，记录的诗人略传中基本上也

_____

① [元] 虞集著：《道园学古录》卷三二，台北：台湾商务印书馆，1968年，第541页。

不附生卒年或具体的年次。可以说，元好问一边将众多的"史事"写入了《中州集》，一边却又慎重地避开了对这些史实的直叙。

在《中州集》"李天翼"内容的解读上，我们首先不能忽略李天翼是元好问极其亲密的友人这一事实。1235年二人同游济南，在元好问文集卷八中有《徐威卿相过留二十许日将往高唐同李辅之赠别二首》、卷十有《送李辅之官青州》的七律，卷三七有题为《送李辅之之官济南序》的散文。在二人同游济南的1235年，元好问创作了以《济南杂诗十首》为代表的众多纪行诗。这些诗歌作品与李天翼都不无关系，可以想象这些纪行诗是元好问在旅途中与李天翼进行诗歌酬答交流的同时创作的。也就是说，元好问所知道的李天翼的诗作，绝对不仅仅是《还家三首》。但元好问在《中州集》中却只收录了这三首，而且只字未提李天翼的生卒年和他去世的原因，只是用一篇充满了个人主观情感的煽情文章来代替了他的略传。

作为李天翼的友人，他何时回到家乡，他的乡里为何会有那么多口操"陈州方言"的人，另外，他被卷入怎样的"非命"漩涡，又是如何去世的——这些才是元好问在《中州集》中应该记录的。但元好问作为知情者，却刻意对以上的事情不做涉及，而选择通过聚焦作者"为人品性"的略传来更为有效地突出《还家三首》的诗歌效果，从而构成了"李天翼"条目的内容。实际上《还家三首》描写的是久别还乡的诗人面对被蹂躏破坏的故乡时单纯的"茫然自失"。这种"茫然自失"同样寄托了元好问对"消失的故国"的幻想，是面对文明危机时一介诗人的悲哀。

亡国后元好问的诗文就是这样，充满了丝毫不愿直叙新体制的制度或实情的"倾向"与"意图"。前面的《还家三首》诗中，有意识地回避了对实际状况的记述，通过这种回避强调了对旧体制的乡愁。然而因为对直叙现实的慎重回避，反而导致误解扩大的例子也是存在的。与其说元好问是社会派诗人，不如说他是主情派诗人，这样的诗人一边回避对社会现实的直叙一边却又要创作社会诗，其结果就会像前章介绍的《宛丘叹》那样，成为批判对象不甚明确、焦点模糊的作品。下面就来看一下他描写家乡河东北路的社会诗——五言古诗《雁门道中书所见》。

> 金城留旬浃，兀兀醉歌舞。出门览民风，惨惨愁肺腑。
>
> 去年夏秋旱，七月黍穗吐。一昔营幕来，天明但平土。
>
> 调度急星火，逋负迫捶楚。网罗方高悬，乐国果何所。
>
> 食禾有百螣，择肉非一虎。呼天天不闻，感讽复何补。
>
> 单衣者谁子，贩籴就南府。倾身营一饱，岂乐远服贾。
>
> 盘盘雁门道，雪涧深以阻。半岭逢驱车，人牛一何苦。
>
> （《文集》卷二，第46页）

滞留在金城（应州）刚好十天了，日日沉醉于宴席上的清歌燕舞，走出去看看这里的民风，却是痛彻肺腑般的凄惨。去年夏天和秋天都遭遇了旱灾，今年七月黍禾才刚刚抽穗。忽然有一天军队在这里驻军扎帐，一夜间原本的耕地就变成了一片平地。军队物资的调度如飞逝的流星一样紧迫，滞纳者们遭受着非人的苦楚。法律的罗网无处不在，"能够安居乐业的乐土"又在哪里呢？蚕食谷物的害虫成千上百，吃人的野兽并不仅仅只有老虎。高高在上的天子听不到我们的声音，感慨讽喻的诗作写了又有什么用呢。这个穿着单薄的人来自哪里？寒冬中还要去那遥远的江南贩卖粮米。倾尽全力只是为了能够填饱肚子，并不是因为喜欢这样出外远行的行商生活。曲折迂回的雁门山道，再加上阻挡在面前被积雪覆盖的深涧。在半山腰遇到过这样行商赶路的车辆，拉车的牛，赶车的人真是说不出的辛苦。

如标题《雁门道中书所见》那样，本诗似乎是在标榜元好问对目睹的现实情境的直叙。诗作结尾"盘盘雁门道，雪涧深以阻。半岭逢驱车，人牛一何苦"的诗句背后，或许真的有元好问实际体验过的现实。为此，遗山诗的注者们对诗中"一昔营幕来"所表达的时间和具体战争，"贩籴就南府"中"贩籴"的具体制度、"南府"的具体所指等做了认真的议论考证。笔者认为，在考察这首作品时首先要注目的不是标题，而应该是诗中的措辞。

本诗的特征，就是看上去是对雁门现实状况的直叙，但诗中却找不到直接跟制度、行政相关联的"吏牍语"，而形成鲜明对比的却是随处可见的典故的引用。"网罗方高悬"语出《后汉书》中的《逸民传》，"乐国果何所"语出《诗经》中的《魏风·硕鼠》，"百滕"出自《礼记》之《月令》，"择肉"出自《尚书》之《周书》，"倾身营一饱"引自陶渊明的《饮酒》，"服贾"来自《尚书》的《酒诰》。被研究者们作为问题考察的"贩籴就南府"一句，明显是承袭了《史记·货殖列传》"谚曰：'百里不贩樵，千里不贩籴。'居之一岁，种之以谷；十岁，树之以木；百岁，来之以德。德者，人物之谓也"①的内容。同句中的"南府"也是以《货殖列传》的以下内容为前提的：

> 夫天下物所鲜所多，人民谣俗，山东食海盐，山西食盐卤，领南、沙北固往往出盐，大体如此矣。总之，楚越之地，地广人希，饭稻羹鱼，或火耕而水耨，果隋蠃蛤，不待贾而足，地势饶食，无饥馑之患，……是故江淮以南，无冻饿之人，亦无千金之家。沂、泗水以北，宜五谷桑麻六畜，地小人众，数被水旱之害，民好畜藏，故秦、夏、梁、鲁好农而重民。三河、宛、陈亦然，加以商贾。齐、赵设智巧，仰机利。燕、代田畜而事蚕。②

上引《史记·货殖列传》所说的，概而言之就是江南和华北地区在风土上的差异。

《史记·货殖列传》中的"谚曰：'百里不贩樵，千里不贩籴'"云云，是官吏在执行地方行政过程中积累的体会。其意为："出任地方官一年，督促人民农耕，种植谷物；出仕十年，督促栽种树木；出任百年的话，要通过自己的品德来吸引人才。营造'樵夫们不用跑到百里以外的地方买卖柴薪，百姓不用跑到千里之外的地方买卖粮米'的地方行政体

---

① 《史记》卷一二九，北京：中华书局，1975年，第3271—3272页。
② 《史记》卷一二九，第3269—3270页。

系。"以《史记》的内容为前提来重新审视"单衣者谁子，贩籴就南府"两句的话，其意就是："是什么驱使严冬中身着单衣的农民到南方来经商？乡民们不得不到遥远的南方去经商到底是什么原因？"元好问的这一诗作吟咏的就是因为风土的不同而不得不千里逐利的人民的困苦。这里"贩籴""南府"所指的并不是实际存在的衙门或某种税收制度，而是模仿《诗经》"六义"之一的"风"所做的一般性的示例。

诗作开篇的"金城留旬浃，兀兀醉歌舞。出门览民风，惨惨愁肺腑"，很多注释者认为是作者元好问的自述。但是第二联的"出门览民风，惨惨愁肺腑"，与《古诗十九首》中的"出郭门直视，但见丘与坟"、《梁甫吟》中的"步出齐城门，遥望荡阴里"有异曲同工之处。"采访诸国民风的巡检官来到金城，在接待的歌舞酒宴中浑浑噩噩。然而，如果到城外亲眼看看当地的民风，就会知道郊外的农村所有的是战争和税赋的苛敛诛求，人民无处可逃，也看不见朝廷的怜悯和体恤。"——如此解读本诗，就不难发现将其定位为"模仿古乐府手法创作的社会诗风格的习作"才是比较妥当的，这里所展开的既不是金朝灭亡后的华北民风，也并非蒙古支配下的现实状况。

在这首诗中，笔者最为困惑的是"单衣者谁子，贩籴就南府。倾身营一饱，岂乐远服贾"四句中所蕴含的元好问的意图。在金元交替期的华北，有"近仓"和"远仓"两种纳税制度，比如大战在即时，行政方面会指定缴税场所，要求纳税人自己将税粮运送到指定的仓库去。"贩籴就南府"句中的"南府"或是指"远仓"，百姓按照命令将税粮运到远仓南府去的解读似乎也是可以的，但去远仓应是"纳税"而不是"买粮"。就像上面考证的那样，如果"贩籴"是承袭了《史记·货殖列传》的表达，那么"贩籴就南府"就只能是指民间一般的商业活动。而且，元好问对这种商业活动的看法是"倾身营一饱，岂乐远服贾"。"倾身营一饱"是对陶渊明诗《饮酒》(其十) 的袭用，是"全身心的追求能够得以果腹的生活"之意。也就是说，千里迢迢的商业活动是为了能够吃饱饭生存下去，并不是心甘情愿地从事这种商贾活动。元好问眼里商贾们的行为都是"以狡知逐利的卑贱活动"，这是典型的立足于农本主义儒教伦理的看法，并不是在如实地描写社会制度给人民带来的苦难。

元好问的作品从本质上来说能够称得上是"社会诗"的作品恐怕是不存在的。即使是本节中分析的《雁门道中书所见》诗，其所描写的既不是蒙古支配下的实际情况，也不是金末地方行政的腐败。笔者将其看做是作者早期诗歌创作过程中模拟"讽喻"的练笔之作。即使本诗是作者从所面对的现实状况中得到触发而创作的作品，但这里描写的与其说是百姓的实际状况，不如说是在揭示"冷酷的政治会带来什么"这样一种极其唯心的伦理观。

六、元好问眼中的复兴

在"丙申年分拨"以后，根据"乙未年籍"每年要向各自的投下上交定额的赋税，所以对于担负着维护地域治安、行政运作的军事势力来说，将从地域共同体脱离出来逃入山林的"流民""逃户"召唤回乡，再编为"军户""驱口"使其成为征税征军对象是极为重大且吃紧的课题。围绕以农耕为中心的乡村原理形成社会或统治的模式是中国文明的特点，在由于王朝交替而造成统治机构再编时，位于核心的"乡社观念"不但没有受到破坏，反而通过更加高度的理念化进化为支持新的权利机构的政治理念。"乡"指村落，"社"指祭祀，在有"社"的地方就会产生村落，司祭通过代替行使"神"的指示让集团组织化，而组织不断扩大最终发展为国家、天下——这就是中国的乡村原理。崩溃的社会再生的时候，遵循这一乡村原理，首先是"社"得到整顿，让乡民在这里找到自己的归属从而实现组织化，这一组织在形成地域脉络的同时被整合统一——以这样的顺序进行的地域再建是中国历史上所见的复兴的常态。即使是在与农耕无缘的蒙古政权下，只要肩负复兴实质的地方政治势力是以汉人为中心的集团，那就不得不采用这一地域复兴的方式。这应该是中国历史上对地域复兴认识的常识。

　　笔者曾经介绍过一位被称为马仙姑的女巫1236年在山西泽州的高平通过建立淫祠最终促成乡村再生的事情①。如果将马仙姑的事迹简单地作图式化的总结就是：流民们以一名灵媒为中心开始了共同生活，"逃户"的加入让这一群体进一步扩大，从而导致统治者方面的军团不得不对这一群体进行追认，原本的"淫祠"理所当然地升格为"道观"，自发形成的群体摇身一变，成了政府认可的"乡社"。类似这样的现象在元好问的周边也一定是存在的。《成化山西通志》卷一五"集文·寺观类"中收录的元好问的《明阳观记》一文中有这样的内容：

---

① 参见拙著《蒙古时代道教文书的研究》第二章第七节《阿识罕大王的令旨》，第
　408—436页。

台州西南八里，紫罗山之麓，有保聚曰明阳。台骀祠、浮图寺在其傍。旧有道院，废久矣。乡人欲修复之而未暇也。全真师姬志玄先住辽、沁，亦尝留宿于此。父老爱其道行清实，有□而祝之之议。乃筑环堵而居之。三四年，徒从之者益多。思所以立坛宇，俨像设，兴游居寝饭之所，斧斤埏埴，率其人自亲之。前后十五年，为殿者二：曰三清，曰通明；为堂者四：曰三官，曰四圣，曰秘箓，曰灵官。门庑斋厨，以次而具。请于燕京长春宫，得额曰"明阳"。此观事之大凡也。时州长茹君以赞其事，翼而成之。甲辰（1244）春，史馆从事李君昂霄偕姬之徒王志宽，过予读书山，为予言曰："桑梓炼师，吾方外友，而明阳又吾杖屦之所朝夕者也。姬知吾辱与子游，欲得子之文，以记其经度之始。子宁有意乎？"予不敢辞，乃为记之。顾盼檀施四集，土木穷金碧之富，钟鼓之状，云山之气，盖未可以岁月记。至于黄老之教，人徒知有之，求所以尊师重道如供佛然者，则无之有也。兵劫之后，此风故在。独炼师一出，州之人翕然归之。虽稚子辈，亦为起信而敬古。所谓存乎其人，乃今见之。夫物蔽于一曲，与有不能通者，此二家所以更为盛衰耶？吾于此有感焉：三纲五常之在，犹衣食之不可一日废。今千室之邑，岂无人伦之教者？至于挟《兔园策》[1]，授童子之学者，乃

---

[1] 译者注：《兔园策》即《兔园册》，《兔园册府》之略称。一说为唐李恽令僚佐杜嗣先仿应科目策，自设问对，引经史为训注而成，共三十卷。参见宋王应麟《困学纪闻·考史四》。一说唐虞世南所著，十卷。五代时流行民间，为村塾读本，后佚。见宋晁公武《郡斋读书志》。宋欧阳修《新五代史·刘岳传》载："《兔园册》者，乡校俚儒教田夫牧子所诵也。"

无一人焉。寒不必衣，饥不必食，痛乎风俗之移人也。呜呼，二家之盛衰，又何足记邪。姬，高平人，丘公尝号为崇道大师洞明子云。①

元好问的故乡忻州治内坐落着台州五台山，山脚的村落中曾经有过水神庙、佛寺和道观。约在1230年左右，其中一座荒废很久的道观中住进了一名道士，不到三四年时间就纠集了很多门徒。前后不到十五年的时间，曾经的旧道观就被改建得非常壮观，并在1244年得到了燕京长春宫（全真教本部）所授予的"明阳观"的匾额。于是，燕京长春宫的人派遣元好问曾经的同僚李昂霄到忻州，来请求他执笔观记。这里记述的名为姬志玄的主持和上面言及的马仙姑一样，原本亦是流民一样的存在。道号"志玄"也应该是在1244年"明阳观"观名被燕京长春宫认定的时候一起授予的。

在上面的引文中，元好问记叙了"乡社"中宗教设施的发生状况——"顾盼檀施四集，土木穷金碧之富，钟鼓之状，云山之气，盖未可以岁月记。"这里面的潜台词应该是"百姓在淫祀上投入钱财，建造气派的楼阁并不稀奇，这也不是什么特别值得留下文字记录的事情"。在此基础上，应该是因为明阳观是燕京长春宫所授予的观号，元好问认可了姬志玄的道教徒身份并论及了道教与佛教的差异——佛教是在众生救济上用心，而道教原本是个人主义志向的隐逸思想。接下来，元好问

---

① ［明］胡谧等纂修：《成化山西通志》卷一五，中国国家图书馆藏明刻本，叶105ab，善本书号CBM0722。

称赞姬志玄与众不同的个人资质，"身为道教徒，却兼有'尊师重道'的儒教经世思想和与大乘佛教相似的'方便思想'"。这里元好问对姬志玄的记述看似是毫无顾忌的赞扬，但实际上与曾经挖苦金元交替期间道教徒"率多避役苟食者"①的耶律楚材同样，他用自己独有的表述方式对全真教世俗的野心做了讥讽。

元好问在后半段更是说"兵劫之后，此风故在""夫物蔽于一曲，与有不能通者，此二家所以更为盛衰耶"。这里的"此风"（风尚、风气），是指道教原本不追求"尊师重道"而强调独善的隐逸思想。"物蔽于一曲"是指"自发隐逸山林的隐者们"，"有不能通者"指"被埋没不能出世的人"。"这两种人，即'隐者和埋没者'，原本他们的人生是不会有什么荣枯盛衰的。他们难道不就应该是在社会的'界外'过着与荣枯盛衰没有关系的那些人吗？"这一诘问就是引文中"此二家所以更为盛衰耶"的意思。"道士姬志玄即使实现了荒废道观的再建，但这也不过是隐者、埋没者们在社会的'界外'默默从事的逸事而已，并不是值得史家特意去记述下来留存后世的事情"——这才是元好问本来的立场。

继而，元好问记述的"三纲五常之在，犹衣食之不可一日废。今千室之邑，岂无人伦之教者？至于挟《兔园策》，授童子之学者，乃无一人焉。寒不必衣，饥不必食，痛乎风俗之移人也"的意思应该是："儒教的'三纲五常'就像是日常的衣食，一天也不能废除。有了'乡社'就

---

① 耶律楚材在《西游录》卷下中有"客曰……今之出家人，率多避役苟食者。若削发则难于归俗，故为僧者少，入道者多"语。见［元］耶律楚材著，向达校注：《西游录》，北京：中华书局，1981年，第17页。同样的内容亦见于《至元辨伪录》卷四。

需设立学校，这原本是信奉儒教的官僚们的职责，而如今的'乡社'中却连私塾任教的先生都没有。'乡社'的破坏不是出于饥饿，是'三纲五常'的消失改变了这个世界。"

最后元好问以"鸣呼，二家之盛衰，又何足记邪"为结。这里的慨叹，并不是称赞姬志玄作为道教徒没有埋没山林，为地域复兴做贡献的事，而是别有意图，即姬志玄所实现的事业，本来不是"隐者和埋没者们"所应该从事的。元好问一边设想着能够体现"三纲五常""人伦"给世界带来秩序的"有德君主"的存在，一边慨叹"隐者和埋没者们"得以出世的本末倒置的现实。

将乡里的战后复兴与"人伦""风俗"相关联进行论述的元好问的文章，此外还有记录忻州寿阳县孔子庙再建过程的《寿阳县学记》一文。《寿阳县学记》是1244年应寿阳县县吏的要求而写的，其中记述"乡社"实情和复兴的内容是这样的：

> 甲辰（1244）之春，予归自燕云，道寿阳，知有新学，往观焉。见其堂庙斋庑，若初未尝毁而又加饰焉者，问所以然。诸生合辞曰："吾邑旧有庙学。元祐中（1086—1094），知县事张不渝实更新之。既乃废于贞祐甲戌（1214）之兵。大变之后，民无百家之聚。县从事李通、李天民者，窃有修学之议而病未能也。会台牒下，于壬寅（1242）之冬，课所在举上丁释菜之典[1]，乃得偕令佐暨县豪杰诸人经

---

[1] "上丁释菜之典"，唐以后每年仲春（二月）和仲秋（八月）的上丁日举行的祭孔典礼。

度之。盖三年而后有成。久欲诏文吾子，以记岁月，顾以斗食之役之故，而无以自达也。”予谓二三君言：“公辈宁不知学校为大政乎？夫风俗，国家之元气，而礼义由贤者出。学校所在，风俗之所在也。吾欲涂民耳目，尚何事于学？如曰：‘如之何使吾民君臣有义而父子有亲也？夫妇有别而长幼有序也？’则天下岂有不学而能之者乎？古有之，‘有教无类’。虽在小人，尤不可不学也。使小人果可以不学，则武城之弦歌，当不以割鸡为戏言矣。予行天下多矣，吏奸而渔，吏酷而屠，假尺寸之权，朘民膏血以自腴者多矣。崇祠宇，佞佛老，捐所甚爱以求非道之福，嚬呻顾盼，化瓦砾之场为金碧者，又不知几何人也。能自拔于流俗，崇儒重道如若人者乎？且子所言，‘无以自达’者，亦过矣。兴学之事，贤相当任之，良民吏当为之。贤相不任，良民吏不为，曾谓斗食吏不得执鞭于其后乎？使吾不为记兹学之废兴则已，如欲记焉，吾知张不渝之后，唯此两从事而已。奚以斗食之薄，万钟之厚为计哉？”通字彦达，县人。天民字仲先，上世秀容人。其先世皆儒素云。

（《文集》卷三二，第326—327页）

根据引文可知，“因金末的丧乱，‘百家村落’尽皆消失。寿阳县从事李通和李天民原本计划重建县学，却因资金问题没能实现。1242年因为命令在文庙举行‘上丁释菜之典’的‘台牒’的下发，于是，本地的豪族们集资开始了县学的再建事业”。这里的“牒”，类似官府面对寺观、祠庙发行的建筑许可证明。“台”是对开府级别的宰相、将军的敬语。"台牒下"可以理解为得到了包括寿阳在内的地域最高长官的许可。从1242年当时河东北路的实际情况考虑的话,发出"台牒"的或许就是郝和尚拔都周边的人。这里的许可,也就是"以在本地能够筹集到足够的资金为前提,允许随时进行相应的工程建设"这样的内容。其结果就是当地的官吏李通和李天民,从"令佐暨县豪杰诸人"那里筹集到了资金得以施工,花费了三年之久,于1244年春天落成了寿阳的文庙。

在这篇《县学记》中,在县学落成经过之后所附的元好问的评论是最为重要的。

对于县吏们自称"地方低级官吏们负责的工程,没有什么值得特意通知元好问这样的名人大家"的自谦说法,元好问首先表明了自己的原则论——兴建学校是国家大事。其后,对当时的实际情况作了这样的记述:"只有做到人民知人伦,国家才能成立。而要做到知人伦,就必须实施教育。无论是谁都能够通过教育加以改变,就算是小人也应该学习。我游历过很多地方,无论去到哪里,地方上的官吏都免不了贪婪,利用手中的权势压榨百姓富足自己。其中甚至有人盲目的信仰佛教、道教,追求宗教利益,一心集资布施豪华的道场。还没有像你们这样理解儒教本质的官吏,所以没有必要因为自己是薪俸微薄的低级官吏而自谦。"

在文章的最后,元好问这样写道:"建设学校,原本应该是由宰相们发起、地方牧民官来实施的事情。宰相们不计划,牧民官们也不实施,除了这些拿着微薄薪资的低级官吏们在下面指挥推动以外还能有什么办法呢?我要告诉后世的人们,兴建寿阳县县学的只有宋代的张不渝和你们两人。这已经不是根据朝廷俸禄的多少来决定的工作职责了。"

七、投向百姓的目光

《明阳观记》和《寿阳县学记》应该都是在1244年创作的文章。金朝灭亡后，太原地区各地逐渐开始恢复生机，《明阳观记》就是在这种情况下，受道教集团的委托，记载了台州治内道观的再建过程。《寿阳县学记》则是应寿阳官吏的请求记载的县学再建的经过。两篇文章都是在与当时的权力范围有着一定距离的偏远地区执笔创作的，或许就是这个原因，在朴素的文字记述中渗透着元好问率直的感慨，委实是耐人寻味却又极为有趣的作品。并且，《明阳观记》中强调了"由出家人或隐者们来实现地域复兴"这一现象的本末倒置；《寿阳县学记》中强调的是"最下层的胥吏实现学校再建"的这一越权行为。元好问通过对这些现象的揭示，彻底却又反语式地展示了"能够结束这种无秩序状态的真正责任者究竟是谁"的问题。通过这两篇碑记，元好问或许想将沦为"化外之民"漂泊不定的"逃户"的存在，从传统的儒教伦理的角度上进行间接的展示。在这个范畴内，元好问的议论称得上是正论。

但是如果站在今天我们的角度来看，可以说在元好问的议论中，有着"应该由谁来承担百姓的救济"这样的原则论，但却缺少具体的对策。有对国家和官僚的讥讽，却没有发自作者内心的对百姓窘迫生活的同情。如果使用元好问深深为之倾倒的儒学的语言来表达的话，那就是对眼前生活在水深火热中的人民，元好问欠缺应有的"恻隐之心"。

或许时代稍显久远，论及"人民""淫祠""国家"三者关系的文章，就不得不提晚唐陆龟蒙的《野庙碑》。元好问也必定是读过这篇文章的，《野庙碑》的立论方法中有几点依稀可见元好问立论的原型，但二者投向困苦百姓的目光却有着根本的差别，《野庙碑》带给我们的感慨与元好问的文章是截然不同的。现就以《野庙碑》原文作为本章的结尾。

碑者，悲也。古者悬而窆，用木。后人书之以表其功德，因留之不忍去。碑之名，由是而得。自秦汉以降，生而有功德政事者，亦碑之。而又易之以石，失其称矣。余之碑野庙也，非有功德政事可纪，直悲夫甿竭其力，以奉无名之土木而已矣。瓯粤间好事鬼，山椒水濒多淫祀。其貌有雄而毅，黝而硕者，则曰将军。有温而愿，晰而少者，则曰某郎。有媪而色严者，则曰姥。有妇而容艳者则曰姑。其居处则敞之以庭堂，峻之以阶级，左右老木，攒植森拱，萝茑翳其上，枭鸮室其间，车马徒隶，丛杂怪状。甿作之，甿怖之，大者椎牛，次者击豕，小不下犬鸡。鱼菽之荐，牲酒之奠，缺于家可也，缺于神不可也。一日懈怠，祸亦随作，耄孺畜牧粟粟然。病疾死丧，甿不曰适丁其时耶，而自感而生耶，悉归之于神。虽然，若以古言之，则戾。以今言之，则庶乎神之不足过也。何者？岂不以生能御大灾，捍大患，死则血食于生人。无名之土木，不当与御灾捍患者为比，是戾于古也明矣。今之雄毅而硕者有之，温愿而少者有之，升阶级，坐堂筵，耳弦匏，口粱肉，载车徒，拥仆隶者皆是也。解民之悬，清民之瞩，未尝术于胸中。民之当奉者，一日懈怠，则发悍吏，肆淫刑，驱之以就事，校神之祸福，孰为轻重哉？平居无事，指为贤良，一旦有大夫之忧，当报国之日，则怔挠脆怯，颠顿窜踣，乞为囚虏之不暇。此乃缨弁言语之土木耳。又何责真土木耶。故曰，以今言之，则庶乎神之不足过也。[1]

《野庙碑》的文字表述极富曲折，堪称难解。要想将其蕴含的深意全部翻译出来几乎是不可能的。无可置疑，陆龟蒙在这篇文章中展开的是心向淫祠的百姓的愚昧，以及比"淫祠"更为过分地榨取愚民的官僚和权贵们的愚劣。百姓不幸的背景中有着其自身的愚昧无知，对于国家和官僚来说，百姓却仅是被榨取的对象。这两点与元好问《明阳观记》《寿阳县学记》中展开的论点有很多共通点，但元好问和陆龟蒙的文章有着明显的区别。

"碑者，悲也"是陆龟蒙文章题目《野庙碑》的来由——"就如通过撰写碑文来哀悼人的死亡那样，我通过写'野庙碑'来哀悼人民的愚昧无知。"这里伴随着作者对统治阶级的愤慨，还有对愚不可及的百姓所抱有的深切同情和绝望。如果说元好问是在儒教宣扬的政治思想中寻求人民救济的途径的话，那么陆龟蒙则是对绝不可能因儒教伦理而实现救济的人民表示了自己深切的"恻隐之情"。

---

[1] ［宋］李昉等编：《文苑英华》卷八七六《碑》三三，北京：中华书局，1966年，第4624—4625页。

第六章

史传与挽歌

*

一、《与枢判白兄书》

在考察1240年前后元好问的文学创作时不可或缺的资料，就是他写给同乡前辈白华的书信——《与枢判白兄书》。在这封书简中，元好问自述了自己在1245年前后的状况。

> 某顿首：自乙巳岁（1245）往河南举先夫人旅殡，首尾阅十月之久，几落贼手者屡矣。狼狈北来，复以葬事往东平。连三年不宁居，坐是不得奉起居之问，吾兄亦便一字不相及，何也？如闻曾定襄人处寄书，然至今不曾见。但近得仲庸书，报铁山已娶妇，吾兄饮啖如平时，差用为慰耳。
>
> 去秋七月二十三日，忽得足痿症，赖医者急救之，仅免偏废。今臂痛全减，但左右指麻木仍在也。比来数处传某下世，已有作祭文挽辞者。此虽出于妒者之口，亦恐是残喘无几，神先告之耳。
>
> 向前八月大葬之后，惟有《实录》一件，只消亲去顺天府一遭，破三数月功，抄节每朝终始及大政事、大善恶系废兴存亡者，为一书。大安及正大事，则略补之。此书成，虽溘死道边无恨矣。更看向夫时事，稍得放松吾也。
>
> 王先生碑，今送去，中间有过当处，吾兄细为商略之。碑石想亦未便立得，他日改定，亦无害也。所欲言者甚多，聊疏三二事，欲吾兄知之。有便，望一书为报也。时暑，自爱不宣。

（《文集》卷三九，第399—400页）

通过这封书信，我们可以知道以下四个关于元好问的信息：

1.元好问在1245年用了十个月去河南取回了养母张氏的遗骸。

2.七月二十三日，元好问突发腿脚麻木，一时间到处流传着他去世的谣言。

3.八月"大葬"后，元好问准备去顺天整理有关《实录》的事情。

4.元好问此时正在执笔《王先生碑》。

可以说，这封书信是我们了解晚年元好问的宝贵资料。首先我们来考证一下这封书信大概的执笔时间。

元好问在信中提到"去秋七月二十三日，忽得足痿症，赖医者急救之，仅免偏废""比来数处传某下世，已有作祭文挽辞者"，记述了自己突发的身体上的异常以及关于自己去世的谣言。同样的内容，在元好问其他的作品中也时有所见。例如在《曹征君墓表》碑文中有这样的记述：

岁丙午（1246）秋九月日，曹征君子玉以疾终于襄阴之寓舍，春秋七十有四。呜呼哀哉。世岂复有敦庬耆艾之士如君者乎。始，予在京师，登君乡先生礼部闲闲公之门。公每论人物，及君姓名，必极口称道，谓今人少见其比。其后见君于方城，介于太原王右司仲泽，乃定交焉。君长予十七岁，予以兄事之。壬辰（1232）之兵，君流寓弘州。癸卯（1243）冬，予自新兴将之燕中，乃枉道过之。死生契阔，始一见颜色。握手而语，恍如隔世，不觉流涕之覆面也。又五年，予闲居乡里，与君相望六百里而近耳。妄人有传予下世者，君闻之，寝食俱废，至问之卜筮，及就日者王希道推予禄命，以自开释。已而知其妄也，又为之喜见颜间。居未几，闻君九月之讣。予为位而哭，且为文以哀之。

（《文集》卷二三，第240—241页）

　　碑文的主人"曹征君"，名珏，字子玉，磁州滏阳人。是元好问进士及第时的主考官赵秉文的得意门生（赵秉文也是磁州滏阳人）。金亡后，曹珏流落定居于大同路的弘州。就在元好问去世的谣言漫天流传的那年九月，曹珏在确认了"元好问并没有去世"的事实后不久自己反而去世了——碑文是这样记述的。这是发生在"癸卯冬五年后"的事情，从"癸卯年"开始向后推五年的话就是"丁未年"，也就是在1247年，到处流传着元好问去世的谣言。但令人费解的是，墓表上记录的曹珏去世的时间却是在"丙午秋九月"。

　　在撰写墓碑时，将墓主人的卒年时间搞错这样的事情几乎是难以想象的。那么元好问"七月二十三日忽得足痿症"以及九月接到讣告的时间，就只能是在丙午岁，也就是1246年。也就是说，这里时间上的混乱应该只是元好问单纯的计算错误造成的。

　　我们有必要从1243年冬天开始梳理下元好问在这段时间的活动轨迹。癸卯冬，元好问应耶律家族的邀请奔赴燕京[1]；翌年的1244年春天，元好问路经寿阳县后回乡[2]；五月，元好问与河东北路副元帅周献臣

---

[1] 参见本书第四章第五节所引《答中书令成仲书》。
[2] 参见本书第五章第六节所引《寿阳县学记》。

等人一起去代县、原平出游①；秋天，元好问再次回到燕京后②，自秋至冬期间，又去了洛阳（亦或是开封）③。在《与枢判白兄书》中有"乙巳岁（1245）往河南举先夫人旅殡"的记述。《甲辰（1244）秋洛阳得黄葵子种之南庵明年夏六月作花……》诗题中的"南庵"指太原外家别业的南庵是毋庸置疑的。也就是说，从1244年秋天开始，元好问结束了在河南十个月的出游以后，1245年六月已经回到了太原。《与枢判白兄书》一文开篇的"乙巳岁"并不是河南出游的起点，而是"复以葬事往东平"的山东之旅的起点。也就是说，1244年秋天到冬天，元好问到了洛阳（亦或是开封）后，一直到第二年的寒食前后都是在河南各地游历。五月前后回到山西后，又再次开启了山东之旅。

乙巳年秋冬元好问在山东东平、曲阜的出行，在他创作的《国子祭酒权刑部尚书内翰冯君神道碑铭》（《文集》卷一九所收）、《云岩并序》（《文集》卷四所收）等各种诗文作品中都有提及。除此之外，在图13所示《大金重修宣圣庙之碑》的碑阴保存下来的元好问的"涂鸦"，也是他此次出行的最好佐证。《大金重修宣圣庙之碑》（即《大金重修至圣文宣王庙之

---

① 元好问《两山行记》（《文集》卷三四所收）中有"甲辰夏五月八日，予以事当至崞县"的记载。《同周帅梦卿崔振之游七岩》（《文集》卷七所收）诗题中有自注"定襄七岩"。

② 元好问《过寂通庵别陈丈》（《文集》卷十所收）诗题中有自注"甲辰秋"。这里的"陈丈"，指燕京课税所的陈时可。他受耶律楚材的推荐出任了燕京课税所长官。耶律楚材1244年离世，元好问或是因为耶律楚材的去世才不得不再次赴燕京。

③ 参见《甲辰秋洛阳得黄葵子种之南庵明年夏六月作花……》诗（《文集》卷四所收）。《广威将军郭君墓表》（《文集》卷二八所收）与《显武将军吴君阡表》（《文集》卷二九所收）中皆有"岁甲辰冬，予过洛西"的记载。但是，元好问经常将金朝的国都开封记述为"洛阳"，所以此处的"洛阳"亦有实为开封的可能性。

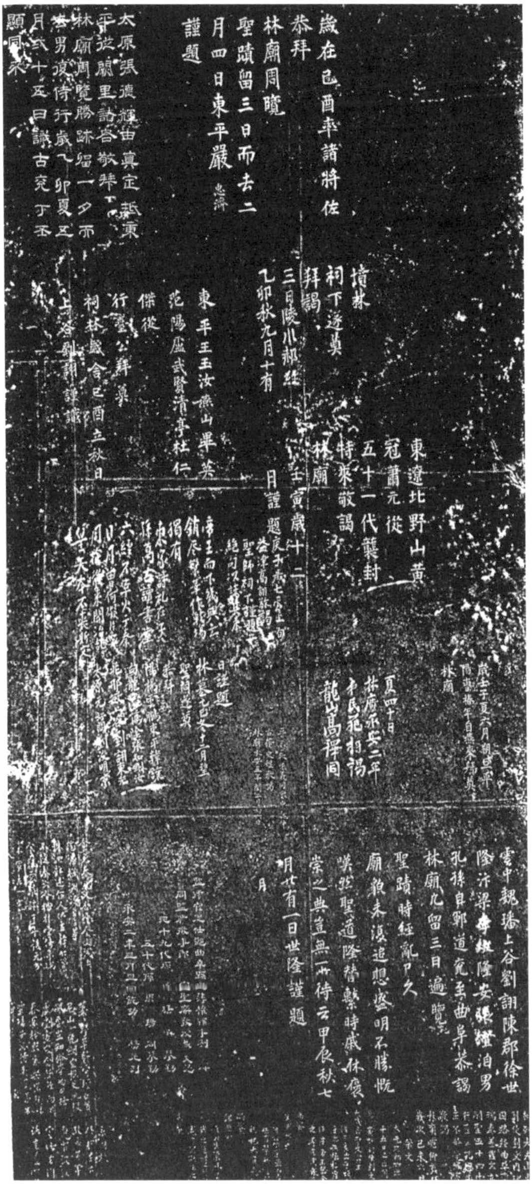

图13 《大金重修宣圣庙之碑》碑阴

碑》）是金章宗在重修曲阜孔庙的时候树立的纪念碑，是一座汇集了章宗朝书法大家、文人名家而成的巨大且精美的石碑。到访曲阜的文人们常常在碑阴刻上自己的名字，作为来此一游与有荣焉的留念。图14所示，碑阴左下方由左向右是"太原元好问、刘浚明、京兆邢敏、上谷刘诩、东光句龙瀛、荡阴张知刚、汝阳杨云鹏、东平韩让，恭拜圣祠，遂奠林墓。乙巳冬十二月望日谨题"的刻字内容。从姓名与日期的明记可以断定：1245年十二月十五日，元好问身在山东。之后1246年春天，他经彰

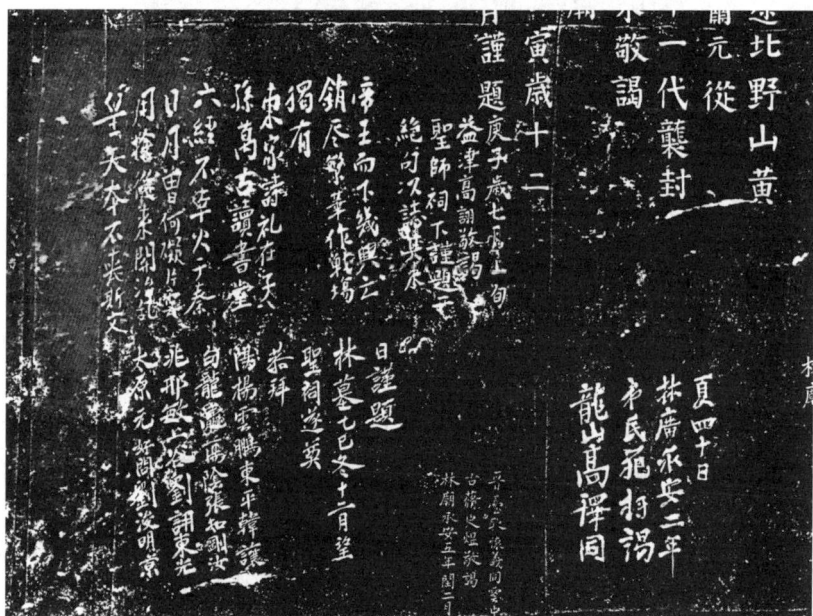

图14 《大金重修宣圣庙之碑》碑阴元好问亲笔题记部分

德回到忻州①；七月二十三日，突发了身体上腿脚麻痹的异常。在病情得到缓和后的九月，突然接到了曹珏的讣告。

根据上面的推测，《与枢判白兄书》中"连三年不宁居"，说的就是自1244年秋天出发去河南，到1246年春天从山东返回，这三年期间奔波忙碌的旅行生活。"去秋七月二十三日"就是1246年的七月二十三日，而这封《与枢判白兄书》大约应是在1247年春天或者夏天，创作于忻州的家中。

二、妻子与女儿的墓

元好问的养父元格大安二年（1210）在陇城去世后，元好问将他的棺柩护送回了忻州②。而他的养母张氏正大五年（1228）在河南内乡去世后，长时间"旅殡"在淅州白鹿原的道观中。《与枢判白兄书》中所说的"往河南举先夫人旅殡，首尾阅十月之久，几落贼手者屡矣。狼狈北来"，应该就是指元好问到淅州白鹿原道观中迎取养母灵柩后，按照当时的风俗，将其与养父元格合葬在故乡之事，因此书信后半部分有提到"八月大葬"之事。从"大葬"一词本来的意思去考量的话（此处"大葬"一词应是指包括祖先祭祀在内的祭扫仪式之意），应该是指以养母张氏的归葬合墓为契机，对应该葬于本籍忻州的家族墓地进行修葺整理，作为宗

---

① 《朝散大夫同知东平府事胡公神道碑》一文中有"岁丙午（1246），某过彰德"的记载。见《文集》卷一七，第177—178页。
② 参见本书第五章第一节所引《南冠录引》。

庙祭祀的一环，计划在1247年八月举行一场大规模的家族祭奠仪式。如果这一推测成立的话，这次"大葬"的祭奠对象自然包括元好问去世的叔父元升。1244年冬天元好问去洛阳的时候，必然去嵩山收拢叔父元升遗骸的事情也是能够想象得到的[①]。之前在1238年元好问亡国后第二次归乡时，从出发时的秋天直到翌年的春天，他曾经携带家眷在山西与河南交界的黄河北岸一带，也就是焦作、济源附近，彷徨盘桓了数月之久。其时在他创作的五言律诗《己亥元日》中有"野史才张本，山堂未买邻。不成骑瘦马，还更入红尘"句。这里因为"未买邻"而不得已"骑瘦马，入红尘"的辛苦，应该亦包括他进入河南收拾亲人遗骸的一系列事情。

从移居河南的1216年到1233年的十七年间，元好问死别的亲人不仅仅是叔父元升和养母张氏，还有他的原配妻子张氏以及张氏所出的第三个女儿阿秀。1244年秋到翌年寒食之间的河南之旅花费了元好问十个月的时间，这次出行不仅时间长，而且极为危险。元好问意图利用这次机会，将必须在河南整顿处理的事情——特别是与宗族祭祀相关的事宜——汇总起来一次性地妥善处理好。在《遗山先生文集》卷十中有题为《清明日改葬阿辛》的七言律诗。这里的"清明日"即是1245年的清明节。阿辛就是1232年在开封病逝的元好问的三女儿——阿秀。

《清明日改葬阿辛》诗的内容如下：

[①] 元好问的叔父元升于1216年在三乡去世葬于嵩山（即菘山）佛寺的事情，可参照本书第五章的论述。

掌上青红记点妆，今朝哀感重难忘。

金环去作谁家梦，采胜空期某氏郎。

一瞥风花才过眼，百年冰檗若为肠。

孟郊老作枯柴立，可待吟诗哭杏殇①。

（《文集》卷十，第116页）

　　拿起需要放进坟墓的这些红白粉黛，不由想起昔日你坐在妆镜前学着化妆的样子。在给你改葬的今日让我愈发心痛悲伤，又怎么能轻易忘却。手上依然戴着那个表示曾经是我女儿的金环，现在的你一定已经开始了新的人生吧。一定要转生为好人家的男孩子——作为父亲，也只能在人日这天为你剪裁采胜，在心里默默祈祷。如今想来，就像风中摇曳的花儿在眼中停留的那一瞬间，你的一生是多么的短暂，而你的去世对于我来说却像那寒冰和黄檗，成为我心中一生的苦涩和哀痛。诗人孟郊在失去了女儿的老年，自述自己像那失去了生命的枯柴一样。而我失去了你，还未到老年就已经这样了，根本不用像孟郊那样等到了老年才写《杏殇》诗悼念自己的女儿。

---

① 孟郊《杏殇九首》其八："此儿自见灾，花发多不谐。穷老收碎心，永夜抱破怀。声死更何言，意死不必喈。病叟无子孙，独立犹束柴。"《杏殇九首》是孟郊哀悼去世的女儿而作的诗，其中"独立犹束柴"说的是因为失去女儿的悲痛，孟郊憔悴衰老得犹如枯死的树枝一样。见 [唐] 孟郊著，韩泉欣校注：《孟郊集校注》卷十，杭州：浙江古籍出版社，2012年，第468页。

解读本诗的关键是额联"金环去作谁家梦，采胜空期某氏郎"中包含的典故。"金环"是指"金戒指"，"去做谁家梦"指"成为别人梦中人"之意。"金环去做谁家梦"说的是"手上戴着以前的金戒指转生到别人家去"。《晋书·羊祜传》中记录了羊祜的转世逸话：

> 祜年五岁，时令乳母取所弄金环。乳母曰："汝先无此物。"祜即诣邻人李氏东垣桑树中探得之。主人惊曰："此吾亡儿所失物也，云何持去？"乳母具言之。李氏悲惋。时人异之，谓李氏子则祜之前身也。①

元好问在诗中化用了羊祜转生的典故，自问"我的女儿现在又是转生到了谁家呢？"《晋书·羊祜传》中证明羊祜转世的"金环"，在元好问的诗中成了证明自己女儿转生的证据。

第四句中的"采胜"在《荆楚岁时记》的"正月·人日"条目中这样记载：

> 正月七日为人日。……剪彩为人，或镂金箔为人，以贴屏风，亦戴之头鬓。又造华胜以相遗。②

---

① 《晋书》卷三四，北京：中华书局，1974年，第1023—1024页。
② [梁] 宗懔撰，[隋] 杜公瞻注，姜彦稚辑校：《荆楚岁时记》，北京：中华书局，2018年，第11页。

荆楚之地有在人日（就是正月初七）这天制作人形发饰，进行装饰或佩戴来招揽春气的习俗。元好问的诗作在这一基础上进行了推进——为了祈祷我的女儿能够转生为良家的小公子，人日这天我默默地为她准备了好多的人型发饰。颔联的两句表达了一位父亲对去世女儿的质朴怀念，"病逝女儿的魂魄一定已经完成了轮回转生，希望现在的她是别人家里一名能够平安长大成人的男孩子"。

这首诗作中的"阿辛"是一个怎样的女儿我们不得而知。元好问作品注释的大多数人认为，阿辛就是《遗山先生文集》卷二五所收《孝女阿秀墓铭》中记录的元好问的三女儿阿秀，或者是郝经撰《遗山先生墓铭》中"女五人，长曰真，……次严，为女冠。……次顺，早卒"处的三女儿顺。笔者确信"阿辛"就是《孝女阿秀墓铭》中的"阿秀"。至于为何拥有"阿秀""阿辛"两个不同的乳名就无从可考了。而三女儿是如何去世的，为何需要改葬等原委，在《孝女阿秀墓铭》中这样记载：

> 孝女阿秀，奉直大夫、尚书省令史、秀容元好问第三女也。兴定己卯（1219），生于登封。年十三，予为南阳令，其母张病殁。孝女日夜哭泣，哀痛之声人不忍闻。明年，得疾于汴梁。病已急，哭且不止。或以为言："亲，一也。母亡而父存，汝不幸而死，为弃父矣。"曰："女从母为顺，宁从母死耳。"竟以开兴壬辰（1232）三月朔死。死之二日，权厝报恩寺殿阶之东南十五步。铭曰：
>
> 失乳而啼，襁褓之常。知所以悲，非乳可忘。木病本根，枝叶乃伤。爱生于心，血出肺肠。母在与在，母亡与亡。孝女之哀，千

载涕滂。白水南东，维女之藏。羁魂摇摇，望女大梁。会以汝归，以慰所望。

（《文集》卷二五，第257页）

如引文所载，元好问的原配妻子张氏1231年在南阳病殁。第二年的三月一日，依然没有走出丧母之痛的阿秀在开封病逝。元好问将其埋葬在开封城内的寺庙报恩寺中，并为她写了墓铭，其中"羁魂摇摇，望女大梁。会以汝归，以慰所望"几句，表明了元好问一定会将女儿迁回到其母亲身边的决心。如果"阿辛""阿秀"是同一人的话，那么在《清明日改葬阿辛》这首诗创作之前，元好问就一定要回到开封取女儿的遗骸，并配合清明节的时间回到南阳，将其与母亲张氏合葬。假如他进入河南的时间是1244年秋天的话，改葬阿辛的"清明节"就只能是1245年的四月。可以认为，对于原配妻子张氏和女儿阿辛，元好问并没有将她们的坟墓迁回本籍忻州。

元好问也留下了关于自己原配妻子张氏的"悼亡词"。

三奠子　离南阳后作

怅韶华流转，无计留连。行乐地，一凄然。笙歌寒食后，桃李恶风前。连环玉，回文锦，两缠绵。　芳尘未远，幽意谁传。千古恨，再生缘。闲衾香易冷，孤枕梦难圆。西窗雨，南楼月，夜如年。

（《遗山乐府》卷二，第238页）

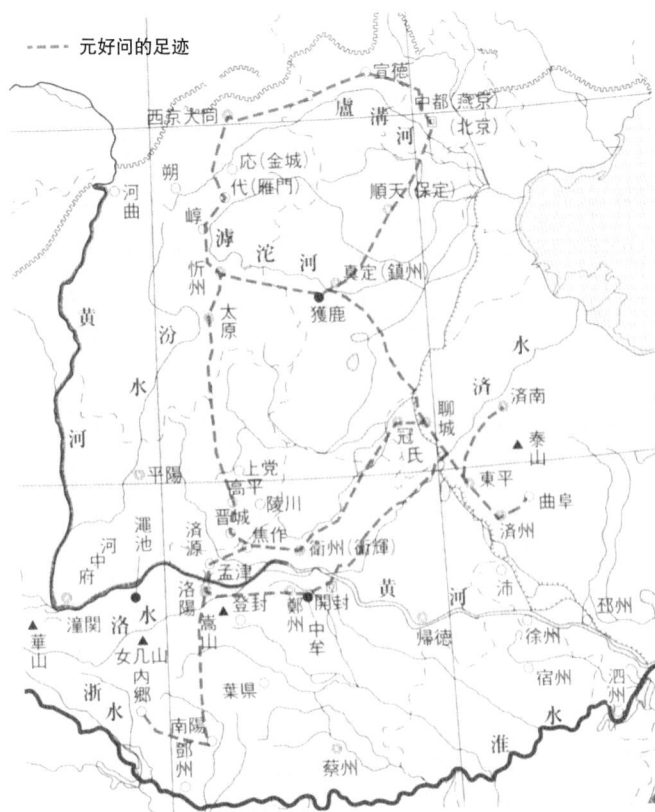

图15　金元交替时期的华北

　　美好的春光匆匆逝去，谁也无法挽留。想到将要离开这有着欢乐记忆的地方，如何能不悲伤。家人的团聚在寒食节后结束，春天的桃李也在风中凋零。女儿的连环玉，妻子的回文锦，如今又到哪里去寻找，留下的唯有缠绵不绝的思念。　黄泉路上的魂魄，一定还没有走远。又有谁能替我传达这无尽的思念。此时这无尽的悲哀是因为我们还有着来生相聚的缘分么？孤单清冷的夜里等不到与你们团圆的梦境。西窗的雨啊南楼的弯月，一个人的夜晚竟是如此漫长。

遵循宋人的传统，元好问有意识地选择了词牌。因为副题"离南阳后作"的存在，很多注释者认为，这首词是元好问在痛失妻子的1231年，卸任南阳令擢升尚书省令史奔赴开封时的作品。的确，作品中的"芳尘未远，幽意谁传"句，给人一种妻子离世不久的印象。但是"行乐地，一凄然""笙歌寒食后"等句，却意味着作者感伤的中心是"寒食前后的南阳"。寒食自宋代以后，实质上已经被看做是与清明节一样的节日，简要的说就是扫墓的节日。前段最后的"连环玉，回文锦，两缠绵"句，究竟是何所指呢？"回文锦"语出《晋书》所载的《窦滔妻苏氏传》，即苏氏通过回文锦向丈夫窦滔传达自己相思之情的典故，元好问词中"回文锦"所指的只能是妻子张氏。那为何是"两缠绵"呢？"两"字的意义何在？

要严密地考察这一点，就要联系上文的"连环玉"一语。"连环玉"所指的应该是元好问的女儿阿辛的转生。这一词语本身不得不让人联想《清明日改葬阿辛》中"金环去做谁家梦"的诗句。"连环玉，回文锦，两缠绵"三句所指的应该是"已经转生到别家的女儿，像编织回文锦的苏氏那样贤惠的妻子，两个人的去世是我绵延不断的哀痛"。这样本词的创作与其说是1231年元好问妻子去世时的作品，不如说是在1245年清明节改葬阿辛时所作更为贴切。副题"离南阳后作"所意味的是"与南阳的惜别"，这里蕴含的不仅仅是"悼亡"，而是元好问觉悟到，此次一别也许就再也不会有返回南阳的机会了。对于长眠在这里的妻子和女儿，他的内心是满怀着愧疚和自责的——这才是副题的真正含义所在。

三、《中州集》的序跋

在推测元好问《与枢判白兄书》中自述的河南之旅的实际情况时，仅是考虑到入境、出境、移动等必要的护卫兵士的配置问题，就会知道对于一介遗民来说这是多么艰难凶险的一趟旅行。在第五章中已经考证过，在元好问行动的背后如果没有一定的军事势力的保护，他是不可能在险象环生屡落贼手的状况中平安生还的。军事势力的援助和保护，不仅仅是归乡、归葬过程中的移动，实际上它涉及到亡国后元好问所有活动的方方面面。本节就是通过对元好问《中州集》的成书和付梓情况的考察，尝试对这一情况进行考证。

一般认为《中州集》是元好问在亡国后进行编集，于1247年在真定刊刻出版的。之所以这样认定，是因为在五山版《中州集》末尾张德辉撰写的跋文中有这样的内容（参图16）：

> 百年以来，诗集行于世者，且百家。焚荡之余，其所存盖无几矣。至于一联一咏，虽尝脍炙人口，既无好事者录之，故亦随世磨灭。元遗山北渡后，网罗遗逸，首以纂集为事，历二十寒暑，仅成卷帙。思欲广为流布，而力有所不足，第束置高阁而已。已酉（1249）秋，得真定提学龙山赵侯国宝资藉之，始锓木以传。予谓：

非裕之搜访百至，则无以起辞人将坠之业。非赵侯好古传［雅］，则无以慰士子愿见之心。因赘数语□□□

作诗为难，知诗为尤难。唐僧皎然谓："钟嵘非诗家流，不应为诗作评。"其尤难可知已。半山老人作《唐百家诗选》，迄今家置一本。曾端伯选宋诗，不可谓无功，而学者遂有二三之论。予谓："裕之此集今四出矣。评者将附之半山乎？曾端伯乎？季孟之间乎？"东坡有言："我虽不解书，晓书莫如我。"是则又不知皎然师果为真识否也？

明年四月望日，颐斋张德辉耀卿书。

这里的张德辉，在《元史》卷一六三中有传，而苏天爵编《元朝名臣事略》卷十中，亦有"宣慰张公"条目来专门介绍他。张德辉就是本书第四章中介绍过的，作为真定史天泽的幕僚进入忽必烈的中统政权，后于至元三年（1266）出任参议中书省事的人物。壬子年（1252）元好问赴开平，向尚处于潜邸时代的忽必烈献上了"儒教大宗师"的名号。而元好问的这次成行与张德辉的介绍和引荐是分不开的。他撰写《中州集》跋的事实，也就意味着，刊刻出版《中州集》所需经费的最终出处来自忽必烈的潜邸。

据《元史》卷九五《食货志·岁赐》的内容，"丙申年分拨"中真定路八万户"五户丝"划归给了忽必烈的弟弟阿里不哥。如果这里的记述属实的话，那就意味着当时真定路全域几乎都划归给了阿里不哥。阿里不哥的长兄蒙哥即位以后，特别是在壬子年，真定路的一部分被宪宗

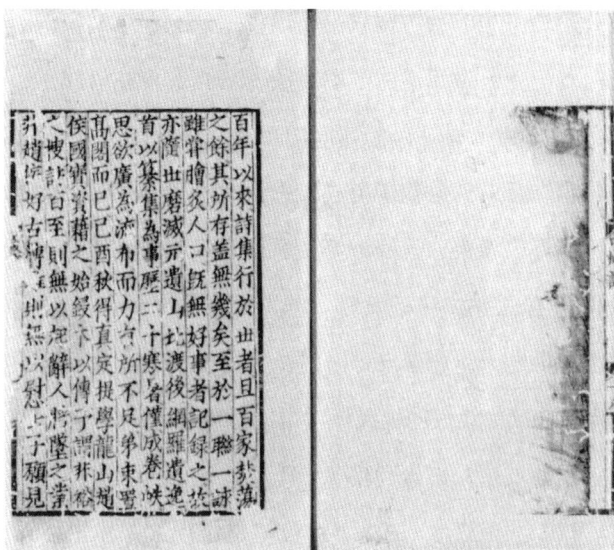

图16-1　五山版《中州集》（日本国立国会图书馆藏）最终叶a

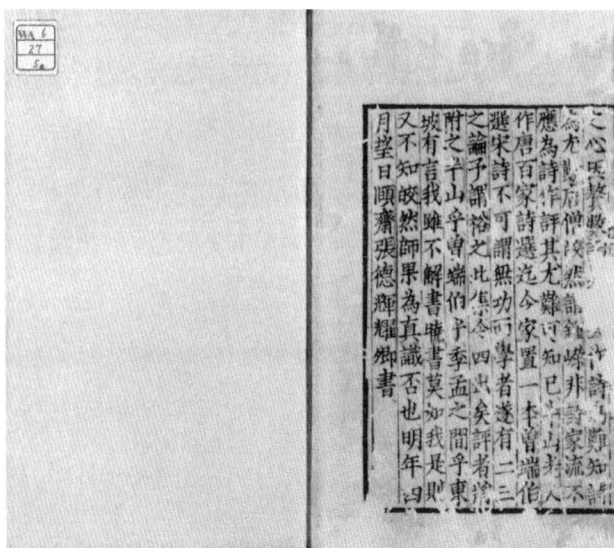

图16-2　五山版《中州集》（日本国立国会图书馆藏）最终叶b

蒙哥再次分割给了当时蒙古政权的功臣们。从这些事实来推断，《元史》卷四《世祖本纪一》中记述的"岁甲辰（1244），帝在潜邸（此时应该是指真定府），思大有为于天下，延藩府旧臣及四方文学之士，以问治道"，就是指1244年以后，真定路是由成吉思汗的小儿子拖雷一脉的蒙哥、忽必烈、阿里不哥三兄弟分割统治的。更加明确地说，对汉地方面怀揣着莫大野心的忽必烈在1244年以后，作为投下领主的一人，开始在真定路发挥自己的影响力。而看准这一时机，搭上了忽必烈的这趟顺风快车的，就是以张德辉为代表的史天泽门下的幕僚们。

张德辉在跋文中，作为刊刻《中州集》的出资者，提到了一位名为"真定提学龙山赵侯国宝"的人。这位"赵侯国宝"和张德辉以及潜邸时期的忽必烈，三人同时登场的相关史料，恰恰是元好问的文章。那就是《遗山先生文集》卷三二中收录的附有与《中州集》刊刻同年日期，即"己酉年（1249）十月朔旦（一日）"纪年，题为《令旨重修真定庙学记》一文。这里的"令旨"，意为"身属帝室的男子的命令"，在这里《庙学记》中"令旨"单纯是指忽必烈的命令[1]。标题《令旨重修真定庙学记》就是"根据忽必烈的命令再建真定府学的记录"之意。

> 王以丁未之五月，召真定总府参佐张德辉北上。德辉既进见，王从容问及镇府庙学今废兴何如。德辉为言："庙学废于兵久矣。征收官奉行故事，尝议完复，仅立一门而已。今正位虽存，日以倾圮。

---

[1]《元史》卷一六三《张德辉传》中记述此时曰"岁丁未（1247），世祖在潜邸"。因此《令旨重修真定庙学记》中提到的"王"，不是阿里不哥而是指忽必烈。

本路工匠总管赵振玉方营葺之，惟不取于官，不敛于民，故难为功耳。"于是令旨以振玉、德辉合力办集，所不足者，具以状闻。德辉奉命而南。连率史天泽而下，晓然知上意所向，罔不奔走从事，以资以力，迭为伙助。实以己酉春二月庀徒葺事。黾勉朝夕，罅漏者补之，邪倾者壮之，腐败者新之，漫漶者饰之。裁正方隅，崇峻堂陛。庙则为礼殿，为贤庑，为经籍、祭器之库，为斋居之所，为牲荐之厨。而先圣、先师、七十子、二十四大儒像设在焉。学则为师资讲授之堂，为诸生结课之室，为藏厮庖涸者次焉。高明坚整，营建合制，起敬起慕，于是乎在。乃八月落成，弦诵洋洋，日就问学。胄子渐礼让之训，人士修举选之业。文统绍开，天意为可见矣。既丁酉释菜礼成，教官李谦暨诸生合辞属好问为记，以谨岁月。

（《文集》卷三二，第320—321页）

从上面节选的内容中，可知1247年五月张德辉拜谒忽必烈时，提出了真定路工匠总管赵振玉为再建府学而苦恼的事。忽必烈于是命令张德辉协助赵振玉解决这个问题。府学再建工程从1249年开始，同年八月竣工。"真定路工匠总管赵振玉"与张德辉在《中州集》跋中提到的"真定提学龙山赵侯国宝"是同一人，他也是筹集《中州集》出版经费的人物。"工匠总管赵振玉"与"真定提学龙山赵侯国宝"是同一人的事实，在元好问友人李治所写的《元庆源军节度使真定等路工匠都总管赵侯神道碑》（《光绪赵州志》卷一五所收）中得到了证实（赵振玉字国宝）。《令旨重修真定庙学记》中的"工匠总管"具体是指"管理各投下所划归的工匠及其制品管理的责任者"。忽必烈所说的"办集",即是"准备、筹备"之意,具体指官吏在自己的所属辖区征收税金之事。张德辉虽然向忽必烈表明了重修庙学的费用"不取于官,不敛于民",也就是不想动用真定路的税赋或者是通过向民户追征税金来筹集,但忽必烈以二人办集"所不足者"的意思,最终依然是通过追征课税的方式集资。如此,府学再建工程仅用了半年的时间就顺利竣工了。修整工程所需费用既然是工匠总管赵振玉参与办集的,这就意味着从1247年开始真定路的工匠们被追征了两年的课税用以修建府学。另一方面,张德辉在《中州集》跋中提到,《中州集》的刊刻是"己酉秋,得真定提学龙山赵侯国宝资藉之,始锓木以传"。如果是这样的话,那么《中州集》极有可能是利用1249年八月竣工的真定府学再建事业的结余款项来付梓的。《中州集》或许是被作为真定府学再建事业的一环来刊行的。

至此,我们有必要重新审视一下张德辉的《中州集》跋。

实际上,张德辉的这篇跋文只存在于日本国立国会图书馆所藏的五山版《中州集》中(此版本为日本中田喜一郎旧藏)。国内流传的善本——元刊本《中州集》(《四部丛刊》初编所收)、汲古阁本《中州集》——都不见载。而考察《中州集》的成立及其周边问题的众多研究者们尚没有完全认识到这一点,因此依然存在着数处未得以消除却被束之高阁的误解。比如说,笔者以上对《中州集》是用真定府学再建事业的结余款项来出版的事实做了考证。这一考证之所以必要的根本原因,是因为五山版跋文中"真定提学"的表述,给众多的研究者造成了一个误解,认为《中州集》是由"真定的教员们"合资出版的。赵振玉诚然是"真定提学",

但同时也是"龙山赵侯"。"侯"是对与诸侯比肩的高品阶官位的称呼，而"提学"是"提举学校学官"的略称。"提举学校学官"一语，在宋、金朝指的是府学、州学的校长①。根据元好问《令旨重修真定庙学记》、李治《元庆源军节度使真定等路工匠都总管赵侯神道碑》的记述，赵振玉是"工匠总管"，也就是"提举工匠"，所以他是以真定府财务官兼校长（即"提举工匠兼学校事"）的身份总揽了真定府学再建事业的全般事务的。《中州集》并不是教员们凭着一腔热情捐资出版的。

《中州集》跋中"因赘数语□□□"云云是说明刊刻出版经过时，书肆惯用的宣传语。这就意味着，现在日本国立国会图书馆藏的五山版要么是《中州集》的初刻本，要么是初刻本的摹刻本。跋文的日期虽是"明年四月望日"，但《中州集》在己酉年（1249）秋开始刻板，实际发行就要等到第二年1250年的四月十五日以后。文集"总目"中有"乙卯（1255）新刊"（参图17-2）的字样，这就不能否定其延期至1255年出版的可能性。因为五山版《中州集》末尾未见其他诗文，就说明那时文集末尾所附的，只有张德辉的这篇跋。

综合以上的分析，张德辉跋中的以下内容就值得我们玩味。

> 作诗为难，知诗为尤难。唐僧皎然谓："钟嵘非诗家流，不应为诗作评。"其尤难可知已。半山老人作《唐百家诗选》，迄今家置一本。曾端伯选宋诗，不可谓无功，而学者遂有二三之论。予谓："裕

---

① 《金史·选举志一》曰："凡试补学生，太学则礼部主之，州府则以提举学校学官主之。"见《金史》卷五一，第1131页。

之此集今四出矣。评者将附之半山乎？曾端伯乎？季孟之间乎？"
东坡有言："我虽不解书，晓书莫如我。"是则又不知皎然师果为真
识否也？

在上面的引文中，张德辉立足于"只有方家才能称得上'真识'，
唯拥有'真识'才会是出色的评论者"的观点，一边言及钟嵘的《诗
品》、王安石的《唐百家诗选》、曾慥的《皇宋诗选》以及苏轼的《书
论》，一边叙述了《中州集》亦是由优秀诗人编著的出色"诗评"的事
实。这里张德辉的议论并没有什么特别的地方，也无须进行长篇大论，
但重要的是，元好问自身亦有题为《自题中州集后五首》的七言绝句，
这五首诗作的内容竟然与张德辉所述同步，围绕《诗品》、王安石的
《唐百家诗选》、曾慥的《皇宋诗选》以及苏轼的《书论》展开了相同
的议论。张德辉的《中州集》跋与元好问的《自题中州集后五首》，二
者的先后顺序是怎样的呢？如果元好问的《自题中州集后五首》是首
先创作的话，那又是什么原因，使其没有出现在现行《中州集》的末
尾呢？首先来看一下元好问的《自题中州集后五首》[1]的内容。

其一

鄴下曹刘气尽豪，江东诸谢韵尤高。

若从华实评诗品，未便吴侬得锦袍。

---

[1]《文集》卷一三，第143页。

三国时代，在北方邺都许昌主导文学的曹操、刘桢等人的诗作豪放磊落，其后文化中心转移到江南，活跃在建康的谢灵运一族的诗作纤细致密，格调高雅。但是如果从形式与内容的调和来进行诗歌评判的话，江南的黄毛小子们未必就能占得了上风。

其二

陶谢风流到百家，半山老眼净无花。

北人不拾江西唾，未要曾郎借齿牙。

唐诗承袭了陶渊明和谢灵运的诗风，这一事实在半山老人王安石编纂的《唐百家诗选》中得到了证实，王安石果然是眼力敏锐没有老眼昏花。北人们才不屑于跟在江西诗派的后面拾人牙慧，江西曾慥所选的《皇宋诗选》根本就没有被他们放在眼中。

其三

万古骚人呕肺肝，乾坤清气得来难。

诗家亦有长沙帖[①]，莫作宣和阁本看。

[①]《容斋四笔·东坡题潭帖》内容如下：《潭州石刻法帖》十卷，盖钱希白所镌，最为善本。吾乡程钦之待制，以元符三年（1100）帅桂林，东坡自儋耳移合浦，得观其藏帖，每帖各题其末。第二卷云："唐太宗作诗至多，亦有徐、庾风气，而世不传。独于《初学记》时时见之。"第四卷云："吴道子始见张僧繇画，曰：'浪得名耳。'已而坐卧其下，三日不能去。庾征西初不服逸少，有家鸡野鹜之论，后乃以为伯英再生。今观其书，乃不逮子敬远甚，正可比羊欣耳。"第六卷云："'宰相安和，（转下页）

真正的诗人就要像李贺那样，在诗歌创作上呕心沥血。要想得到来自天地宇宙间的灵感绝不是件简单的事情。苏东坡曾说过："钱希白的《长沙法帖》颇具江东风采，远胜《阁本法帖》。"就像东坡说的那样，真正理解应该以何为典范实际上是很难的事，但是我们有我们自己的《长沙法帖》，没有必要去承袭北宋末的宫廷风格。

其四

文章得失寸心知，千古朱弦属子期。

爱杀溪南辛老子，相从何止十年迟。

诗文创作的辛劳我本身是最清楚不过的，我朋友们的千古所思，只能寄托在将来可能出现的像钟子期那样的知音者身上了。我最喜欢的是溪南诗老辛愿其人，一直觉得对他的追随晚了十年还不止呢。

（接上页）殷生无恙。'宰相当是简文帝，殷生则渊源也邪？"第八卷云："希白作字，自有江左风味，故长沙法帖比淳化待诏所摹为胜，世俗不察，争访阁下本，误矣。此逸少一卷，尤妙。庚辰七夕，合浦官舍借观。"第九卷云："谢安问献之：'君书何如尊公？'答曰：'故自不同。'安曰：'外人不尔。'曰：'人那得知！'"已上所书，今麻沙所刊大全集志林中有之。案：庚亮及弟翼俱为征西将军，坡所引者翼也。坡又有诗曰："暮年却得庚安西，自厌家鸡题六纸。"盖指翼前所历官云。此帖今藏予家。见[宋] 洪迈著：《容斋随笔·四笔》卷十，南京：凤凰出版社，2019年，第465页。

其五

平世何曾有稗官，乱来史笔亦烧残。

百年遗稿天留在，抱向空山掩泪看。

　　和平时代民间街头巷尾的闲谈是毫无用处的。战乱时期史家、史书都遭到了破坏摧残，所以才需要我这样的人来努力记录些东西。上天有意让金朝百年间的的各种记录留存了下来，怀抱着这些遗稿，面对空无一人的青山一个人流着泪默默地翻看。

　　如上所见，元好问《自题中州集后五首》，《其一》中语及钟嵘的《诗品》，《其二》中涉及到王安石的《唐百家诗选》、曾慥的《皇宋诗选》，《其三》言及苏轼的《书论》，虽然内容上存在着详略的差异，但可以说，与张德辉所撰《中州集》跋文有着同样的论述。二者的相似已经远远超出了偶然的可能性，只能说这是明显的一方对另一方的模仿。问题是，究竟是谁模仿了谁呢？

　　如果张德辉的《中州集》跋是附在《中州集》初刻本中的话，那么收录了元好问五首诗作的《中州集》刻本，在张德辉执笔这篇跋之前恐怕是不存在的。这样一来，无疑就成了是元好问参考张德辉的跋创作了《自题中州集后五首》。很难想象作为前辈的元好问会去模仿后辈张德辉，不能不说这一可能性是极低的。

　　对于这个问题，笔者是这样分析的：张德辉《中州集》跋中有

"元遗山北渡后，……历二十寒暑^①，仅成卷帙。……而力有所不足，第束置高阁而已"句。也就是说，《中州集》在真定刊刻出版的数年前就已经脱稿，只是完成后的原稿被搁置在了某处的"高阁"上。1247年，当真定府学的再建工程启动的时候，元好问准确地预见了《中州集》的刊刻出版，作为跋文写下了《自题中州集后五首》。但是一旦到了刊刻出版的阶段，因为某种原因跋文的存在受到了质疑（比如说，或许会有人认为文集的'序''跋'出于同一人之手不太合适），在1250年四月临时决定替换原有跋文，也就是文集的最后一页。于是张德辉就按照《自题中州集后五首》的内容写了跋，与"明年四月望日"的日期一起付样出版。这样考虑的话，《中州集》脱稿的时间大约在1247年的推测也是成立的。

张德辉的《中州集》跋只见于日本国立国会图书馆藏五山版《中州集》的事实在前面已经介绍过了，而文集卷首则载有历代各种版本共通的、署名为"河东人元好问裕之引"的《中州集引》（其他版本中，卷首的这一序文皆题为《中州鼓吹翰苑英华序》）：

　　商右司平叔衡尝手抄《国朝百家诗略》，云是魏邢州元道道明所集，平叔为附益之者。然独其家有之，而世未之知也。岁壬辰（1232），予掾东曹，冯内翰子骏延登、刘邓州光甫祖谦约予为此集。时京师方受围，危急存亡之际，不暇及也。明年留滞聊城，杜门深

---

① 这里的"二十寒暑"或许是指"寒与暑合计二十"之意，即非二十年，而是十年的意思。

　　　　　　　　　　　　　　　　　元好问与他的时代

居，颇以翰墨为事。冯、刘之言，日往来于心。亦念百余年以来，诗人为多，苦心之士，积日力之久，故其诗往往可传。兵火散亡，计所存者才什一耳。不总萃之，则将遂湮灭而无闻，为可惜也。乃记忆前辈及交游诸人之诗，随即录之。会平叔之子孟卿，携其先公手抄本来东平，因得合予所录者为一编，目曰《中州集》。嗣有所得，当以甲乙次第之。十月二十有二日，河东人元好问裕之引。

（《中州集》序，第1页）

这篇序文记述了《中州集》在魏道明编纂的诗集《国朝百家诗略》的基础上，经过商衡、元好问对其进行多方补订后的成书经过，是考察《中州集》成书过程的重要资料。但是，必须注意到，序文中记载的相关事件在时间上存在着矛盾，而且这一序文在现存的《遗山先生文集》中没有收录。作为元好问的作品，不得不说文章整体风格上缺少了元好问历来表达上的曲折，略显稚拙。

序文中时间上的矛盾有以下几点。序文开篇的时间为"壬辰年"（1232），而在中间又有"明年留滞聊城"之语，此后直到篇末再没有相关年次的记述。如果是这样，末尾所署"十月二十有二日"就必须是1233年的十月二十二日。元好问1233年1月的确身在聊城，但就像在第五章考证的那样①，元好问可能被解除拘禁的最早时间也应该是在1234年秋天以后的事情，在此之前，他与商衡的儿子商庭在东平会晤一事几

---

① 在第五章的考证中，推测元好问从聊城拘禁中解放的时间是1235年的七月左右。参照第五章"两次归乡"一节。

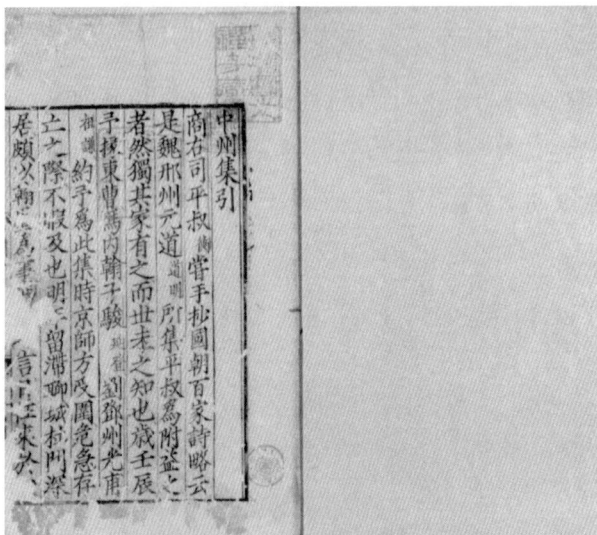

图17-1　五山版《中州集》（日本国立国会图书馆藏）第一叶a

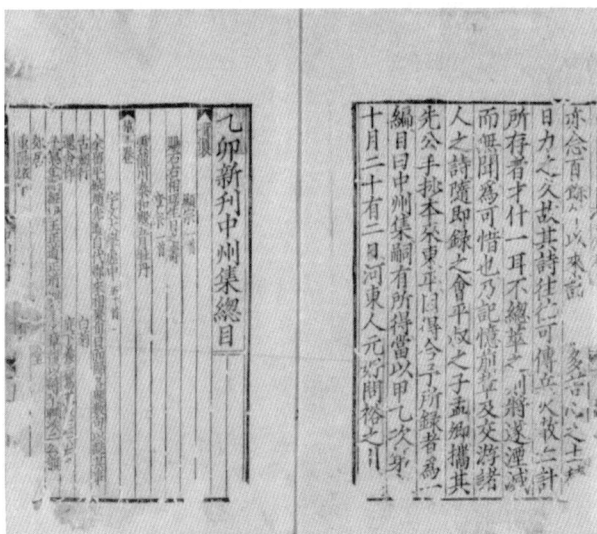

图17-2　五山版《中州集》（日本国立国会图书馆藏）第一叶b

乎是不可能发生的。同时也就说明了《中州集》的原稿在1233年十月二十二日脱稿也是不可能的。

上引的《中州集引》一文，当然同样出现在日本国立国会图书馆所藏五山版《中州集》中。这就意味着元好问生前就已经刊刻的初刻本《中州集》中亦有这一序文的存在，所以这篇序文没有可能被作为"伪作"来处理。如果是这样，对序文中问题点最为妥当的解释之一就是：序文中存在着由于缩减内容而造成的错误，与时间有关的记叙的一部分被人为地做了删减。"明年"所指的内容应该只限于"杜门深居，颇以翰墨为事"。而后文中的"会平叔之子孟卿，携其先公手抄本来东平""嗣有所得，当以甲乙次第之"两处，原本是附有其他年份的。当然，末尾之"十月二十有二日"亦应该是附有相应年份的。

序文的结尾"嗣有所得，当以甲乙次第之"之语，笔者认为是编者元好问打算"今后如果能够收集到其他作品，就按顺序进行编次"之意。然而，所谓的"序跋"是在书籍结束编集作业要付梓出版时所附之内容。在序文中出现"以甲乙次第之"——意味着编集作业的继续——这样的语句，这一表述本身就是一个大大的意外。

综上，现行的《中州集》存在着今日也无法解决的矛盾点和不合理的地方，而之所以产生这样的疑点，极有可能是因为《中州集》原稿在完成以后，被闲置在某处一段时间，后来没有经过元好问之手就被直接送去刻板的原因。这一序文的内容恰好占用了一枚版木的事实也可以侧面证实上面的推测。也就是说，刻板过程中为了将序文的内容收纳到一片版木上，元好问的序文原稿被人进行了任意的删略剪接——这就是今天我们所看到的《中州集》卷首的序文。

四、《中州集》的年代

《中州集》是如何编集的呢？

在上节所引《中州集引》中曾经提到，《中州集》的前身是"**魏道明收集、商衡增补的《国朝百家诗略》**"。首先，有必要考察一下《国朝百家诗略》是一本怎样的书籍。

关于魏道明其人，《中州集》"雷溪先生魏道明"条中这样记载：

> 道明字元道，易县人。父辽天庆中（1111—1120）登科，仕国朝为兵部郎中。子上达、元真、元化、元道，俱第进士，又皆有诗学。元道最知名，仕至安国军节度使。暮年居雷溪，自号"雷溪子"，有《鼎新诗话》行于世。
>
> （《中州集》卷八，第401页）

根据《中州集》的记载，魏道明的父亲是辽国末年进入官界的人物，魏道明是家里的小儿子。据此，可以推断魏道明在文坛活跃的时期大约应在金世宗的大定年间（1161—1187），他所收集的金朝诗作当然也应是以此时期为下限的。仔细观察现行《中州集》中所附的略传，比如卷一《蔡丞相松年》中"百年以来，乐府推伯坚与吴彦高"的记述，这里所附加的大多数的诗评都是从总括金朝一百二十年的立场——也就是

　　　　　　　　　　　　　　　　　　元好问与他的时代

金朝灭亡后的元好问的视角——出发来书写的。略传的大部分都是经过元好问的手而完成的，并不是从别处单纯地转引。魏道明编纂的《国朝百家诗略》中是否有各诗人的传记我们不得而知，即使有，在《中州集》中似乎也找不到元好问利用这些内容的痕迹。

对于商衡其人，《中州集》中并没有收录他的作品，也就没有他的略传。但是在《中州集》刊刻出版后的1253年二月，元好问为商衡写下了题为《曹南商氏千秋录》的家谱序文，极为详细地记录了他在战乱期间自刭的事迹①。在《曹南商氏千秋录》中，元好问有提到"正叔（商衡的弟弟商道的字）家与我元家是旧世交""我曾为商衡写过墓铭"②。元好问与商衡属于世交家族的友人，商衡去世时，元好问也为其写了墓志铭，遗憾的是并没能留存下来。而《中州集》中没有商衡的作品，是因为包括商衡的儿子商挺③在内，没有人手上保存有商衡的遗稿。而且，《中州集》中也没有能够读取到商衡与人在诗作上有过唱酬交流的作品（也就是说，集中诗作的诗题和诗的内容中都没有有关商衡的信息出现），《归潜志》中也找不到关于他的记载，应该说商衡本身并不是以诗闻名的。就像《曾南商氏千秋录》中记录的那样，商衡"性嗜学，藏书数千卷，古今金石遗文，人所不能致者，往往有之"，他原是作为一名好学的藏书家而为人知的。这样的商衡是如何增补《国朝百家诗略》的，我们一无所知。

---

① 元好问的记述被原封不动地引用在《金史》卷一二四《忠义四·商衡传》中。
② 商道是元代广为人知的散曲作家。《曹南商氏千秋录》曰："好问铭其（指商衡）墓……正叔以通家之故，请为《千秋录》作后记。"见《文集》卷三九，第407页。
③ 商挺仕元官至参知政事，亦以散曲名世。

如果说他的增补对元好问的编集作业产生了某些影响的话，那么影响到的应该不是商衡同时代诗人的记载，而是前辈诗人作品的收录。也就是说，商衡的的确确是增补过"魏道明收集的《国朝百家诗略》"的。

《中州集》不是元好问为了实践自身文学理论而编纂的诗集，它是一本色彩浓厚的反映元好问个人记忆和观念的私家诗选。正如元好问自身在《自题中州集后五首》（其五）中所说的"平世何曾有稗官，乱来史笔亦烧残"那样，《中州集》是百废的乱世向后世史官们传递的"金朝的记忆"。《中州集》的这些特征如实地反映在收录的诗人们的排序上，集中所收诗人们的这种排序方法同时也揭示了本书的成书过程。

《中州集》全十卷，最初的三卷中按照时代顺序，罗列了代表金朝诗歌正统的三十三人。从第四卷到第七卷是"补充正统"的重要诗人七十六人，也几乎是以时代顺序排列的。至此，《中州集》内在的某种编排秩序已经初露端倪，从开篇的"御制"按顺序看下去的话，就会发现其采取的是类似于以"本纪""世家""列传"顺序排列的纪传体史书，或者是与以"上品""中品""下品"定位的《诗品》体裁相似的、具有一定系统的理论书籍似的构成。从这一点上来说，《中州集》具有类似正史的一面。

《中州集》到第八卷，以"别起"为标记，将隶属群小的七十四名诗人再一次从国朝初开始按时代顺序做了排列。第九卷开卷没有"别起"标记，但推测为上承第八卷的二十六名群小诗人排列在卷头之后，"诸相"十六人，"状元"八人，"异人"四人，"隐德"一人，皆是按照时代顺序排列。最后的第十卷，首先标记"三知己"，收录了元好问的三位诗友；接着标记"南冠五人"，收录了金朝初的楚囚五人；其后标记"附见"，收录了元好问的知己好友赵滋、自己的生身父亲元德明、兄长元好古三人。

整体上概览《中州集》时，可以说它是由"正传""别传"和有着备用箱功能的"别起"这三部分构成的——第一到第七卷为止是正传，第九卷以下被标记为"诸相""状元""异人""隐德""三知己""南冠五人""附见"等部分是别传，其他放在中间的部分是有着"备用箱功能"的别起。"正传""别起""别传"这三部分的排列极有可能是从《中州集》编纂之初就计划好的，而这也正是耐人寻味的地方。也就是说，在元好问着手编纂工作之初就决定了书籍的十卷构成，并且准备了"正传""别起""别传"这三个框架，编纂内容一旦脱稿，就直接放入相应的框架中去。

比如，卷十"附见"中所列的"蘧然子赵滋（一首）"条目。在《中州集》中这一条目的结尾只有"丁酉岁（1237），殁于东平，时年五十九"的记述。赵滋这一人物与元好问的父亲元德明、兄长元好古一起并列于此的原因没有做任何的说明。然而，在《遗山先生文集》卷二四中收录了《蘧然子墓碣铭》一文，墓铭中元好问在记述了与《中州集》"蘧然子赵滋"条目同样的内容后，又做了这样的记述：

> 予居东州久，将还太原，行有日。蘧然子闻之，诵予诗文，恨相见之晚而相从之不得久也，为之泣数行下。丁酉冬复来东州，而蘧然子下世已数月矣。其婿商挺孟卿为予言，予已北归，蘧然子为

之饮食不美者数日。家人辈问言："元子得归，在渠为可喜事，而公为之捐眠食，何也？"蘧然子曰："是岂儿辈所能知也哉。"他日，孟卿示予蘧然子故书，凡予所谈，往往记之纸墨间，予诗文则间亦记之也。因窃为慨叹，蘧然子平生交不苟合，人与之言，一不相入，挟杖径去不返顾。其所以爱我者乃如此。予愚谬不足比数，何以得蘧然子如此哉？天下爱予者三人：李汾长源、辛愿敬之、李献甫钦用。是三人者，皆有天下重名。然长源瘐死西山狱中；敬之则被掠而北，为非类所困折，死于山阳；钦用从死淮西，时年未四十也。予尝以三人者之后，当无有收众人之所弃、曲相奖借如渠辈者。晚节末路，乃复有一蘧然子。思欲与之邻屋相往来，杯酒相乐，就渠所谈如东京故事者，悉记录之。曾不五六年，而又若有物夺之而去者。岂予赋分单薄，善于招殃致凶，所与游者，皆为所延及耶？不然，何夺吾蘧然子之遽也？蘧然子讳滋，字济甫，姓赵氏。本出冯翊。其大父天会、贞元间来为汴梁户籍判官，卒官下。妻子不能归，遂为汴人。父讳青，字汉卿。蘧然子三男：长某，次某，兵乱中所失；小子尚幼。二女，次即孟卿所娶者。蘧然子春秋五十有九，以病终，权葬于东平沂州门之外若干步。庚子岁（1240）除日，予实铭之。

（《文集》卷二四，第248页）

在《蘧然子墓碣铭》中，元好问记述了赵滋是与"三知己"的李汾、辛愿、李献甫一起受自己爱戴的为数极少的知己之一。这四人的离世都是死于非命，赵滋是拥有《国朝百家诗略》私家本的商挺的岳父等情况。读罢《墓碣铭》，我们可以理解赵滋在《中州集》"附见"处与元好问的父亲和兄长并列的理由。但同时也催生了新的疑惑：元好问为何不做"四知己"，而将赵滋放在了"附见"项目中呢？况且"附见"中除了赵滋，其余的父亲和兄长两人，明显是异于知己类别的有着血缘关系的至亲。元好问为何要将没有血缘关系的赵滋放入"附见"中呢？

对这一疑问最为妥当的解释，就是《中州集》"正传""别起""别传"的整体构成以及卷十的"三知己""南冠五人""附见"的项目排列一开始就已经决定好了。赵滋去世的时间以及其作为文人的特征不同于"三知己"（赵滋对于诗歌创作似乎并不见得有多热心），所以不能一起并列。但是又不忍心将其归入"备用箱"功能的"别起"，于是就只能将其归入由血缘者构成的"附见"中了。这就说明，在元好问撰写赵滋墓志铭的1240年，《中州集》的构成很大程度上已经固定下来了。

从具有"备用箱"功能的"别起"部分来考虑《中州集》成书过程的话，卷八中列出的七十四人中，第六十七名的"李警院天翼"和第六十九名的"张参议澄"，是考察《中州集》脱稿时间的重要存在。

就像本书第五章中所介绍的那样，"李警院天翼"在《中州集》二百五十九人的略传中，是给人留下深刻印象的富有感染力的一条内容。《遗山先生文集》卷三四中题为《王无竞题名记》的文章中，元好问记述了乙巳年（1245）秋天自己与李天翼等同游山西崞山祠（山西原平的水神庙）的事情。也就是说，彼时李天翼尚未去世①。卷八"别起"的编纂应该是在收录赵滋的卷十之后完成的。

另一方面，"张参议澄"（字仲经）其人也是在本书第二章中介绍过的人物，亡国后留寓东平，甲寅年（1254）他的儿子张梦符出版了他的诗集（《橘轩诗集》），元好问为其撰写了序文《张仲经诗集序》：

> 自丙午（1246）以后，参幕府军事，当贤侯拥篲之敬，得寸行寸。谓当见之一日，未一试而病不起矣。其孤梦符，持《橘轩诗集》求予编次。感念平昔，不觉出涕。因题其后。呜呼！有言可述，学者之能事。有子可传，人道之大本。吾仲经言可述矣，子可传矣，顾虽赍志下泉，其亦可以少慰矣夫。甲寅冬至日，诗友河东元某裕之题。
>
> （《文集》卷三七，第382页）

如引文所载，张澄于丙午年离世。《中州集》卷八收录他的内容当然也是在那时候，即1246年。

《中州集》卷五中"冯内翰延登"的条目中，有这样的记述：

> 延登字子骏，吉州人。承安二年（1197）进士。令宁边日，适

---

① 在前述的《大金重修宣圣庙之碑》碑阴上留下的元好问等人"乙巳冬十二月望日的题名"中没有李天翼的名字，可以推测李天翼或许是在乙巳年八月到十二月之间去世的。

闲闲公守此州，与之考论文义，相得甚欢。故子骏诗文皆有律度。正大末，奉命北使，见留。使招凤翔，不从。欲杀者久之，割其须鬏，羁管丰州二年，乃得还。天兴初元（元年，1232），授礼部侍郎。京城陷，自投井中。子骏资禀淳雅，与人交，殊款曲。读书长于《易》《左氏传》。好贤乐善，有前辈风调。尝欲作《国朝百家诗》而不及也。有集，号横溪翁。予过大名，见于其子源如。

（《中州集》卷五，第255页）

这里所说的冯延登是在《中州集引》中亦有所言及的人物（"岁壬辰，予掾东曹，冯内翰子骏延登、刘邓州光甫祖谦约予为此集"）。这里重要的是略传中"予过大名，见于其子源如"的记述，即这是对元好问与冯延登的儿子冯源如在大名直接会面的明确记录。对于冯延登的儿子来说，大名的这次会面有着与众不同的重要意义，元好问在其他文章中记述这次会面的时间是"1245年的冬天"。这就意味着，《中州集》卷五的这一部分是在1245年冬天以后完成的。

元好问1245年游历大名，与冯延登的儿子会面，并以此为契机为冯延登写了神道碑《国子祭酒权刑部尚书内翰冯君神道碑铭》。碑铭中这样记录了这次会面：

岁壬辰（1233）夏四月辛丑，京城受兵，刑部君（冯延登）逃难仓猝，遂与家人相失。明日事定，君之子源、吉辈求访百至，幸其微服而北也，乃渡河物色之，于大名，于东平，于平阳，于太原、大兴、大定,阅三数年之久,历万余里之远,间关险阻,饥冻困踣,濒于死者屡矣。然亦竟无所见。

乙巳(1245)冬,好问过大名,始以所闻告君之季子亨。盖君既为骑兵所得,欲拥而北行。人有见之者,谓君辞情慷慨,义不受辱,竟自投城旁近井中。亨乃发丧行服,又将以故事,奉君衣冠,葬于某所。以好问尝得幸于君,涕泗百拜,以碑铭见请,谨为次第之。

(《文集》卷一九,第203页)

从记述内容上能够想象,1245年秋天,在与李天翼、梁辨疑一起从原平的水神庙直接去往东平的途中,路过大名时元好问将自己听闻的冯延登去世的原由告知了冯的儿子。冯延登的儿子在料理完父亲的葬礼以后,请元好问为父亲写神道碑,由此诞生的就是《国子祭酒权刑部尚书内翰冯君神道碑铭》一文。《中州集》"冯内翰延登"条中所说的"予过大名,见其子源如"说的就是这件事。元好问应该是在第二年春天回到故乡忻州后,立即在《中州集》卷五中添加了这一内容。

另外,第二年的1246年也是元好问自内乡以来的友人张澄、李天翼先后去世的一年。他们都是元好问长久以来的诗友,元好问的手上必定有且有很多他们的诗稿。即使如此,在现存《中州集》中,张澄只有四首,李天翼只有三首作品收录在相当于"备用箱"的"别起"部分。综合这些事实,可以想象《中州集》的构成是早就决定好的,而且在张澄、李天翼去世的1246年,《中州集》几乎是已经完成的状态,所以没

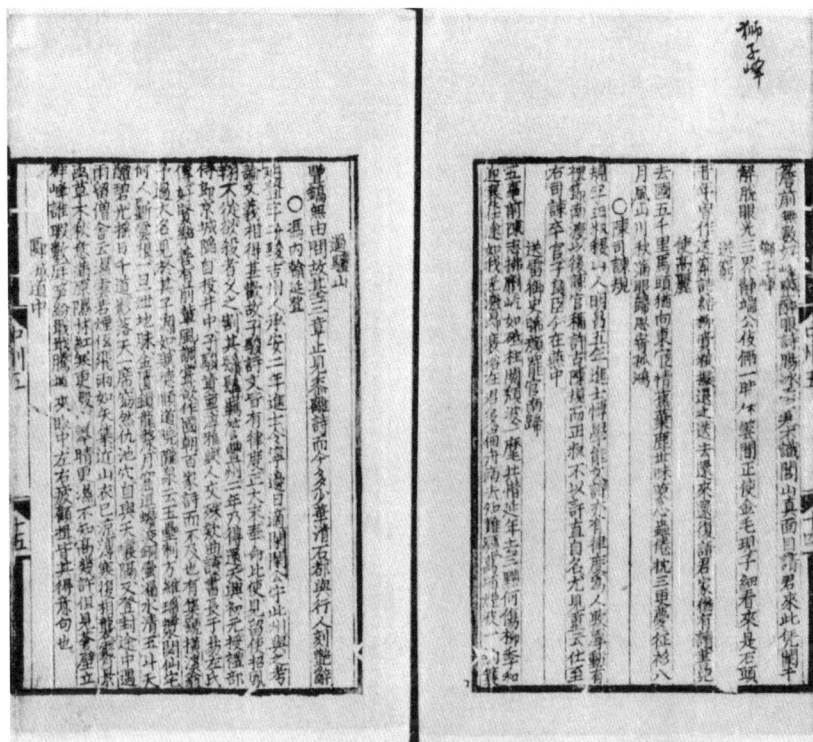

图18　五山版《中州集》（日本国立国会图书馆藏）卷五"冯内翰延登"条目

能插入他们全部的诗稿。

　　本章开头介绍的《与枢判白兄书》的创作时间应该是1247年。这封书信，虽然展示了元好问当时所关联的各种悬案信息，但却没有涉及《中州集》的内容。此外，创作《与枢判白兄书》的1247年，也是前述张德辉前去拜谒忽必烈，请求许可着手重建真定府学的年份。而通过各方面资料的整合能够推测出《中州集》最后的编纂时间应是张澄去世的1246年。从以上的几点来看，《中州集》应该是在1247年初脱稿，并且原稿被寄放在了张德辉、赵振玉的手上。所以《与枢判白兄书》中没有言及《中州集》，而张德辉也在《中州集》跋中记述"元遗山北渡后，……历二十寒暑，仅成卷帙。……而力有所不足，第束置高阁而已"。

五、《中州集》的信息来源

被认为是元好问自己撰写的《中州集引》中，提到了《中州集》的基础是魏元道编集、商衡补订的《国朝百家诗略》。然而，在现存的《中州集》中，魏元道在卷八的"别起"部分排第二十位，还收录了两首诗作。而且，略传丝毫没有论及与《国朝百家诗略》相关或与此类似的内容。即使魏元道编集、商衡补订的《国朝百家诗略》实际上存在过，也像《中州集引》所记述的那样，其钞本是由商挺交给了元好问，但对《中州集》的编纂事业，这个钞本终究是没有什么决定性影响的。

那么，编集《中州集》所需要的信息元好问又是怎样收集的呢？

在《中州集》"路司谏铎"条目中所附的略传中有这样的内容：

> 铎字宣叔，伯达之子。与弟钧和叔，父子俱有重名。而宣叔文最奇，尤长于诗。精致温润，自成一家。任台谏，有古直臣之风。贞祐（1213）初，出为孟州防御使，城陷，投沁水死。有《虚舟居士集》，得之乡人刘庭幹家。
>
> （《中州集》卷四，第201页）

在略传中，元好问自述信息的入手途径是"得之乡人刘庭幹家"。元好问就是这样踏遍华北各地，亲自去发掘各种濒临消失的诗人作品和人生。

再看《中州集》卷四的另一个实例"常山周先生昂"条目的略传。内容中插入了双行的小字注，文字构成多少有些复杂。此处将双行的小字注解内容用〔 〕进行标记，整体内容如下：

　　昂字德卿，真定人。父伯禄，字天锡，师事玄贞先生褚承亮。〔承亮字茂先，宣和六年（徽宗1124年。1127年南宋高宗立）擢第，调易州户曹。会皇子郎君（郎君，即主君之意，指幹离不）破真定，拘境内进士七十三人赴安国寺试策。策目"上皇不道，少主失信"。举人希旨，极口毁诋（指诋毁上皇宋徽宗，少主宋高宗）。茂先离席揖主文刘侍中言："君父之过，岂臣子所当言？"长揖而出，刘为之动容。比榜除，茂先被黜，余悉放第。状元许必辈，自号七十二贤榜。帅府重其名，檄茂先以易州司户知藁城。漫一应之，寻解印去。年七十终。弟子谥为玄真先生。〕大定初第进士，仕至同知沁南军节度使事。德卿年二十一擢第，释褐南和簿，有异政，迁良乡令，入拜监察御史。路宣叔（路铎，字宣叔）以言事被斥，德卿送以诗，坐谤讪停铨。久之，起为龙州都军。以边功得复召，超三司判官。大安军兴（指蒙古的进攻），权行六部员外郎。德卿传其甥王从之（王若虚，字从之）文法云："文章工于外而拙于内者，可以惊四筵而不可以适独坐，可以取口称而不可以得首肯。"又云："文章以意为主，以字语为役。主强而役弱，则无令不从。今人往往骄其所役，至跋扈难制，甚者反役其主。虽极辞语之工，而岂文之正哉。"德卿初有《常山集》，丧乱后不复见。从之能记三百余首，因得传之。屏山《故人外传》云："德卿以孝友闻，又喜名节。蔼然仁义人也。学术醇正，文笔高雅，以杜子美、韩退之为法，诸儒皆师尊之。既历台省，为人所挤，竟坐诗得罪，谪东海上十数年。始入翰林，言事愈切，出佐三司，非所好。从宗室承裕军。承裕失利，跳走上谷。众欲径归，德卿独不可。城陷，与其从子嗣明同死于难。"嗣明字晦之，短小精悍，有古侠士风。年未三十，交游半天下。识高而志大，善谈论而中节。作诗喜简澹，乐府尤温丽。最长于义理之学，下笔数千言，初不见其所从来。试于府、于礼部，俱第一擢第。主涞水簿，从其叔北征得还，而不忍去。使晦之不死，文字不及其叔，而理性当过之。尝谓学不至邵康节、程伊川，非儒者也。其说类此，而天不假年。悲夫！

（《中州集》卷四，第166—167页）

本略传在记述了周昂的字、籍贯之后，介绍了他的父亲周伯禄并涉及到了他的老师褚承亮。然后话题再次回到周昂这边，介绍了他的外甥王若虚的逸话，顺便提到了李屏山的《故人外传》，最后以周昂的侄子周嗣明的话题结束。在介绍一位诗人的同时，元好问将了解到的全部的关联信息都融进了简短的略传中，堪称是一篇优秀的"史传"，可以说这称得上是《中州集》略传中的精华。在此，值得注目的问题就是这一

元好问与他的时代

略传中记述的各种信息的入手途径。

略传中李屏山《故人外传》的书名和王若虚的人名是关键点。李屏山其人是在《中州集》卷四"屏山李先生纯甫"条目中和二十九首诗作一起排列的思想家,名纯甫,字之纯,屏山是他的号。1231年前后离世时尚不到五十岁,是和赵秉文一起在金末文坛有着重大影响的文坛权威人物。他的《故人外传》一书虽然并没有留存下来,但在《归潜志》《中州集》中经常被引用。从书名推测其内容,或许是"评论金朝一代文人们的逸话集"。在考虑《中州集》成书的问题上,李屏山的这本著作,应该是比《国朝百家诗略》更为重要的信息来源。另一位王若虚,是在本书第二章中和刘祁一同介绍的足以代表金朝的历史学家,1243年七十岁去世后,元好问为他写了墓志铭,属于元好问忘年交中的前辈。因为王若虚是周昂母系的外甥,所以可以肯定有关周家的全部信息都是通过王若虚这一渠道收集来的。不仅是周昂的诗作,甚至他的家族信息,元好问都应该是借助于王若虚。

不过,这里还有一条让人感兴趣的元朝时的记录——就是廼贤的《河朔访古记》(来自存世的《永乐大典》辑本)中所收录的关于褚承亮的记述。

真定之西关外,社坛西北隅城濠之外,真定县境上也,有褚先生墓。墓上小碣一通,其略曰:"先生姓褚氏,讳承亮,字茂先。宋宣和二年(1120)擢第,调易州户曹。会金皇子郎君破真定,拘境内旧进士七十三人赴安国寺试策,策目以'上皇不道,少主失信'。

举人希旨，极口诋毁。先生离席揖主文刘侍中曰：'君父之过，岂臣子所当言耶。'长揖而出场屋，刘为之动容。比揭榜，先生被黜，余悉放第。状元许必辈，自号七十二贤榜。时人谓先生曰'有德先生'。朝廷重其名，命知藁城，漫一应之，寻解印去。年七十终，弟子周伯禄等百余人，因私谥曰'元贞先生'云。"十二月蚤谒拜墓下。①

　　中国的石刻书籍在著录碑刻的时候，碑文的撰者、立石的日期也会和标题一起收录是一般例行的记录方法。然而，上面的记述中却缺少了撰者和立石时间。当然，《河朔访古记》一书本身是从《永乐大典》中收集了原本散逸的记事进行复原的辑本。因此，上面的记述是否来自《河朔访古记》，并没有什么确切的证据。但如果引文的内容真实的话，那就意味着一直到元朝中叶左右，在真定府西关外还能看到褚承亮的墓，且立有与《中州集》"常山周先生昂"条目中元好问的记述文字完全一致的石碑刻文。《中州集》中这部分内容的记述，也许就是来自元好问对真定府褚承亮墓志铭的抄录。

　　可以说，在《中州集》的编撰过程中，元好问不仅仅是网罗了华北各地残存的各种传闻、逸话、书籍，对于碑记的拓本类资料也做了积极的收集。

----

① [元] 纳新撰：《河朔访古记》卷上，《丛书集成》初编《北边备对（及其他三种）》，北京：中华书局，1991年，第15—16页。

六、从"王先生碑"到"实录"

本章的目的是以《与枢判白兄书》的内容为线索,考证回到忻州后的元好问的思想和活动。为此,本章首先考证了元好问书信开篇中言及的河南旅行的实态,继而考察了书信执笔时已经脱稿的《中州集》的有关情况。接下来需要检讨的是书信中以下的内容:

> 向前八月大葬之后,惟有《实录》一件,只消亲去顺天府一遭,破三数月功,抄节每朝终始及大政事、大善恶系废兴存亡者,为一书。大安及正大事,则略补之。此书成,虽溘死道边无恨矣。更看向去时事,稍得放松否也。
>
> 王先生碑,今送去,中间有过当处,吾兄细为商略之。碑石想亦未便立得,他日改定,亦无害也。所欲言者甚多,聊疏三二事。欲吾兄知之。有便,望一书为报也。
>
> (《文集》卷三九,第399页)

首先对引文中的"王先生碑"的文稿做一定的考察。

《与枢判白兄书》的执笔时间如果是在1247年的话,在以现存元好问的文学作品为前提的范畴内,"王先生碑"所指的只能是1243年四月在泰山去世的王若虚的墓表。在为王若虚撰写的《内翰王公墓表》中有这样的记述:

岁癸卯（1243）夏四月辛未，内翰王公（王若虚）迁化于泰

山。……又明日，孤子恕奉丧西归。严侯（严忠济）特以参议张澄仲

经护送焉。……恕既还乡里（真定府），以六月辛未，举公（王若虚）

之柩，葬于新兴里之某原，祔先茔也。冬十月，好问拜公墓下。恕

持门生某人撰公行事之状，以铭为请，乃泣下而铭之。公讳若虚，

字从之，姓王氏，藁城（真定府）人。……自公没，文章人物，公论

遂绝。人哭之者云："却后几何时，当复有如公者乎？呜呼哀哉！"

其铭曰：……

（《文集》卷一九，第195—197页）

如墓表记载的那样，王若虚于1243年四月二十五日在泰山去世，第二天
的二十六日他的儿子王恕扶灵归乡，同年的六月二十六日下葬。元好问
同年十月到真定祭扫王若虚时，王恕手持王若虚门人写的行状记来拜访
他，并请求元好问为王若虚写下了上面的墓表。

元好问在祭扫王若虚的1243年冬十月，还写下了另外一篇文章——
《龙山赵氏新茔之碑》。在张德辉撰写的《中州集》跋中，曾经提到《中
州集》刊刻出版时的出资者"真定路工匠都总管赵振玉"。一般认为，
元好问与赵振玉的初次接触恰恰就在这次祭扫王若虚的时候，在赵振玉
的请求下，元好问执笔了《龙山赵氏新茔之碑》。

……癸卯冬十月，侯（赵振玉）介于同官李稚川、周才卿，为

予言："吾赵氏世居保塞，以仕迁大梁（开封）……振玉去乡余二十

年……向辱我公（史天泽）误知，承乏大郡。……乃用故事，卜于平棘县（真定路赵州平棘县）西北乡苏村里之南原，为显考（其父赵振玉）衣冠之藏。……今南原卜宅，亦吾赵宗之大举，不勒之金石以昭示永久，后世其谓我何？诚得吾子辱以文赐之，为幸多矣。敢再拜以请。"……予窃叹焉。呜呼，兵祸惨矣。……至于不腆之文所以记新茔者，乃其滥觞耳。赵侯其勉诸。

（《文集》卷三〇，第302—303页）

通过上面的内容可知，元好问在祭扫王若虚墓时，赵振玉通过同僚李稚川和周才卿的介绍，请求元好问为自己在真定路赵州平棘县新营造的家族墓所撰写了"新茔记"。

从上面的事情能够想象得到，王若虚原本是真定路藁城人（在山东泰山去世只是偶发事件），所以亡国后他一直都得到真定史氏（译者注：指史天泽）的保护，即使是他的葬礼，其遗族也一定得到了来自史氏一族及其幕僚的多方援助。也正是因为这背后援助的存在，才促使元好问特意来到真定祭拜。就是这时候，受到朋友或家人的委托，元好问写下了《内翰王公墓表》和《龙山赵氏新茔之碑》两篇文章。元好问自身也必定是借这次来真定的机会，向史天泽的幕客们传达了《中州集》接近完稿的事实。

《内翰王公墓表》在详细讲述了王若虚去世经过的同时，也比较细心地讲述了元好问作为尚书省令史到开封赴任的壬辰年（1232）以后国都的情况，以及王若虚这一时期在国都的一言一行。元好问对白华所说的"王先生碑有过当处"具体是指什么，我们今天已经无从可知。但是，从正大六年（1229）到天兴二年（1233），这期间作为枢密院判官的白华处于哀宗朝政权的中枢地位，所以从他的这一立场上对元好问的原稿进行补充的可能性是很充分的。

其次，对《与枢判白兄书》中"向前八月大葬之后，惟有《实录》一件"的《实录》进行考察。毫无疑问，元好问在给白华的书简中论及《实录》，是因为在他计划的"金史编纂事业"中白华是不可或缺的重要的信息提供者。以此为前提来推测的话，不得不说，今天众多的研究者们或许误解了元好问这封信中所要表达的真正内容。之所以这样说，笔者认为，元好问在这里所叙述的重点不是"去顺天把《实录》誊写来"，而是"到顺天把自己所掌握的信息添加到《实录》中去"。元好问自述"亲去顺天府一遭，破三数月功，抄节每朝终始及大政事、大善恶系废兴存亡者，为一书。大安及正大事，则略补之"（亲自去顺天府一趟，花费三个月左右的时间，节选抄录每代王朝的结束和开始以及一些重要的政治事件、称得上是大善大恶的人或事，只要是关系到王朝兴废存亡的，就都记录下来。大安年间以及至大年间的事，反而能稍稍补充上一些），"大安年间"是指卫绍土朝，"至大年间"是指哀宗朝。卫绍王朝和哀宗王朝"实录"的欠缺，在金亡前就是尽人皆知的事实。元好问"大安及正大事，则略补之"的意思是："欠缺'实录'的大安年间和正大年间的事迹，如果是我们两个的话就可以对其进行补充。"就是为了"实录"的这一补充作业，元好问向白华提出了协助的请求。

在元王恽撰《玉堂嘉话》卷八中，有一条广为人知的记录王鹗关于"金史编纂"指示的内容（原书双行小字注释用〔　〕表示）。

《金史》，王文康公（王鹗，字百一）定夺①。〔此王状元先生时为承旨学士〕

帝纪九

太祖	太宗
熙宗	海陵庶人
世宗	章宗
卫绍王〔实录阙〕	宣宗
哀宗〔实录阙〕	

志书七

天文〔五行附〕	地里〔边境附〕
礼乐〔郊祀附〕	刑法
食货〔交钞附〕	百官〔选举附〕
兵卫〔世袭附〕	

列传〔旧实录三品已上入传，今拟人物英伟、勋业可称，不限品从。〕

忠义	隐逸〔高士附〕
儒行	文艺
列女	方技
逆臣〔忽沙虎〕	诸王后妃开国功臣在先

———————

①"定夺"即"裁定"之意。吏牍语。

书示仲谋（王恽字仲谋）：王相修史事，宜急不宜缓。多半采访，切恐老人渐无。费用不可惜，当置历令（负责天文方面计算朔闰的人）一人专掌。以后打算。

元裕之、萧公弼奏用银二千定，今即编修书写请俸、饮食、纸札费用。若作定撰，三五百定都了。

采访文字，令言者旌赏，隐者有罚。仲谋所宜着心。编修且要二员，直须选择魏太初（魏初）、周幹臣（？）云云。

本把（负责誊写的吏人）合用儒人兼管，不宜用他色目。如他日同修、编修人来，房屋决少，目今便合商议起盖。盖下房屋，都在文庙，已后也得用。谓如仲谋兼编修，徒单云甫（徒单公履）受直学士兼同修，李仁卿（李治）学士兼同修。胡绍开（胡祗遹）年小也，宜唤去。比至定俸，且与批支。若家小来更好，都交文庙里住。史事早成，其他不预史事者在于文庙，自当退去。此明年话也，仲谋宜知之。书写、典史、杂使，以后必须用。谓文字未集，且定编修二人。若踏逐书写二名，更佳。杂使亦不可阙，将来院官不要人使唤。

中统二年（1261）示。[①]

1259年闰十一月，蒙古可汗宪宗蒙哥猝死。第二年的1260年，蒙哥的弟弟忽必烈在上都开平府即位，建元中统。1261年七月同样是在开平府，在创设中国式的翰林国史院的时候，被任命为翰林学士承旨

---

① [元] 王恽撰，杨晓春点校：《玉堂嘉话》卷八，北京：中华书局，2006年，第180—182页。

　　　　　　　　　　　　　　元好问与他的时代

的王鹗，向编修官王恽提交了上面的这份类似"处理说明书"的《〈金史编纂〉备忘录》。在上面的引文内容中，王鹗对《金史》从"帝纪九""志书七""列传"开始的构成做了具体的指示。其中的关键，就是在"卫绍王""哀宗"条目后面所标注的"实录阙"三个字。元好问的《与枢判白兄书》中记述的"大安及正大事"就是指这里所阙的实录。

如果通过今天的《金史》来确认上面的内容的话，元朝至正四年（1344）十一月成书的现行《金史》卷一三中，横跨大安、崇庆两个年号的卫绍王五年间的事迹，仅仅用了八叶篇幅的记事后，附上了这样的"论赞"：

　　赞曰：卫绍王政乱于内，兵败于外，其灭亡已有征矣。身弑国蹙，记注亡失，南迁（贞祐南迁）后不复纪载。皇朝（元朝）中统三年（1262），翰林学士承旨王鹗有志论著，求大安、崇庆事不可得，采摭当时诏令，故金部令史窦祥年八十九，耳目聪明，能记忆旧事，从之得二十余条。司天提点张正之写灾异十六条，张承旨家手本载旧事五条，金礼部尚书杨云翼日录四十条，陈老日录三十条，藏在史馆。条件虽多，重复者三之二。惟所载李妃、完颜匡定策，独吉千家奴兵败，纥石烈执中作难，及日食、星变、地震、氛祲，不相背盭。今校其重出，删其繁杂。《章宗实录》详其前事，《宣宗实录》详其后事。又于金掌奏目女官大明居士王氏所纪，得资明夫人援玺一事，附著于篇，亦可以存其梗概云尔。

（《金史》卷一三，第298页）

也就是说，前面《玉堂嘉话》中介绍的担任翰林学士承旨的王鹗，在中统三年为了撰写《卫绍王本纪》试图收集过资料，结果除了卫绍王时代的诏令和一位曾担任过"金部令史"名叫窦详的八十九岁老人记忆中的二十多条事迹之外，并没有更多的收获。其后，只能以"史馆"保存的五种书籍为基础，删除其中重复的内容，再编集而成的就是《卫绍王本纪》。"史馆"中的五种书籍，是指司天台（相当现在的天文台）提点张正之写的"灾异十六条"、哀宗朝的翰林学士张本家藏的钞本"旧事五条"、礼部尚书杨云翼的"日录四十条"、陈老的"日录三十条"和章宗朝侍奉李妃的女官大明居士王氏留下的笔记等。这五种书籍进入中统政府史馆的途径，自然是毫无记录的。不过，礼部尚书杨云翼的神道碑是元好问执笔的（《文集》卷一八所收《内相文献杨公神道碑铭》），《中州集》卷七中收录了翰林学士承旨张本的略传和他的十一首诗作。所以如果将这些关联起来考虑的话，那么为放在顺天的《实录》添加了这些相关笔记内容的人，或许就是元好问。

接下来看一下《哀宗本纪》的记载。现行至正四年（1344）刊刻的《金史》中的《哀宗本纪》用了两卷——卷一七、卷一八——合计三十叶的版面收录了1223年十二月至1234年正月前后十年间的经过，与"本纪"的其他部分比较，在内容上看不出有什么格外逊色的地方。与《卫绍王本纪》同样，这里也在卷尾附上了"论赞"，其内容是这样的：

　　赞曰：金之初兴，天下莫强焉。太祖、太宗咸制中国，大概欲效辽初故事，立楚、立齐，委而去之，宋人不竞，遂失故物。熙宗、海陵济以虐政，中原觖望，金事几去。天厌南北之兵，挺生世宗，以仁易暴，休息斯民。是故金祚百有余年，由大定之政有以固结人心，乃克尔也。章宗志存润色，而秕政日多，诛求无艺，民力浸竭，明昌、承安盛极衰始。至于卫绍，纪纲大坏，亡征已见。宣宗南渡，弃厥本根，外狃余威，连兵宋、夏，内致困惫，自速土崩。哀宗之世无足为者。皇元功德日盛，天人属心，日出爝息，理势必然。区区生聚，图存于亡，力尽乃毙，可哀也矣。虽然，在礼"国君死社稷"，哀宗无愧焉。

（《金史》卷一八，第403页）

与《卫绍王本纪》的"论赞"不同，《哀宗本纪》的"论赞"中根本没有提及原本《实录》欠缺的事情。

王恽《玉堂嘉话》中记述中统二年（1261）翰林国史院的状况，明记了"卫绍王〔实录阙〕、哀宗〔实录阙〕"。现行《金史》中《卫绍王本纪》的"论赞"中，记录了"中统三年（1262），翰林学士承旨王鹗有志论著，求大安、崇庆事不可得"。然而另一面，现行《哀宗本纪》却是比较充实的内容，在"论赞"中没有提及补充材料的事情，或许就说明王鹗等人手上是持有可以补充《哀宗本纪》欠缺的资料的，在王鹗等的努力下《哀宗本纪》早就已经相对完整了。

此外，现行《金史·完颜奴申传》记录的是哀宗出奔国都时被委任为开封总司令官的将军奴申的传记。在记述了完颜奴申的死之后，本传的"论赞"这样说：

赞曰：刘京叔（刘祁）《归潜志》与元裕之（元好问）《壬辰杂编》① 二书虽微有异同，而金末丧乱之事犹有足征者焉。哀宗北御（与蒙古的战争），以孤城（开封）弱卒托之奴申（完颜奴申）、阿不（斜捻阿不，《归潜志》作"习你阿不"，是完颜奴申的副官）二人，可谓难矣。虽然，即墨有安平君，玉璧有韦孝宽，必有以处此。

（《金史》卷一一五，第2526页）

　　这里的"论赞"记述的是，现行《金史·完颜奴申传》是根据刘祁的《归潜志》和元好问的《壬辰杂编》编写的事实。

　　欧阳玄《圭斋文集》卷二中有题为《送振先宗丈归祖庭》（送同族长老振先回归本籍）的五言古诗，在诗作后面附有欧阳玄为此诗作写下的"小序"。

　　欧阳公（欧阳修）晚年乞守洪州，累表不得请，于是，归江右之志遂不果。余诗所谓"其居偏方"，熟于欧文（欧阳修的文章）者能知之，盖公之不归庐陵，其志深有可谅者矣。南渡以后，宋人多议公此事，洪景卢、杨廷秀之贤，亦未免有此意，甚者谓公子孙居颍，为金人所戕而遂绝，是大不然。近年奉诏修三史，一日，于翰林故府中捃金人遗书，得元遗山裕之手写《壬辰杂编》一帙。中言

---

① 《壬辰杂编》是由元好问编撰的历史书，不存。"壬辰"指1232年，应该是为了补充没有记录的"哀宗实录"而作的。但是，在元好问自己创作的文学作品中找不到关于《壬辰杂编》的记录，仅在《金史》和郝经撰《遗山先生墓铭》中有所论及。

安平都尉完颜斜烈，汉名鼎，字国器，尝镇商州。偶搜伏于竹林中，得欧公（欧阳修）子孙甚多，以欧公之故，并其族属乡里三千余人，悉纵遣之，则知未尝奸于金兵也。此好事者为之辞明矣。元遗山，金士领袖，生平极重欧公。尝有诗云"九原如可作，吾愿从欧阳"[1]，北人至今佩服其言。振先归，以似乡先生桂隐刘公一观。[2]

欧阳玄是至正四年（1344）编纂《辽史》《金史》《宋史》时，负责总体整合工作的"三史版刻"的有功之臣。上面"小序"中记述了欧阳玄在翰林院的旧庭舍中得到了元好问手抄本《壬辰杂编》的其中一帙。如果是这样的话，那就意味着，《壬辰杂编》中元好问亲自对顺天张柔处保管的金朝实录做了补充，并通过王鹗、王恽等人，被收入元朝的翰林国史院中且一直保存到了欧阳玄的时代。

综合以上的分析，在给白华写信的1247年，元好问辗转于华北各地，拜会前辈、友人以及他们的家人，收集各处留存的诗文、碑刻等，还动手将前辈、友人们的传闻、逸事进行刻碑铭文。在他手上已经积累了一定数量的史料，其中的一部分内容成就了《中州集》并于1250年刊刻出版。而与哀宗朝相关的事迹，一部分已经被整理编辑为《壬辰杂编》的内容。有关哀宗朝事迹的资料集，如果借用《与枢判白兄书》中

---

[1] 元好问《学东坡移居八首》之七中有"九原如可作，从公把犁锄"句。这里的诗句是针对苏轼而发，与欧阳修没有关系。参见第一章第四节。
[2] [元] 欧阳玄撰：《圭斋文集》卷二，《四部丛刊》初编本，上海：商务印书馆，1912年，第2页。

的说法，是"需要花费三个月左右的时间来节选抄录"的数量。欧阳玄在翰林国史院看到的《壬辰杂编》的一帙，如果的确是元好问的手抄本的话，那就代表着，元好问达成了自己计划"补充《实录》中欠缺的大安及正大年间的事迹"的一部分。现行《金史》的《哀宗本纪》以及与之关联的列传内容，应该就是根据元好问手抄本得以补充完整的。这一推测的另一面或许也可以说明《壬辰杂编》为何没有流传后世。如果《壬辰杂编》只是编成了"翰林故府"中藏而未用的这一帙元好问手抄本的话，那么只要这一帙和元朝一起灭亡，《壬辰杂编》这一著作本身也就会随之从这世上消失。

1257年九月四日，在没能如愿编成《金史》的情况下，元好问在真定的获鹿为自己六十七年的生涯画上了句号。六年后的中统四年(1263)，最初的《遗山先生文集》在东平严忠杰的资助下刊刻出版。其时，与元好问怀着相同志向的王鹗撰写了跋文，对元好问中道未酬的遗志表示了深切的哀痛。

正大中（1224—1231），诏翰林院官各举所知。时闲闲先生（赵秉文）方握文柄，于人材慎许可，首以元子裕之（元好问）应诏。朝议是之，而天下无异辞。……北渡以来（亡国后），放怀诗酒，游戏翰墨，（元好问的）片言只字，得者犹以为荣。间作《中州》一集，旁搜远引，发扬前辈遗美，其叙事之工，概可见矣。国朝（蒙古政权）将新一代实录，附修辽、金二史，而吾子荣膺是选。无何，恩命未下，哀讣遝闻。使雄文巨笔，不得驰骋于数十百年之间。吁，可悲夫。东平严侯弟忠杰，富贵而好礼者也。即其家购求遗稿，捐全鸠匠，刻梓以寿其传，属余为引。余与子同庚甲，又同在史馆者三历春秋。义深契厚，固不当辞。然仁卿（李冶）大手，已序于前，顾余荒谬，安敢赘长语于其旁？感念畴昔，姑以平日亲所闻见，与夫同志之所常谈者，书诸卷末云。岁昭阳大渊献（癸亥，1263年），秋七月己丑。慎独老人曹南王鹗识。

（《文集》后引，第417—418页）

驱使着亡国后的元好问奋笔疾书的，无疑是他亲眼目睹的过多的生命的消失。他努力地记录和俯拾着一个又一个生命的死亡，想将其呈现并传承给未来。王鹗与他的这一思虑不谋而合，但王鹗没能实现的资料收集，元好问却在"放怀诗酒，游戏翰墨"的同时，巧妙且高效地完成了。之所以能够这样，得益于元好问众人皆知的文坛大家地位。对此心中稍有介怀的人，绝不仅是王鹗一人吧。

第七章

空白的国家论

*

一、白华及其周边

白华，字文举，籍贯山西省西北河曲县。元好问称自己与他是"通家之旧"①，但二人的相识相交恐怕是始自元好问十岁前后，二人一起在太原府学求学的时候。其后，二人出世的道路和速度各异，处世的志向也不尽相同，所以二人之间应该是没有什么通过频繁往来而产生深厚友情的事实。从这一意义上说，与《中州集》中被作为"三知己"的李汾、辛愿、李纯甫，以及"附见"中后期插入的赵滋那样的友人相比，白华自然是不同的存在。然而，在考察元好问的生涯和他文学创作的意义时，白华这位友人，就像是在淡淡的光晕下却奇妙地投映出了巨大影子一样的特殊存在。

现行《金史》卷一一四中有白华的长篇传记，从传记的内容中，至少可以获得关于哀宗朝十年间的极为详细的信息。元好问称其为"白兄"，可知白华要比元好问年长。但是现行《金史·白华传》以"白华，字文举，陕州人。贞祐三年（1215）进士，初为应奉翰林文字"开篇后，就直接跳到他正大年间的履历，"正大元年（1224）累迁为枢密院经历官"，从而涉及到了哀宗朝的事情。正大元年元好问已经步入三十五岁的中年，而年长的白华从贞祐到正大十年间的人生经历，在这里都被删除得干干净净。元刻本《金史》在这之后，用十二叶版面讲述了哀宗朝的事迹，连卒年也没有记述就终结了白华的这篇传记。这种记述方式暗

①《善人白公墓表》（《文集》卷二四所收）是元好问应白华请求为其父亲撰写的墓表，其中有"通家之旧"语。

示了《白华传》是作为《哀宗本纪》的补充内容来撰写的，这些补充资料最初编辑的时候，白华尚且在世[1]。可以推测得到，为了补充哀宗朝的《实录》，元好问以留在顺天的《壬辰杂编》等史料为基础，编辑了现行的《金史·白华传》，其信息的绝大部分都是来源于白华本人。也就是说，《金史·白华传》称得上是元好问和白华两人协力完成的杰作。

但是，如果是这样的话就会随之产生一个大的疑问：现行《金史·白华传》中针对白华的"贬辞"是由谁、何时添加的呢？

《白华传》的结尾是这样的：

> 上在归德。三月，崔立以汴京降，右宣徽提点近侍局移剌粘古谋之邓，上不听。时粘古之兄瑗为邓州节度使、兼行枢密院事，其子与粘古之子并从驾为卫士。适朝廷将召邓兵入援，粘古因与华谋同之邓，且拉其二子以往，上觉之，独命华行，而粘古改之徐州。华既至邓，以事久不济，淹留于馆，遂若无意于世者。会瑗以邓入宋，华亦从至襄阳，宋署为制干，又改均州提督，后范用吉杀均之长吏送款于北朝，遂因而北归。士大夫以华夙儒贵显，国危不能以义自处为贬云。

（《金史》卷一一四，第2513页）

白华是跟随出奔的哀宗来到归德的。1233年三月，察觉到国都开封

有欲开城投降的动向后，哀宗的亲近移剌粘古就打算带着自己的儿子和侄子（其大哥的儿子），以召集援军的借口逃亡到自己大哥驻军的邓州去。哀宗识破了移剌粘古的企图，将他改派到了徐州，将白华一个人派到了邓州。被困在邓州无所事事的白华，陷入了怅然若失的精神状态。邓州的守将移剌瑗最终率城投降了南宋，白华也就随着一起到了襄阳，并接受了南宋委任的"制干"的职务，后又晋升至均州提督。但这次均州的范用吉又转身开城投降了蒙古，白华也因此戏剧性地实现了向北方的回归。这里"会瑗以邓入宋，华亦从至襄阳"，说的是白华的投降并不是被强迫的，而是自愿自主地去了襄阳。这之前的"遂若无意于世者"一句，看上去更像是对白华投降行为的一种辩解。这句话出自白华自身的可能性是极大的。那么，末尾的"士大夫以华凤儒贵显，国危不能以义自处为贬云"句中的"士大夫"，具体又是指谁呢？

《白华传》后面"论赞"的内容，或许有解开这个疑问的提示。

　　赞曰：白华以儒者习吏事，以经生知兵，其所论建，屡中事机，然三军败衄之余，士气不作，其言果可行乎？从瑗归宋，声名扫地，而犹得列于金臣之传者，援蜀谯周等例云。

（《金史》卷一　四，第2514页）

这里的"蜀谯周"，自然是指《三国志·蜀书》列传第十三《谯周列传》的主人公谯周。"犹得列于金臣之传者，援蜀谯周等例"，说的是263年魏国进攻蜀国之时，蜀国后主刘禅想南逃入吴时，谯周谏言刘禅不做无谓的抵抗投降魏国，从而保住了刘氏一族和蜀地百姓的性命。谯周背叛了蜀国，但在《蜀书》中依然有他的传记。金臣的列传中有《白华传》，正是对《蜀书》中谯周传记的模仿。《金史》中亦有《逆臣传》《叛臣传》，这些类别的设立在计划编纂金史的最初方案中就已经存在了，而白华的背叛，却不在应该列入"逆臣""叛臣"的范畴之内——这是现行《金史》"论赞"的判断。即使是这样，"论赞"起初所记述的"白华以儒者习吏事，以经生知兵，其所论建，屡中事机，然三军败衄之余，士气不作，其言果可行乎"之语，明显对儒生白华提出的"论建"（对敌作战方案等）的可行性表示了怀疑，几乎等于是在说，他的"论建"终究是"书生的纸上谈兵"。不得不说，这里对于白华的纠弹是极其严厉的。

从今天留存的资料中，我们无法断定这些对于白华的评价的最终出处。但是，在众人的眼中，"食敌之禄"这件事，无论是怎样的情况，如果遵循传统的伦理观来判断的话，它最终是与"背叛"相同的行为。详细地记录自身的投降经过，这必然会使自己背负上"叛国者"的恶名，这个道理白华自身也是心知肚明的。对于自己的叛国行为，后世必定是会有所评论的——白华一定是在清楚明白这一情况的基础上，为"金史的编纂"提供了必要的信息资料。在这种情况下，问题的重心就又转移到了元好问身上，他是如何听取白华提供的这些信息的呢？他想通过文字表达的又是什么呢？

笔者在阅读元好问创作的有关白华的文章时，总会感觉到一种挥之不去的困惑。元好问与白华的交往伴随了他的一生，留下了很多与白华相关的诗歌散文作品。但无论我们怎样精心地去解读这些作品，亡国后的白华的生活日常始终是个谜，二人之间交往的实际状况也没有明确的叙述。就好像在二人之间曾经有过"不记述有关亡国后白氏生活的任何状况"的约定一样，对于亡国后的白华的生活，元好问三缄其口避而不谈。

以《中州集》为例，可以说，元好问是一位出乎我们意料的肆意的记述者，对于他自身想要留存下来的情报，只要是有机会，他都会在不同的文章中重复同样的内容。而另一方面，对于自己不想记录的事情他固执地保持着沉默。他的这一态度淋漓尽致地体现在了《中州集》内容的编辑上。在这里，元好问不畏"曲笔"的诽诮，基于自己个人的人际交往关系，展开了让人瞠目的极为主观的议论。然而，就是在这样的《中州集》中，依然找不到有关亡国后白华的文字记述。即使有很多次完全可以论及白华的机会，但每一次元好问都好像是在故意地避开对白华现状的记述。

来看一下《中州集》卷九介绍的"白先生贲"的内容。这里介绍的白贲其人，有可能就是白华的兄长，其略传如是说：

> 贲，汴人。自号决寿老。自上世以来，至其孙渊，俱以经学显。
>
> （《中州集》卷九，第439页）

在本书的第六章中已经有过介绍，通常《中州集》收录的诗人的略传中，不限于诗人本人，还包括其家人、师友等人脉关系，元好问所获知的各种信息——如其兄弟、子孙的名字、官职、任所等——都会被不厌其烦地融入其中。而上面的略传，不仅没有对白氏的祖世谱系作说明，而且白贲"汴人"的记述，似是要刻意拉开他与河曲白氏的渊源。但白华有一位名为"白贲"的哥哥却是不争的事实。元好问在为白华的母亲写下的墓志铭《南阳县太君墓志铭》中这样说：

> 夫人姓李氏，世家平定。父琮，宋末来火山，遂为隩州人。母邢，生四子一女，以夫人天性孝友，特钟爱焉。年二十，嫁为赠朝列大夫同郡白君讳某之妻。夫人事姑孝，抚前夫人子如所生。姑老且病，饮食医药，必躬亲之而后进。及持丧，哀毁过礼，乡人称焉。性严重，不妄喜怒。白氏大家也。夫人处之，不侈不陋，服食居处，皆有法度可观。以大安辛未（1211）三月丙辰，春秋五十有六，终于私第之正寝。
>
> 子男四人：长曰贲，擢泰和三年（1203）进士第，官至岐山令。次曰华，擢贞祐三年（1215）进士第，今为枢密院判官。次曰莹，弃家为佛子，有诗笔闻于时。次曰麟。女二人：长嫁进士同郡贾铎。贲、莹、麟及次女皆早卒。男孙二人：曰汴阳，铁山。女孙一人尚幼。
>
> 初，华既冠，从兄贲官学，辈流中号楚楚者。乡先生谓当就科举，不可以家事役之。朝列君以为然，谋之夫人。夫人曰："彦升以长子持门户，劳苦为甚。贡举进士，莹与麟皆幼，可代彦升者，独华耳。今又使之从学，是逸者常逸，而劳者常劳矣。"执议者再三。语虽不从，识者谓夫人有鸤鸠均一之义焉。

夫人自幼事西方，香火之具未尝去其手。病且革，沐浴易衣，趣男女诵佛名，怡然而逝。生平待中表有恩，尤赒恤贫者。其殁也，哭者皆为之尽哀。诸孤以是月戊午奉夫人之丧，殡于河曲王家里之西原。明年，朝列君殁，乃合葬焉。文举既参机务，而赠夫人南阳县太君。因请某铭其墓。某自龆龀识文举于太原，与之游，为弟昆之友，今三十年矣。知夫人之德与文举念其亲者为详且久，乃为之铭。

（《文集》卷二五，第255—256页）

上面的引文中记述了白华"今为枢密院判官"，元、白的交流从蒙童时期开始已经有三十年。《南阳县太君墓志铭》的创作时期，大约是在白华任枢密院判官的哀宗朝末年，也就是元好问的开封令史时代。文中提到的早卒兄长"曰贲，擢泰和三年进士第，官至岐山令"，就是白华的胞兄白贲。

元好问在《中州集》出版后的1251年，为白华父亲白宗元写下了墓表《善人白公墓表》：

岁辛亥（1251）冬十有二月，河曲白某持雁门李某所撰先大夫行事之状请于某，曰："先大夫弃诸孤之养，内翰工君从之实表其墓，礼部闲闲赵公（赵秉文）为之书，并以'善人白公墓表'篆其额。某时阶止六秩（六品），未及赠官之制，故王君弗克载。遭离板荡，闲闲手笔亦复失之。某惟先大夫积德累行，躬不受祉，子男之爵，仅见于告弟之书，而使之旌纪寂寥，随世磨灭。孤奉义方之训，不肖孤死不瞑矣。敢以通家之旧，属笔于吾子，幸为论次之。"

谨按：公讳某，字全道，姓白氏。其家于河曲者，不知其几昭穆矣。……公生十二岁而孤，妣李氏弱无所依，舅氏僧法澄为经纪其家，拊育训导，恩义备至。及长，乃能自树立，营度生理，日就丰厚。……崇庆壬申（1212），避地太谷，不幸遘疾，春秋六十有九终于寓舍，实八月十九日也。越七日，诸孤护丧归祔于河曲王家里西原之先茔，礼也。

初娶王氏，再娶李氏，皆前公卒。子男五人：长曰彦升，留心典籍，而不就举选。次曰贲，广览强记，尤精于《左氏》。至于禅学道书，岐黄之说，无不精诣。弱冠中泰和三年（1203）词赋进士第。历怀宁主簿、岐山令，远业未究，而成俎谢，士论惜之。次曰华，贞祐三年（1215）进士。历省掾，入翰林，仕至枢密院判官、右司郎中。次曰僧宝莹，以诗笔见推文士间，有集行于世。次曰麟，早卒。女四人：长适州吏目杨桂，次适大族张访，次适进士贾锋，次未嫁而卒。彦升女杨、女张，工出也。男孙五人：曰嗣隆，以荫监荥泽酒。曰忱，曰恒，皆习进士。曰常山，曰中山，皆尚幼。女孙二人，皆适士族。曾孙三人：中和、泰和、安和。女一人，尚幼。

公资禀聪悟，而谨厚自持。略通经史，精究历算。中年耽嗜佛书，皆所成诵。为人敦信义，乐施予，一言所诺，千金不易。家人化之，皆以贤行称焉。正大中，累赠中大夫、轻车都尉、南阳郡伯。两夫人，南阳郡太君。维火山自太平兴国中升为军，虽有学校，而肄业者无几。宣和末，仅有上舍宋生。历大定、明昌官学之盛，然后公之二子擢巍科，取美仕。邦人筑亭，以"荣乡"名之。屏山李君之纯为作记，辞与事称，相为不朽。故公虽躬不受祉，所以起其家与善化一乡者，其利岂有既耶？

(《文集》卷二四，第243—245页)

根据《南阳县太君墓志铭》可以知道，白华的母亲是白华父亲的续弦。在上面的《善人白公墓表》中，记述了白华是白家的第三个儿子，而第二个儿子"次曰贲，广览强记，尤精于《左氏》。至于禅学道书，岐黄之说，无不精诣。弱冠中泰和三年词赋进士第。历怀宁主簿、岐山令，远业未究，而成殂谢，士论惜之"。这进一步说明了白华的兄长名为白贲。《善人白公墓表》中论及了白贲的学业，而《中州集》卷九中对白贲是白华兄长的可能性虽然没有进行否定，但《中州集》中对有任官经历的诗人用其最终官职来标记是记述上的惯例，所以卷九中的白贲如果是白华兄长的话，按照惯例就应该标记为"白岐山贲"。既然没有标记，那么《中州集》卷九所记述的"白先生贲"就有可能并非白华兄长，也或许这个结论才是比较妥当的。

在《善人白公墓表》中，我们应该注意的关键，不是白贲的事迹，而是墓表内容中丝毫没有涉及到前来请求撰写墓表的白华的信息。例如，《南阳县太君墓志铭》的委托人同样是白华，在这里元好问详细地记录了白华的经历以及他与自己的关系，对自己作为墓志铭执笔人的立场也做了充分的说明。虽然我们无法确定《南阳县太君墓志铭》的具体创作时期，但这明显是白华枢密院判官在职期间的请求，将其定位为元好问在开封居住的1232年前后的作品基本上没有问题。而在亡国后的1251年创作的《善人白公墓表》，不仅没有对白华的情况做任何的说明，开篇的"岁辛亥冬十有二月，河曲白某持"云云，就好像白华现在依然居住在本籍的河曲一样。在本书第一章引用的《镇州与文举 (白华) 百一 (王鹗) 饮》诗作中，已经提到，白华亡国后就移居到了真定 (真定即镇州。虽然这个事实元好问一次都没有明言过)。在袁桷撰写的白华儿子白恪的神道碑《朝列大夫同金太常礼仪院事白公神道碑铭》中有这样的内容：

> 故中大夫枢密院判官、兼右司郎中……讳华，字文举……后居真定。生子四人，俱有时名。[1]

白华在1235年左右从南宋归顺真定后就一直定居在了那里。因此元好问《善人白公墓表》中所记述的"河曲白某"，应该指其先茔的所在地而言。而亡国后白华的动向在墓表中没有被记载是有着明确的理由的：白华父亲的赠官是缘于哀宗朝白华的出仕，元好问或许认为这样有荣耀的事迹是不能与金亡后白华的叛国行为并列记述的。"善人白公"的名誉全部都赖于金朝时代白华的辉煌。在讴歌荣誉的主题中，亡国后的"背叛"行为是无论如何也不应该被提及的——有这样想法的应该不

---

[1] 杨亮校注：《袁桷集校注》卷二七，北京：中华书局，2012年，第1295页。

仅是元好问一人。

在《中州集》有关白华家族的记述中，还有其他耐人寻味的内容。卷五"萧尚书贡"条目中收录有题为《读火山莹禅诗卷》的七言绝句。在诗题中附有以下的说明内容。这些内容没有采用双行小字注的形式，而是与标题毫无区别地采用了同样大小的字体（参图19）。这一情况意味着，这里的附加内容应该不是元好问所做的注记，而是标题的一部分或者是"诗序"之类的内容。

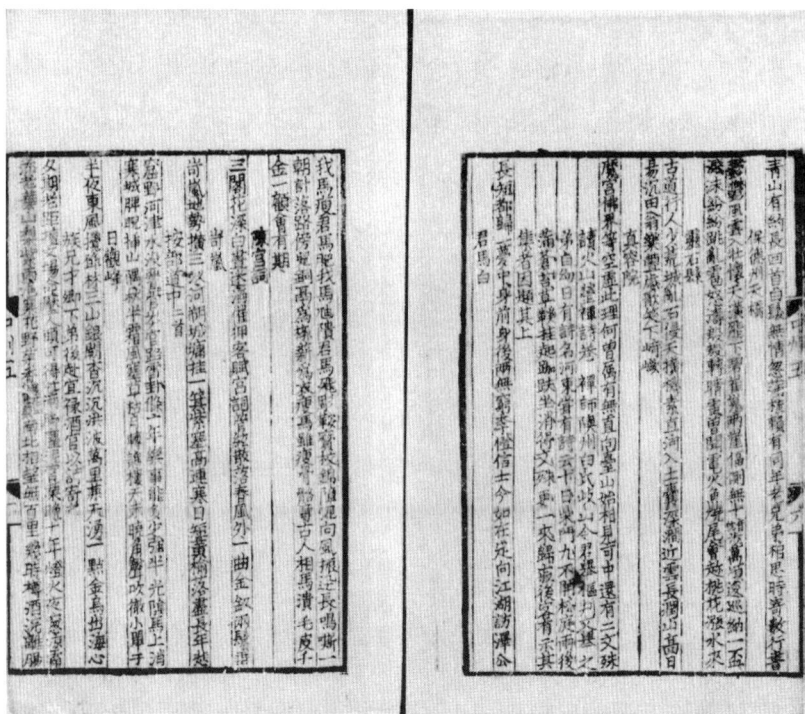

图19　五山版《中州集》（日本国立国会图书馆藏）卷五"读火山莹禅诗卷"

禅师，隩州白氏，岐山令君举、枢判文举之弟。自幼日，有诗名河东。尝有诗云："十日柴门九不开，松庭雨后满苍苔。草鞋挂起跏趺坐，消得文殊更一来。"归寂后，客有示其集者，因题其上。

长短都归一梦中，身前身后两无穷。

李憕信士今如在，定向江湖访泽公。

（《中州集》卷五，第239页）

标题中的"火山"是山西河曲（即白家本籍）北宋时期的军队名称。"读火山莹禅诗卷"字面的意思是"读河曲县名为莹的禅师的诗卷"，附加说明中对"莹禅师的诗卷"又作了介绍，"莹禅师属隩州白氏，是岐山令君举和枢密判官文举的弟弟。幼时就在山西有诗名"——也就是说，"莹禅师"就是《善人白公墓表》中所记述的白宗元的第四个儿子，是"以诗笔见推文士间，有集行于世"的僧人宝莹。这里"枢密判官文举"如果是指白华的话，"岐山令君举"自然就是指其兄长白贲。这就侧面的告诉我们白贲的字是君举。元代王逢《梧溪集》中《读白寓斋诗》的序文中有"寓斋，字君举，金之隩人。登泰和三年（1203）词赋第。后弃官隐居教授。与元遗山、赵闲闲相颉颃"[1]的内容。虽然《梧溪集》的记述真假难辨，但"白君举"这个人却是真实存在的，他就是白华的兄长白贲。

此外，还有一个疑点就是白华的弟弟僧人宝莹，虽说是早卒却也是

---

① [元] 王逢撰：《梧溪集》卷四下，《知不足斋丛书》第二十九集，第17—18页。

留下了"诗卷"的诗僧。他是在金朝时期去世的，如果元好问得到了他的诗稿，那么就应是会被收录在《中州集》中的，而现在《中州集》卷五中也的确收录了上记僧人宝莹的一首诗作。种种迹象表明，只要元好问想把白华的家族谱系写进《中州集》，那他必然有很多途径可以达到这个目的。然而元好问却没有这样做，只给后世留下了带来误解的不完善的暧昧记述，显然这无论如何也已经不能说是单纯的偶然了。

二、《金史》的《白华传》

元好问的一生中，为各种各样的人写下了数量可观的"墓碑""神道碑""先茔碑""祠堂记"等碑记类文章，这些碑记的内容自然是按照委托人的要求来撰写的。通过结合自己执笔的缘由、与委托人的关系以及讲述墓主或委托人生平事迹的逸话等来展示墓主与其一族的各种信息是元好问一贯的写作方式。他在己酉（1249）年冬十月受人所托创作的《嘉议大夫陕西东路转运使刚敏王公神道碑铭》中如此说：

> 今史册散逸，既无以传信，名卿钜公立功立事之迹不随世磨灭者，系金石是赖。诚得属辞比事，以相兹役，虽文字暗陋，其敢不勉。

> （《文集》卷一八，第188页）

这里引文说的是，在历史记录散逸的今天，要想将活跃在金朝的名卿事迹留传给后世就只有凭借"金石"了。即使是拙劣的文章,只要罗列了事实也能留下记录,所以我把自己了解的全都刻石成文,以图能够留传下去。

这里我们有必要探讨一下"正史""总集"这类编纂资料的编集过程是怎样的。一般情况下"正史"的编纂过程,比如说像《金史》这样,以留存下来的"实录""诏敕"等公文书类为基础,再加上各种"传记""碑记""家传"等,按照一定的原则对信息进行取舍选择,最后按时间顺序进行排列脱稿成书。也就是说,"正史""总集"等的编纂资料,既然是由概略摘要等做成的,那就一定会对原始资料进行压缩,这是编纂的惯例。那么,《白华传》的编写又是怎样的呢?作为个人传记,相对于《金史》中有五千字堪称长篇的《白华传》,今日所留存的元好问对于白华的记述,只不过是以其父母为中心,甚至对其兄弟们的字、号都没有记录的寥寥数行而已。元好问并没有采取将从白华那里获得的数量庞大的史料信息冠以自己的名号进行留传的做法。

《金史·白华传》前半四分之一的内容,即对正大六年、七年(1229—1230)这两年间一千二百字的记述是这样的:

> 六年,以华权枢密院判官。上召忠孝军总领蒲察定住、经历王仲泽、户部郎中刁璧及华谕之曰:"李全据有楚州,睥睨山东,久必为患。今北事(蒙古)稍缓,合乘此隙令定住(蒲察定住)权(暂时)监军,率所统军一千,别遣都尉司步军万人,以璧(刁璧)、仲泽(王仲泽)为参谋,同往沂(忻州)、海(海州)界招之,不从则以军马

从事，卿等以为何如？"华对曰："臣以为李全借大兵（蒙古）之势，要宋人供给馈饷，特一猾寇耳。老狐穴冢待夜而出，何足介怀。我所虑者北方（蒙古）之强耳。今北方有事，未暇南图，一旦事定，必来攻矣。与我争天下者此也，全（李全）何预焉。若北方事定，全将（李全手下的将领们）听命不暇，设不自量，更有非望，天下之人宁不知逆顺，其肯去顺而从逆乎！为今计者，姑养士马，以备北方。使全（李全）果有不轨之谋，亦当发于北朝息兵之日，当此则我易与矣。"上沉思良久曰："卿等且退，容我更思。"明日，遣定住（蒲察定住）还屯尉氏（位于开封以南二十五公里）。

时陕西兵大势已去，留脱或栾（或为蒙古将领，不详）驻庆阳（甘肃省庆阳）以扰河朔，且有攻河中之耗，而卫州帅府与恒山公府（武仙）并立，虑一旦有警，节制不一，欲合二府为一，又恐其不和，命华往经画之。初，华在院（枢密院）屡承面谕云："汝为院官，不以军马责汝。汝辞辩，特以合喜（赤盏合喜）、蒲阿（移剌蒲阿）皆武夫，一语不相入，便为龃龉，害事非细，今以汝调停之，或有乖忤，罪及汝矣。院中事当一一奏我，汝之职也。今卫州之委，亦前日调停之意。"

国制，凡枢密院上下所倚任者名奏事官，其目有三，……（此处内容在下一节有详细论述，在此暂且割爱。）

五月，以丞相赛不行尚书省事于关中，蒲阿率完颜陈和尚忠孝军一千驻邠州，且令审观北势。如是两月，上谓白华曰："汝往邠州六日可往复否？"华自量日可驰三百，应之曰："可。"上令密谕蒲阿才候春首，当事庆阳。华如期而还。上一日顾谓华言："我见汝从来凡语及征进，必有难色，今此一举特锐于平时，何也？"华曰："向日用兵，以南征及讨李全之事梗之，不能专意北方（蒙古），故以北向为难。今日异于平时，况事至于此，不得不一举。大军入界已三百余里，若纵之令下秦川则何以救，终当一战摧之。与其战于近里之平川，不若战于近边之险隘。"上亦以为然。

七年正月，庆阳围解，大军（蒙古军）还。白华上奏："凡今之计，兵食为急。除密院已定忠孝军及马军都尉司步军足为一战之资，此外应河南府州亦须签拣防城军，秋聚春放，依古务农讲武（农业、军事兼立）之义，各令防本州府城，以今见在九十七万，无致他日为资敌之用。"

五月，华真授枢密判官，上遣近侍局副使七斤传旨云："朕用汝为院官，非责汝将兵对垒，第欲汝立军中纲纪、发遣文移、和睦将帅、究察非违，至于军伍之阅习、器仗之修整，皆汝所职。其悉力国家，以称朕意。"

（《金史》卷一一四，第2504—2506页）

这里引用的内容，是正大六年白华被任命为"权枢密院判官"（代理枢密判官），到翌年五月被提拔为"真授枢密判官"（正式的枢密判官）的区区一年间的记录。有关国家制度的客观性叙述插在中间，其前后安排了哀宗和白华的具体对话，生动形象地再现了当时的战况，称得上是《金史》中描写比较出色的内容。但是，这部分内容，存在几个没有被记述的重要背景，只有结合这些背景来解读，才能够充分理解记述者的意图。

当时的金朝，大体来说需要面对三条战线：一条是在山东至淮南方面与南宋的对战。其余两条分别是在西面（从西凉到陕西）和东面（从燕京到开封、山东）与蒙古的对战。上面《白华传》中登场的李全这一人物所在的是山东、淮南方面的战线。陕西、庆阳等地是指西面同蒙古的战线；河朔、卫州地区是指东面同蒙古的战线。重要的是，《白华传》中没有记述发生在正大五年的重大事件。元代陈桱撰《通鉴续编》卷二一"绍定元年"（金正大五年，即1228年）条中有这样的记载：

> 三月，蒙古入金大昌原。完颜陈和尚（金将），大败之。……秋八月，李全如青州。蒙古严实败之。全（李全），复还楚州。[1]

《通鉴续编》记载的内容是：1228年三月，金朝的将军完颜陈和尚在陕西宁州西南的大昌原大胜蒙古兵。同年八月，像墙头草一样在南宋、金朝和蒙古之间反复叛变的李全，被蒙古将领严实打败，又退回到淮南的楚州。经过了这两次战役，哀宗不断地摸索寻求能够一气扭转战争局势的对策，就是上面介绍的《白华传》前半部分内容。"六年"的开篇处所说的"忠孝军"，就是在大昌原获得空前胜利的完颜陈和尚所率领的军队的名称。总领的蒲察定住和王仲泽、刁璧等三人原就属于"忠孝军"，哀宗就是从"忠孝军"中召集了三人。与三人商谈的内容也

---

① [元] 陈桱撰：《通鉴续编》卷二一，中国国家图书馆藏元刻本，叶12b–13a，善本书号CBM0068。

是想将"忠孝军"派遣到淮南方面，乘胜将李全击溃。然而，哀宗的这一商谈内容被并非"忠孝军"当事者的白华简单地阻拦了下来。结果，哀宗最后所采取的善后对策就是让蒲察定住等在尉氏驻军。尉氏是国都开封所在地开封府内的一个县名，既不属于西面的陕西，也不属于南面的淮南，一言概之，就是比开封距离楚州多少近一些的地区。如此，哀宗虽然没有完全采取白华的建议，但自身也作了一定的让步，保住了自己作为皇帝的面子。

但是，上面《白华传》中一定需要考察的是与陈和尚相关联的史料。《金史·忠义三·陈和尚传》中有这样的内容：

> 五年（1228），北兵入大昌原，平章合达问谁可为前锋者，陈和尚出应命，先已沐浴易衣，若将就木然者，擐甲上马不反顾。是日，以四百骑破八千众，三军之士踊跃思战，盖自军兴二十年始有此捷。奏功第一，手诏褒谕，授定远大将军、平凉府判官，世袭谋克。一日名动天下。
>
> 忠孝一军皆回纥、乃满、羌、浑及中原被俘避罪来归者，鸷狠凌突号难制。陈和尚御之有方，坐作进退皆中程式，所过州邑常料所给外秋毫无犯，街曲间不复喧杂，每战则先登陷阵，疾若风雨，诸军倚以为重。六年，有卫州之胜。八年，有倒回谷之胜。自刑徒不四五迁为御侮中郎将。
>
> 副枢移剌蒲阿无持重之略，尝一日夜驰二百里趋小利，军中莫敢谏止。陈和尚私谓同列曰："副枢以大将军为剽略之事，今日得

生口三百，明日得牛羊一二千，士卒喘死者则不复计。国家数年所积，一旦必为是人破除尽矣。"或以告蒲阿，一日，置酒会诸将饮，酒行至陈和尚，蒲阿曰："汝曾短长我，又谓国家兵力当由我尽坏，诚有否？"陈和尚饮毕，徐曰："有。"蒲阿见其无惧容，漫为好语云："有过当面论，无后言也。"

（《金史》卷一二三，第2681—2682页）

在分析《陈和尚传》之前，必须要确认两个事实。第一，这里的《陈和尚传》只不过是将《遗山先生文集》卷二七收录的《赠镇南军节度使良佐碑》（即陈和尚的墓碑）做了一定压缩后的抄写复制。第二个事实是，《金史》中所记载的有关陈和尚的所有信息都出自元好问的《赠镇南军节度使良佐碑》（也就是说，除了《陈和尚传》中记录的信息以外，《金史》中再没有其他有关陈和尚的信息）。《金史·陈和尚传》和元好问撰写的《赠镇南军节度使良佐碑》不一样的地方，充其量就是名号称呼上的不同。比如说《赠镇南军节度使良佐碑》中以"芮国公"的封号记述，而《金史》中则以实名"平章合达"记述，可以说二者之间的差异甚至都没有超过校勘的程度。此外，笔者所说的"《金史》中所记载的有关陈和尚的所有信息都出自元好问的《赠镇南军节度使良佐碑》"，换一种说法就是，关于陈和尚，《金史》除了元好问写的墓碑之外并没有其他的信息来源。本书在对正大五年（1228）的战况进行说明的时候，没有引用《金史》而引用《通鉴续编》的做法是有原因的。金军在大昌原获得的空前胜利的时间，《通鉴续编》的记录是"正大五年三月"，检阅元朝之前撰成的所有的史书资料后就会发现，只有《通鉴续编》记述大昌原胜利的时间是"正大五年三月"。《金史》只称"正大五年"，并没有涉及到具体月份。这或许是因为元好问的《赠镇南军节度使良佐碑》就只是这样记述的原因。这也说明了《金史》中有关正大年间的信息来源全部都是依赖于元好问的事实。

继而，《白华传》"正大六年"开篇部分，有提及到"经历王仲泽"（仲泽为字，名渥）的存在。《金史》卷一一一中有这一人物寥寥数行的传记——《王渥传》，而且数行内容全部都是出自元好问《赠镇南军节度使良佐碑》。在《白华传》中"经历王仲泽"的登场是整个《金史》中王渥这一人物的初次出现，所以按照正规的记述惯例，这里应该是用"名"（渥）来记述，而不应该以"字"（仲泽）称①。现行《金史·白华传》中以他的"字"来介绍的现象，无疑是因为这里发生了编集时的失误。也就是说。编集《白华传》时所基于的原材料中王渥并不是第一次出现。

《金史》中的《白华传》，与《王渥传》《陈和尚传》有着共通的原始资料，而这些原始资料或许就是元好问收集的。《金史》的编纂者们将这些原始材料反复进行剪辑粘贴从而完成了数篇人物传记。

以《陈和尚传》为前提再度审视《白华传》又会浮现出怎样的问题呢?《白华传》第二段"时陕西兵大势已去"，这里的"陕西兵"指当时的蒙古军。在大昌原之战中败北以后，蒙古方面在庆阳留下脱或栾驻军，就将战线转移到了黄河以北的河南方面，时间是在正大六年。其

---

① 元好问《赠镇南军节度使良佐碑》中原文为"辟太原王渥仲泽为经历官"。见《文集》卷二七，第275页。

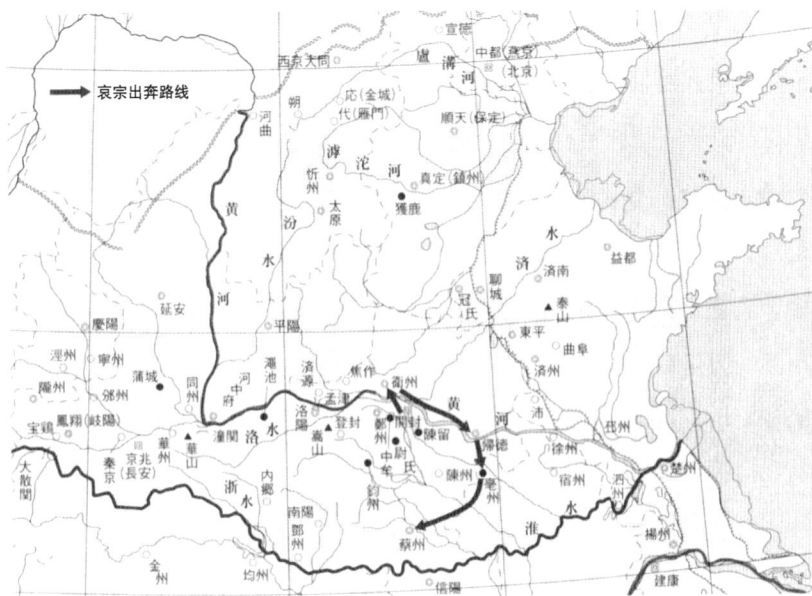

图20　金末的华北

次，"卫州帅府与恒山公府并立"中的"卫州帅府"，根据《陈和尚传》
中"六年，有卫州之胜"的记叙，可知这应该是以从陕西方面返回的陈
和尚为长官建立的官署。恒山公府是指谋划夺取了真定府的道人武仙[①]，
在兴定四年（1220）将哀宗赐给自己的"恒山公"的封号作了元帅府的府
名。武仙在被封为"恒山公"后叛变了蒙古，正大二年（1225）他杀害了
真定的蒙古将领史天倪后再次投降金朝，正大五年（1228）被蒙古将领
肖乃台追赶，逃匿至卫州。大昌原胜利之后，金朝就将卫州看做是国都
防御的重中之重（卫州位于开封北面，与开封隔黄河相望），因此曾派遣陈和

[①] 武仙的"仙"字，并非名字，而是"神仙"之意的"仙"字。

尚前去守卫。但是武仙因为被肖乃台追赶而逃到卫州之后，金朝政权却又不能轻视再次叛逃回来的武仙，于是就在卫州又设置了"恒山公府"。但这样一来，卫州就有了两个同等级别的长官，一旦有事情发生难免会有冲突或相互推诿。于是，哀宗派了白华去卫州从中调停。这也就是"卫州帅府与恒山公府并立"一句的所指。在《白华传》的这部分内容中，哀宗论及了完颜合喜和移剌蒲察，这并不是在提醒白华此行的注意事项，而是在例举过去的失败案例，警醒白华需要进行反省。从《陈和尚传》中"六年，有卫州之胜"的内容，可以得知此时的白华已经成功地完成了哀宗交给自己前往卫州调停的任务。

《白华传》中 (正大六年) 五月的记事是"以丞相赛不行尚书省事于关中，蒲阿率完颜陈和尚忠孝军一千驻邠州"，就是说，"(正大) 六年，有卫州之胜"的事情是发生在五月之前。陈和尚是在获得"卫州之胜"返回陕西后，受到了移剌蒲察的节制。蒙古对华北的攻略，就如一般为人所知的那样，其基本方式皆是"秋犯春归"。但是金正大六年 (1229) 实际上是太宗窝阔台的即位元年，这一年的秋八月窝阔台即位，继承了成吉思汗灭亡金国的遗命，十月向庆阳发兵，开始了与移剌蒲察的对峙。《金史·白华传》中的记述是"七年 (1230) 正月，庆阳围解，大军(蒙古军)还"，实际上这年的秋天，蒙古军再次包围了庆阳，这次包围一直持续到第二年也就是正大八年 (1231) 春天的凤翔府陷落。

《白华传》中对正大八年的局势是这样记述的：

八年，(蒙古) 大军自去岁入陕西，翱翔京兆 (长安)、同 (同州)、华(华州)之间,破南山砦栅六十余所。已而攻凤翔,金军自闅乡屯至渑池,两行省晏然不动。宰相台谏皆以枢院瞻望逗遛为言,京兆士庶横议蜂起,以至诸相力奏上前。上曰:"合达(完颜合达)、蒲阿(移剌蒲阿)必相度机会,可进而进耳。若督之使战,终出勉强,恐无益而反害也。"因遣白华与右司郎中夹谷八里门道宰相百官所言,并问以"目今二月过半,有怠归之形,诸军何故不动"。且诏华等往复六日。华等既到同(同州),谕两行省以上意。合达言:"不见机会,见则动耳。"蒲阿曰:"彼军(蒙古军)绝无粮饷,使欲战不得,欲留不能,将自敝矣。"合达对蒲阿及诸帅则言不可动,见士大夫则言可动,人谓合达近尝得罪,又畏蒲阿方得君,不敢与抗,而亦言不可动。华等观二相(完颜合达和移剌蒲阿)见北兵势大皆有惧心,遂私问樊泽、定住、陈和尚以为何如,三人者皆曰:"他人言北兵疲困故可攻,此言非也。大兵所在岂可轻料,是真不敢动。"华等还,以二相及诸将意奏之,上曰:"我故知其怯不敢动矣。"即复遣华传旨谕二相云:"凤翔围久,恐守者力不能支。行省(完颜合达和移剌蒲阿)当领军出关宿华阴界,次日及华阴,次日及华州,略与渭北军(敌军)交手。计大兵(蒙古军)闻之必当奔赴,且以少纾凤翔之急,我亦得为掣肘计耳。"二相回奏领旨。华东还及中牟,已有两行省纳奏(二相向金朝朝廷的报告书)人追及,华取报密院副本读之,言"领旨提军出关二十里至华阴界,与渭北军交,是晚收军入关",华为之仰天浩叹曰:"事至于此,无如之何矣。"华至京,(两行省送来的)奏章已达,知所奏为徒然,不二三日凤翔陷,两行省遂弃京兆，与牙古塔起迁居民于河南，留庆山奴守之。

（《金史》卷一一四，第2506—2507页）

以上内容的概略，在本书第三章《岐阳三首》诗作的解读中已经作了介绍。对于正大八年凤翔府的陷落，当时金朝的官员们都意识到这是阻止金朝走向灭亡的最后一道屏障的崩溃。也正是因为这样，元好问才创作了《岐阳三首》来记录这一事件在当时带来的冲击性。即使是在《白华传》中，"凤翔陷落事件"明显亦是传记的高潮之一。可以说，本章节中引用的至大六年以来的叙述的全部内容，都是用来验证凤翔陷落是一场因何而引发的败北。

上面的引用中，正大八年的记述中有提到陈和尚的存在，其中"大兵所在岂可轻料，是真不敢动"的叙述有必要引起我们的注意。在元好问的《赠镇南军节度使良佐碑》中（《金史》中的《陈和尚传》亦然）完全没有涉及到正大八年的"凤翔陷落事件"，甚至于都没有提及当时陈和尚身在前线阵中的事实。这意味着元好问在为"金史编纂"做成的资料集中，按照标题人物对记事的内容进行了相应的取舍选择。元好问是将《赠镇南军节度使良佐碑》一文作为陈和尚的功勋碑来立意创作的，内容上自然是要避开对墓主败北的历史和有损女真贵族形象的事情的记录。但是，这不代表元好问可以毫无感触地面对这些事实，他的内心深处横亘着一股无以言表的情绪，需要寻找一处一吐为快的地方[1]。毫无疑

---

[1] 元好问《学东坡移居八首》中有"胸中有茹噎，欲得快吐之"句。参见本书第一章第四节。

　　　　　　　　　　　　　　　　　　元好问与他的时代

问,《金史·白华传》的原始资料就是他所选择的吐露和发泄这一情绪的地方。从这一意义上,可以认为《白华传》的原始资料和《赠镇南军节度使良佐碑》一文是被作为互为表里的文字来创作的。

三、《白华传》的意图

白华比元好问年长、且卒于元好问之后的推测已经在前文中言及。也就是说,白华应该要比享年六十七岁的元好问长寿。《金史·白华传》中的记录从正大元年(1224)开始,结束于白华"北归"的1236年。这一时间段相当于元好问三十四到四十六岁之间,也就是壮年期的十二年。正史中列传作为本纪的补充和参考资料,记述人物的一生原本就不是其本来的目的。即便如此,《白华传》相对于被截取的这短暂的十二年间的事迹,却使用了超长的篇幅来记述,而且内容中遍布着各种文字表现上的"曲笔",称得上是一篇意味深长的列传。如果说《白华传》执笔者的目的不是"记录白华的一生",那么其真正的创作意图又是怎样的呢?

这里有必要回顾一下《白华传》中关于金朝职官制度内容的论述,即上节引用中省略的"国制"云云的部分。在这里展开的究竟是怎样的"制度论"呢?

国制,凡枢密院上下所倚任(信任)者名奏事官,其目有三,一曰承受圣旨,二曰奏事,三曰省院议事,皆以一人主之。承受圣旨者,凡院官奏事,或上处分,独召奏事官付之,多至一二百言,或直传上旨，辞多者即与近侍局官批写。奏事者，谓事有区处当取奏裁者殿奏，其奏每嫌辞费，必欲言简而意明，退而奉行，即立文字谓之检目。省院官殿上议事则默记之，议定归院亦立检目，呈覆。有疑则复禀，无则付掾史施行。其赴省议（尚书省的会议）者，议既定，留奏事官与省左右司官同立奏草，圆覆诸相无异同，则右司奏上。此三者（承受圣旨、奏事、省院议事）之外又有难者，曰备顾问，如军马粮草器械、（女真的）军帅部曲名数、与夫屯驻地里厄塞远近之类，凡省院一切事务，顾问之际一不能应，辄以不用心被谴，其职为甚难，故以华（白华）处之。

（《金史》卷一一四，第2505页）

所谓的"贞祐南迁"以后，通过与以蒙古、南宋为代表的诸势力的战役，金朝的军事制度、官吏制度实现了怎样的变迁，今天我们所能够了解到的可以说是寥寥无几。金朝的官制基本上沿袭了唐朝的制度，因此其"枢密院"也是与唐制一样，是直属于皇帝的军事作战本部，"贞祐南迁"以后亦没有发生变化。虽然这些是不争的事实，但是白华的"枢密院判官"是因何而设，官阶几品的职务①，在枢密院内起到怎样的作用等一系列的详细情况却无从得知，现存没有能够补充《白华传》制度论的历史资料的情况，也是我们不得不面对的。

① 枢密院判官或许是临时设立的从五品的官职。《金史》卷五二《选举志二》中有"奉直大夫以上，一考者从六品，除同前。两考，从五品，除节运副、京总管府留守司判官"的内容。可以推测枢密院判官是相当于这里的"京总管府留守司判官"的职务。

元好问与他的时代

不过，在思考金朝的官制、军制问题时不能忘记的是《金史·百官志一》总序中的记述：

> 金自景祖始建官属，（女真的）统诸部以专征伐，巍然自为一国。其官长，皆称曰"勃极烈"，故太祖以"都勃极烈"嗣位，太宗以"谙版勃极烈"居守。谙版，尊大之称也。其次曰"国论忽鲁勃极烈"，国论言贵，忽鲁犹总帅也。又有"国论勃极烈"，或左右置，所谓国相也。其次诸"勃极烈"之上，则有"国论""乙室""忽鲁""移赉""阿买""阿舍""昊""迭"之号，以为升拜宗室功臣之序焉。

（《金史》卷五五，第1215—1216页）

金朝的官制以女真部族内的军制为基础，在意味着部族首领的"勃极烈"称呼上加以"都""谙版""国论""忽鲁"等的美称来作为爵位、官名。太祖、太宗这些称呼在汉语中都意味着"皇帝"的意思，太祖在女真语中被称为"都勃极烈"，太宗则是"谙版勃极烈"。此外，女真语中"国论勃极烈"的称呼相当于汉语的"国相"，"忽鲁勃极烈"则是元帅的意思。这就意味着金朝官制的本质——女真族的政治组织原本是没有文武区别的，他们将原有的军团组织原封不动的嵌入到了国政、军政中，军团的首领根据所面对的局面变身为"宰相""元帅"等。这一情况在贞祐南迁以后也没有发生变化。比如被任命为"行尚书省事""元帅府"首领的宰相、将军必须是女真贵族出身，同一贵族的驻外机构有时被称为"行尚书省事"，有时又被称为"元帅府""总管府"。金朝的官制、军政，与其说是支撑国体的组织，不如说是以女真贵族内部血统序列为基础的血缘关系的组织。

《金史·百官志一》总序中还有这样的内容：

> 汉官之制：自平州（河北最初归属女真的地域，今河北秦皇岛）人不乐为猛安谋克之官，始置长吏以下。天辅七年（1123），以左企弓行枢密院于广宁（今辽宁北镇），尚踵辽南院之旧。天会四年（1126），建尚书省，遂有三省之制。至熙宗颁新官制及换官格，除拜内外官，始定勋封食邑入衔，而后其制定。然大率皆循辽、宋之旧。
>
> （《金史》卷五五，第1216页）

这一部分内容，以"汉官之制"为标记，言及到"枢密院"，并对"枢密院"做了"尚踵辽南院之旧"的说明，即金朝的"枢密院"实质上是为投降的"汉人"设立的制度，这是承袭了以同样的目的设立辽国的"南枢密院"的制度。《金史·百官志一》卷首附的目次中，"枢密院"处的标记是"都元帅府枢密院"，这种标记方式亦从侧面说明了"枢密院"一语，是作为"附属于都元帅府的机构""附属于女真贵族统辖的都元帅府的'非女真组织'"之意来使用的。

《金史·兵志·大将府治之称号》对枢密院的变迁做了这样的记载：

> 燕山既下，循辽制立枢密院于广宁府（今辽宁锦州），以总汉军。

太宗天会元年（1123），以袭辽主所立西南都统府为西南、西北两路都统府。三年（1125），以伐宋更为元帅府，置元帅及左、右副，及左、右监军，左、右都监。

金制，都元帅必以"谙版孛极烈"为之，恒居守而不出。……

泰和间（1201—1208），以去边尚三百里，宗浩（完颜宗浩）乃命分司于金山。西北路者置于应州（今山西应县），西南路者置于桓州（今正蓝旗），以重臣知兵者为使，列城堡濠墙，戍守为永制。枢密院每行兵则更为元帅府，罢则复为院（枢密院）。

宣宗贞祐三年（1215），征代州戍兵五千，从胥鼎言，留代（今山西代县）以屏平阳。兴定二年（1218），选募河南、陕西弩手军二千人为一军，赐号威勇。及南迁（贞祐南迁），河北封九公，因其兵假以便宜从事，沿河诸城置行枢密院元帅府，大者有"便宜"之号，小者有"从宜"之名。元光间（1222—1223），时招义军以三十人为谋克，五谋克为一千户，四千户为一万户，四万户为一副统，两副统为一都统，此复国初之名也。然又外设一总领提控，故时皆称元帅为总领云。

（《金史》卷四四，第1002—1004页）

以上的内容乍读之下，就容易理解为：为了统辖"汉军"而设的"枢密院"，泰和年间每遇出兵则更名为"元帅府"。继而在兴定二年以后，在黄河北岸的诸城中常设"行枢密院元帅府"。也就是说非女真族所率的枢密院的地位逐步得到提升，最终没有了与元帅府的差别，二者成为了同等级别的机构。但实际情况却并非如此。元帅府的首领自始至终都是由女真贵族担任的，而枢密院却并不是这样。比如像移剌蒲阿这样的契丹人在率领召集的义勇军的时候，移剌蒲阿是枢密使，而军队与完颜白撒共同作战的时候，移剌蒲阿的军队就会理所当然地受到元帅府的节制。上面所引的"泰和间……枢密院每行兵则更为元帅府，罢则复为院"，是说"枢密使所率军队没有单独执行大的作战行动的权利，每次出兵必须要并入元帅府的军队配置中去"，而不是"（枢密院）出兵的时候被称为元帅府"的意思。

在了解以上情况后，《白华传》记述中与"奏事官"一起罗列的"近侍局官""省院议事""省议"等官职术语就必然会成为瞩目的焦点。这里的"省"指"尚书省"，"省议"指担任长官的女真贵族们的合议，"省院议事"是指"担任尚书省首领的女真贵族"和"担任枢密院首领的契丹贵族"之间的合议。就像《白华传》中偶然使用的"默记"这一文字表述那样，这里记述的"枢密院判官"在女真贵族和契丹贵族们合议的现场，是没有发言权的，只是像透明人一样努力地对合议内容进行汉字速记。也正是因为这样，在正大六年（1229）的卫州胜利之前，哀宗对白华说"以你为枢密院的官吏，不是为了让你负责军马事务，是因为你有辩才。（但是）完颜合喜、移剌蒲阿这样的武夫，才不会听你说了些什么。两人之间一旦发生龃龉，耽误的都是大事。现在让你去调停，（你要把我的意思正确地传达给他们。）如果你说了什么违反我意思的话，那就要追究你的责任。把枢密院的事情逐一向我汇报就是你的工作"。（"汝为院官，不以军马责汝。汝辞辩，特以合喜、蒲阿皆武夫，一语不相入，便为龃龉，害事非细，今以汝调停之，或有乖忤，罪及汝矣。院中事当一一奏我，汝之职也。"）此外在正大七年（1230）五月中，哀宗再次强调："朕用你进枢密院，不是让你去带兵打仗。整肃军纪，收发相关文书，处理好将军们的关系，查处军中的不法事件，其他军队的训练检阅、兵器军械的修理整备，都是你的工作职责。"（"朕用汝为院官，非责汝将兵对垒，第欲汝立军中纲纪、发遣文移、和睦将帅、究察非违，至于军伍之阅习、器仗之修整，皆汝所职。"）

《白华传》的前半部分内容记述了正大八年（1231）凤翔陷落之前的金朝局势，这一部分内容将意欲以"大昌原胜利"为契机力挽国运凋零之狂澜的哀宗的焦躁、头脑清晰雄辩果敢的白华的才气焕发、懦弱无能的金朝将军们的一味自保做了绝妙的对照，以抑制的笔调对金朝向着灭亡大幅度倾斜而下的实况做了描写。这里所展开的是"金朝因何而亡"——类似于"亡国罪魁的搜寻"——这样的责任论。

刘祁《归潜志·辩亡》一章，对金朝的灭亡原因做了这样的分析：

> 大抵金国之政，杂辽宋非全用本国法，所以支持百年。然其分别蕃汉人，且不变家政，不得士大夫心，此所以不能长久。向使大定后宣孝得立，尽行中国法，明昌、承安间复知保守整顿以防后忧，南渡之后能内修政令，以恢复为志，则其国祚亦未必遽绝也。尝记泰和间有云中李纯甫，由小官上书万言，大略以为此政当有为日，而当路以为迂阔，笑之。宴安自处，以至土崩瓦解。南渡后，复有以机会宜急有备为言者，而上下泰然俱不以为心，以至宗庙丘

墟，家国废绝，此古人所谓何世无奇材而遗之草泽者也。

（《归潜志》卷一二，第137页）

刘祁的"辩亡"显然是在陆机《辩亡论》[①]认知的基础上写成的。这是把金朝灭亡的原因，从传统的中国文人的立场出发进行分析的"国家论"。《金史·白华传》自然不会采用刘祁那样露骨且单纯的论述方法。但是，以"蕃""汉"二元论的角度来锁定金朝的国政，在"没能充分运用汉人才能"方面考察其失败的原因，在这一点上二者的立场可以说是共通的。在这一意义上，《白华传》所要展开的实际上是传统立场上的一次"辩亡"。

四、女真贵族和汉人官僚

在分析《白华传》的执笔意图时给我们提供了重要提示的人物中，有一位在大昌原胜利中一战成名的女真贵族——纥石烈牙吾塔。关于纥石烈牙吾塔，元好问和刘祁都留下了相关文章[②]，比较之下，二者之间立场和意识上的差异也就自然而然的浮现出来了。

首先来看一下刘祁的文章。这是《归潜志》卷六中记录女真贵族愚

---

① 陆机的《辩亡论》是将三国时代呈现一片繁荣的吴国的灭亡原因作为帝王论来展开的一篇文章。

② 纥石烈牙吾塔在《金史》卷一一一中载有传记，其内容就是将元好问和刘祁的文章合二为一而成的。

蠢行为的内容：

南渡之后，为将帅者多出于世家，皆膏粱乳臭子，若完颜白撒，止以能打球称。……又纥石烈牙忽带（一作牙虎带），号卢鼓椎，好用鼓椎击人也。其人本出亲军，颇勇悍，镇宿、泗数年，屡破宋兵。有威，好结小人心。然跋扈，不受朝廷制。尝入朝诣都堂，诋毁宰执。宰执亦不敢言，而人主倚其镇东，亦优容之也。尤不喜文士，僚属有长裾者，辄取刀截去。又喜凌侮使者，凡朝廷遣使者来，必以酒食困之，或辞以不饮，因并食不给，使饿而去。张用章尝以司农少卿行户部，过宿见焉，牙忽带召饮，张辞以有寒疾。牙忽带笑曰："此易治耳。"趣命左右持艾炷来，当筵令人拉张卧，遽蒸艾于腹，张不能争，遂灸数十。又因会宴，诸将并妻皆在座，时共食猪肉馒头，有一将妻言素不食猪肉。牙忽带趣左右易之。须臾食讫，问曰："尔食何肉？"其人对曰："蒙相公易以羊肉，甚美。"牙忽带笑曰："不食猪肉而食人肉，何也？尔所食非羊，人也。"其人大呕，疾病数日。又御史大夫合住因事过宿，牙忽带馆之酒肉，使妓歌于前。及夜，因使其妓侍寝，迟明将发，令妓征钱。合住愕然，牙忽带因强发其箧笥，取缯帛悉以付妓，曰："岂有官使人而不与钱者乎？"合住无以对而去。故司农、御史皆不敢入其境，避之。又，宿州有营妓数人，皆其所喜者，时时使一妓佩银符，屡往州郡取赇赂，州将夫人皆远迎，号"省差行首"，厚赠之，其暴横若此。及康锡伯禄为御史，上章言其事，且曰："朝廷容之，适所以害之。欲保全其人，宜加裁制。"然朝廷竟不能治其罪。后北兵入境，移镇京兆，军败召还，道病死。在东方时，卢鼓椎之名满民间，儿啼亦可怖，大概如呼麻胡云。

（《归潜志》卷六，第64—65页）

这部分内容是通过对女真贵族的丑化来达到泄愤目的的一种戏作。以此为据来考察记述者的意图对刘祁来说似乎是不公平的，但是这肆无忌惮的"毒舌"发言，率直地表露了刘祁本心的事实是毫无疑问的，同时也不得不承认这里所流露的是汉人知识分子不做矫饰的情感。

与刘祁不同，元好问对纥石烈牙吾塔的评价看上去相对比较公平。以下展示的是元好问题为《通奉大夫钧州刺史行尚书省参议张君神道碑铭》的文章，是为汉人官僚张汝翼所撰神道碑的一部分。

这是为女真贵族纥石烈牙吾塔下属的汉人官僚而作的神道碑碑文，元好问在撰写神道碑时应该是读过上述《归潜志》卷六的内容的[①]，从上面两点出发我们来探讨一下刘祁和元好问二人在创作内容上的差异。

《通奉大夫钧州刺史行尚书省参议张君神道碑铭》碑文开篇如此说：

保静一军，北当沂、海、滕、兖、济、单之冲，南控淮、楚，重兵之所宿，大河而南，最为重镇。兴定二年（1218），诏以元帅、右都监纥石烈志开府此州，不终岁，复有总统东道诸帅之命。志由

---

① 《归潜志》附有1235年的序文，刘祁卒年是1250年。而元好问《通奉大夫钧州刺史行尚书省参议张君神道碑铭》中有关于1252年委托撰写碑文的时间记述。

亲卫起身，以小字牙吾塔行，宋人讹传，又以卢国瑞目之。其所统兵，屯戍之外，隶帐下者，步五千、骑二千而已。为人强悍鸷猛，操纵巨测。用兵知变化，往往暗与古合。自二年泗州乘胜席卷之后，灵壁、土山、龟山、蒙城、五河、九冈，前后杀获，莫可胜计。先声所及，宋人为之胆落。两淮之间，名姓可以止啼，署字可以怖痎。勋伐既高，知朝议倚以为重，乃高自标置，日有跋扈之渐，朝廷亦无如之何。使者衔王命，或被省檄，计事东方，懔懔危惧，如遇大敌。应对之际，横被陵轹，殆一食顷不可与居。而君乃以幕属与之从事者十有三年。计举世敢与之抗者，唯君一人。

君始以诸生仕台阁，衣冠颜貌，见者以为懦而不武。志初亦甚易之，及与之议军务，凡独任胸臆，妄有执持，君必为之委曲开谕，不动声气，犷悍化而柔良。既久，乃更亲爱。外有手足之托，而内有骨肉之义。志虽高亢偃蹇，卒能免于颠灭之祸者，君之力为多。蘧伯玉为颜阖说"养虎"，人以为庄周氏之寓言。以君之事观之，世乃真有养虎者。至于时其饱饥，达其怒心，虎之与人，异类而媚。信斯言也。君其有道者与？

君讳汝翼，字季云，族张氏，世为河内人，曾王父甲，王父琳，皆隐德弗耀。……弱冠，擢泰和三年（1203）经义进士第。释褐河阳簿。……

（《文集》卷二〇，第211—212页）

关于纥石烈牙吾塔的名字，刘祁《归潜志》中作"牙忽带"，元好问作"牙吾塔"。《金史》卷一一一《纥石烈牙吾塔传》中，对于文字标识上的差异做了这样的说明："'塔'亦作'太'，亦曰'牙忽带'，盖女直语，无正字也。"在《金史》的其他部分，统一标记为姓纥石烈，名牙吾塔。《金史》中对名字的标记采用了元好问的书写方式。不过，对于牙吾塔汉语中的诨名记述，《金史》却是采用了《归潜志》"世呼曰'卢鼓椎'，其名可以怖儿啼"的内容。《归潜志》对这一诨号的来源解释是"好用鼓椎击人"。而元好问的记述则是"以小字牙吾塔行，宋人讹传，又以卢国瑞目之"。《宋史》卷四《贾涉传》中采用了元好问对名字的书写方式，记述为"金太子及仆散万忠、卢国瑞等数十万"。"卢鼓椎"和"卢国瑞"，并不是说其中的哪一种称呼属于讹传，笔者认为这只是在不同区域同时通行的对纥石烈牙吾塔的两种称呼而已。

不过，在将元好问和刘祁的记述进行全面比较的时候，相对于刘祁的看上去只是嘲笑女真贵族野蛮的记述，元好问的行文中比如像"用兵知变化，往往暗与古合"这样的内容，是对纥石烈牙吾塔野蛮行径之外的从客观角度作的评价。元好问的这一客观性，乍看似乎是他作为历史学家的中立性的体现，但元好问与刘祁之间存在的根本性差异，应该是其执笔的目的，而不是二人意识的问题。"卢鼓椎"和"卢国瑞"，究竟哪一个是正确的，在这里已经不是问题，但如果以此为例来说明两者差异的话，"卢鼓椎"应该是牙吾塔在驻军的宿州方面的诨名，而"卢国瑞"则是其流传到淮南淮北等南宋方面后的"讹音"。也就是说，刘祁是面向国内文人同道以揭露女真族的丑态来打趣取乐，而与此相对，元

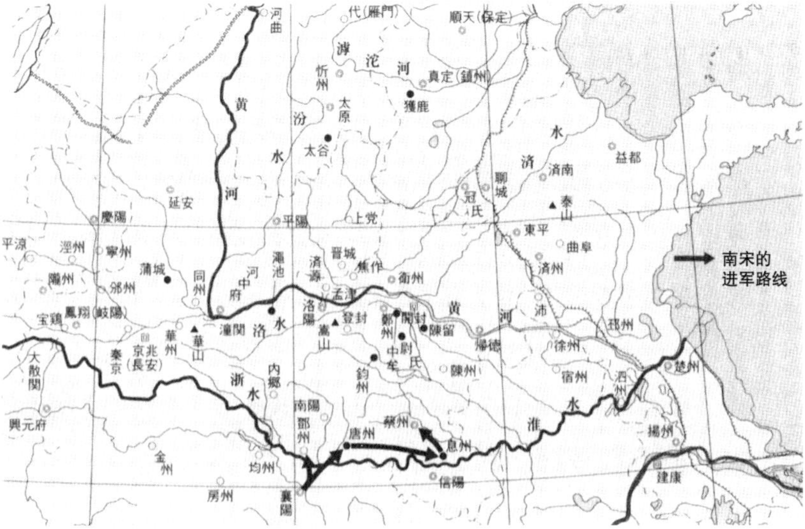

图21　金元交替期的河南、山东

好问是面向包括南宋人在内的后世文人，来传达仕金汉人官僚张汝翼的美德。

元好问是与纥石烈牙吾塔同时代的人，所以他并非不了解牙吾塔究竟是怎样人。这样的元好问在浏览了刘祁的《归潜志》之后，之所以没有像刘祁那样去记述，是因为请求元好问执笔神道碑文的人带来了牙吾塔的"行状记"和"家传"等资料。此外，保持中立客观的记录方式才是神道碑所追求的文体风格。而且，在此碑铭中，元好问不得不去记录比纥石烈牙吾塔的行径还要恶劣的事件。

请看《通奉大夫钧州刺史行尚书省参议张君神道碑铭》碑文的后半部分内容：

哀宗正大五年（1228），志移镇关、陕。时关中游骑充斥，老幼扣关者亡虑数十万。志以关东人心易摇，重为避兵者所警，则或有意外之变，欲禀命于朝，然后纳之。君进曰："陕西老幼，投死无所，独以关东为生路。今坐视不救，任为兵人所鱼肉，岂朝廷倚公存活生灵之意乎？"志曰："不然。敌人百计窥关，无从而入。间有挟诈杂老幼而东者，谁当任之？吾所以待朝命者，不过三二日命即下，禀而后行，盖未晚也。"君复进曰："帅府设经历官，主帅所行，得豫商略。帅若专辄而参佐曲意从之，设此官焉用？假有挟诈而东，为意外之变者，某以百口保之。"志不能夺，即命开关，西民由是免祸。……总府军还镇，改遥领同知镇南军节度使事。

七年（1230），志行尚书省事于陕西。君以目疾求解，留居归德。

天兴元年（1232），归德受兵，总帅赤盏元凯起为经历官。明年春正月，车驾幸归德，改吏部郎中，经历如故。未几，徐州帅、乐安郡王王德全不禀朝命。授君户工部侍郎、充徐州帅府参议官，且谕之曰："卿昔佐牙吾塔，甚有能名。今知王德全与卿有连，屈卿往佐之。德全虽鄙野，亦当从卿言。无贻朕东顾之忧也。"及尚书左丞完颜仲德以策诛德全，乃用便宜，授君行省参议兼同知武宁军节度使事，遥领钧州刺史，进阶通奉大夫。

冬十月，州为沛县人鹿琮所破，拥官吏北渡。君用忧愤感疾，以明年甲午（1234）春二月之十七日，春秋六十，卒于沛之旅舍。……君娶朱氏，河北西路盐铁判官、汴梁名进士文伯之女弟，封清河郡夫人，前公七年卒。子男二人：长曰翔，武义将军、遥领郑州防御判官。次曰浚，武义将军、遥领河内县令。女一人，适汴京东水门副使边汝砺。男孙二人：长曰奉世，次曰延世。女孙一人，幼，在室。

壬子（1252）冬十月，翔、浚奉京东行省员外郎王君禧伯所撰《家传》，以神道碑铭为请，三请益坚。某不得以不敏辞，乃为论次之。君尚多可称，弗著。著所以活万人者。

（《文集》卷二〇，第212—213页）

本文始终是张汝翼这一人物的神道碑，控诉纥石烈牙吾塔的恶行不是文章的主旨。张汝翼在正大七年回到归德后，牙吾塔其人在神道碑中记录的哀宗谕旨中出现过一次后，就再也没有过二人共事的记述。但是，神道碑所记述的历史状况，从这一时期开始就忽然间错综复杂起来，张汝翼的人生也随之变得扑朔迷离。

首先，简单地对天兴元年以后登场的相关人物作一个概略的介绍。

最先涉及到的"总帅赤盏元凯"，应该就是指《金史》卷一一六中有传记的"石盏女鲁欢"。"赤盏"是女真部族的名称（亦写作"石盏""食盏"），因此石盏女鲁欢是女真贵族的将军。一般认为，"元凯"是汉名，"女鲁欢"是女真名，虽然找不到二者属于同一人物的记述，但《金史·石盏女鲁欢传》中"正大九年（即天兴元年）二月以行枢密院事守归德"的记载，与上面神道碑的内容、时间皆一致，所以断定"总帅赤盏元凯"就是"石盏女鲁欢"几乎是没有问题的。

另外，"徐州帅、乐安郡王王德全"，在正史中没有立传，他是《金史》的《哀宗本纪》《徒单益都传》《国用安传》中经常提到的李全的余党。"尚书左丞完颜仲德"是女真名为"忽斜虎"的将军，《金史》卷一一九有《完颜仲德传》。"沛县人鹿琮"是怎样的人物，在正史等资料中都没有言及，所以不明其所踪，但从神道碑的内容来判断，应该是从金朝投降蒙古的一名汉人军官。

参考以上的信息我们尝试着来追踪一下正大七年（1230）以后张汝翼的足迹。与牙吾塔做了割袍断义似的分别之后，张汝翼的目的地是归德。众所周知，归德是哀宗舍弃国都开封转战河南后，在1233年二月，想要将其作为最后的决战地来构筑防御的地域。或许从1230年远离了战争前线以后，张汝翼就一直在归德过着自己的疗养生活。1232年二月，首先是石盏女鲁欢在归德这里设了元帅府，任命张汝翼为经历官。到了第二年的1233年正月，哀宗也狼狈而来将其晋升为吏部郎中。碰巧的是，投降金朝的李全余党国用安、李德全等人在徐州显露了自己对金朝的不轨后，哀宗任命张汝翼为"徐州帅府参议官"（即徐州元帅府的参谋。实质上就像双重间谍一样的存在），让其利用与王德全的关系，发挥曾经规劝牙吾塔的才能，前去辅佐王德全，使朝廷不要有"东顾之忧"。张汝翼就这样被送到了徐州王德全的身边。数月后的四月，完颜仲德从归德出兵，以给王德全守护的邳州运送食粮为借口，骗得了王德全及其家人的信任，诈开城门取得了讨伐王德全的胜利[1]。应该就是在此时，完颜仲德

---

[1] 事见《金史》卷一一九《完颜仲德传》。

将徐州的守备交给了张汝翼（张汝翼所被任命的"行省参议兼同知武宁军节度使事"的官职就意味着他已经成为了徐州的长官），自己转战去了蔡州方面。再之后的冬十月，徐州受到了蒙古兵的进攻，张汝翼败北，与部下们一起到了华北，1234年二月十七日郁郁而亡（也就在这一年的正月金朝帝室被蒙古团灭）。

上面神道碑所记述的张汝翼的人生轨迹，与《金史》记录的白华的经历极为相似。年轻有为进士出身的汉人官僚，因为皇帝、女真贵族们的毫无主见而受到命运的翻弄，最终被逼到"无以义自处"的窘迫境地，只能背负着"背叛者"的恶名迎来国家的灭亡。根据元好问的记述，给与张汝翼双重间谍任务的是哀宗，而神道碑中几乎没有对接受了哀宗秘密任务之后的张汝翼行迹的记录。在末尾，元好问留下了一句"君尚多可称，弗著。著所以活万人者"（张汝翼值得称赞的事迹有很多，这里不写了。只记录一下他劝说牙吾塔从而拯救了万人性命的事情）。实际上这一说明内容的存在是很奇怪的。元好问自述神道碑是以张汝翼的两个儿子带来的"张家家传"为基础撰写的，那么"君尚多可称，弗著"一句就显得画蛇添足。然而就是这画蛇添足的一笔，却可以让读者瞬间领悟到，《家传》中记述的不过乎是对张汝翼的"谀词"。元好问所说的"君尚多可称，弗著"，其真正的意思是"不能够在这里堂而皇之地写出来的不端行为，那是要多少有多少的"。

刘祁《归潜志》中对女真贵族的嘲笑，是因为刘祁本身忠实地遵守着汉人官僚传统上坚守的"中国的行为规范"，并试图从这一观点出发去约束人们的行动。他遵循着"传统的儒教伦理"，调笑女真贵族们的无知，将其看做是"野蛮愚蠢的行为"。对此，如果从神道碑中没有对纥石烈牙吾塔进行丑化的角度出发，元好问看上去，似乎没有像刘祁那样单纯地信奉"礼数""华夷思想"。仅是通过元好问的文字来看的话，他的确是一个有节制的，在文字表达上不去刻意揭短评恶的人。

但是，元好问的不揭短不评恶，并不是因为他对"礼数"、对"华夷思想"的批判，反而是缘于他比刘祁更为强烈地被"中国的行动规范"所支配的事实。上面神道碑结尾的"君尚多可称，弗著"，恰好是来自于忠实地遵守"中国的行为规范"的明证。要而言之，就是"你的那些在神道碑文中不应该说的事情我就不提了"之意。凭此一言，何止是牙吾塔、哀宗，甚至是连同着张汝翼，都一起被元好问推上了历史的审判席。

五、乱世人生

在元好问生活的金元交替时期，位于文明核心用来体现人伦的"天子"的存在逐步走向衰微，与中国观念截然不同的蒙古政权的支配，让传统的"王权观念"在华北面临着消失的危机。政权一旦失去了政治上的向心力，儒教的伦理规范也就理所当然的随着失去了原有的磁场。"礼教"没有了约束力，自由地选择适合自己立场和处境的生活方式也就成为了必然，而这样选择的人也一定会是越来越多。元好问在亡国后撰写了众多的墓碑，为后人记录了那个时代的许许多多的"人生"。原本，他向后人所展示的应该是这些"人生"的崭新的一面，而实际上他所记录的，却是对新的人生闭目不见、把自己禁锢在传统价值观范畴内的知识分子们的内心纠葛。

比如《遗山先生文集》收录的文章《御史张君墓表》。这篇文章是为亡国后留寓东平，1250年七月二十二日死去的七十六岁的张汝明而作的。元好问是这样记述张汝明的一生的：

> 东平幕府从事张昉，持文士李周卿所撰先御史君行事之状请于仆，言："先御史在兴定、元光间（1217—1223），于州县为良民吏，于台阁为材大夫，朝誉蔼然，吾子所知。丧乱之后，挈家还乡社，春秋虽高，而神明未衰，乃一意与世绝，泰然以闭户读书为业者余十五年。凡向之所以为良民吏、材大夫者，未尝一语及之。沉默退让，齐鲁大夫士翕然称道之，亦吾子所知者。弃养以来，三见霜露。而不肖孤以斗食之役，汩没簿领间，不得洒扫坟墓，列树碑表，使先子名德懿范暗焉而不彰。诚惧一旦先狗马填沟壑，其何以瞑目乎？今属笔于子，幸为论次之，以俟百世之下。"……
>
> 谨按：中奉大夫、故治书侍御史、守申州刺史张君，讳汝明，字子玉。世家汶上。曾大父靖，大父彦，皆潜德弗耀。父恕，用君贵，赠中议大夫。母程氏，清河郡太君。君三岁丧父，母程，故衣冠家，而有贤行，力谋君学，君小能自树立如成人。弱冠，擢太安元年（1209）经义进士第。释褐将仕郎，调颍州泰和县主簿。崇庆元年（1212），换怀州武陟簿。丁内艰。服除，贞祐四年（1216），由鹿邑簿入为尚书省掾。
>
> 正大元年（1224）终更，擢同知嵩州军州事。盗入军资库，而

无迹可寻。官系主者狱凡十余人，不住讯掠，皆自诬服。君时以檄出，及还，系者称屈。君谛审，知其冤，即纵遣之。不数月，诸黠卒以赃败，郡人以为神明。三年（1226）八月，辟许州长葛令。未几政成，农司以称职闻。及罢，县父老上照礼，一无所受。乃相率立祠，以致去思之心焉。六年（1229）二月，召为太常博士、权监察御史。不半岁，迁户部员外郎。七年（1230）八月，授治书侍御史。八年（1231）七月，迁礼部员外郎兼修《起居注》。俄升归德治中兼提举河防、学校、常平漕司事，不赴。

天兴元年（1232），遥领嵩州刺史。二年（1233）二月，改授申州。以庚戌（1250）七月二十有二日，遘疾，春秋七十有六，终于东平遵化坊私第之正寝。

（《文集》卷二一，第219—220页）

墓表开篇曰"弃养以来，三见霜露"（父亲去世已有三年），末尾有卒年日期"庚戌七月二十有二日"的记载，可知本墓表是元好问1252年拜见了忽必烈之后的归途中，路过东平时写下的。墓表的委托人张昉亦有反复提到"吾子所知"，可见墓主人张汝明的生平是元好问所熟悉的。文章平淡地记述了自己所了解的一位善良前辈的寡然人生，看上去似乎是一篇情感处理得极好的铭文。但是，我们在这篇文章中需要注意的是：对墓主人官职经历粗枝大叶的记录方式和其亡国后十七年生活的空白。

墓表的题目是《御史张君墓表》，一般情况下的理解，是因为张汝明的最终官吏是正大七年八月被任命的"治书侍御史"。然而，张汝明在1231年升迁为"礼部员外郎兼修《起居注》",其后更是被提升为"归德治中兼提举河防、学校、常平漕司事"（此官职未赴），1232年"遥领嵩州刺史"、1233年"改授申州"。"嵩州刺史"是"遥领"，如果"申州"亦是如此的话，这就说张汝明1233年是身在国都开封的，那么在元好问写给耶律楚材的那封《癸巳岁寄中书耶律公书》中，被推荐的文人名单中必然应该有张汝明的名字，然而遗憾的是名单中并没有。恐怕张汝明此时是与哀宗一起逃出了开封，1233年二月他是在逃跑的落脚地那里接受了申州刺史的任命的。这就引出来一个更大的问题：这里的"申州"，具体是指哪里呢？之所以这样说，是因为《金史·地理志》中并没有关于"申州"的记录。如果"申州"是指河南的信阳州的话（信阳州在唐代被称为申州），而那时的信阳属于南宋的领地，张汝明在敌人的领地上如何活动，亡国后又是如何得以回到东平的，这些自然是具有轰动效应的焦点问题。可以说元好问的《御史张君墓表》中缺失的，偏偏是今天研究者们想要知道的内容。这也就是笔者前面所谓的"对新的人生闭目不见"的元好问的具体表现。

继而，元好问在墓表中作了这样的记述：

> 娶魏氏，封清河县君。子男三人：长，即昉也，今为东平万户府经历官、遥领同知单州防御使事。次晔，次煦，皆早卒。男孙二人，女孙一人，尚幼。孤子某以庚戌年（1250）八月之三日，奉君之枢，祔于汶上由村里某原之先茔，礼也。君资禀厚重，与人交，敦信义。平居恂恂，似不能言，及当官而行，刚介有守，论议纯正，

人不能夺。仕宦三十年，家无余资。其他尚多可称，弗著。著不为
穷达易节者。

（《文集》卷二一，第220页）

元好问在称赞了张汝明"仕宦三十年，家无余资"的清廉之后，同样留
下了一句"其他尚多可称，弗著。著不为穷达易节者"。这一手法与本
章第四节分析的张汝翼的神道碑一样，这一句话暗示了墓主人诸多的
"变节""不忠"行为的存在[①]。这些"变节""不忠"行为，实际上就是
当时的人们为了活下去而不得不选择的"新的人生方式"，而元好问却
始终是透过传统价值观在审视它们。

　张汝明的长子张昉在《元史》卷一七〇有传[②]，也正如传中所记载

[①]《恒州刺史马君神道碑》是关系到侍奉蒙古政权的聂斯脱里派基督教徒月乃合和马祖
　　常的祖先马庆祥的神道碑。马庆祥以"忠义"闻名，但元好问在神道碑的末尾同样
　　以"君尚多可称，弗著。著所以与享于褒忠者"一句，暗示了其"不忠义行为"的存
　　在。见《文集》卷二七，第272—274页。

[②]《元史》卷一七〇《张昉传》中如此记载：张昉字显卿，东平汶上人。父汝明，金大
　　安元年（1209）经义进士，官至治书侍御史。昉性缜密，遇事敢言，确然有守，以
　　任子试补吏部令史。金亡，还乡里。严实行台东平，辟为掾。乡人有执左道惑众谋不
　　轨者，事觉逮捕，违误甚众，诸僚佐莫敢言，昉独自出数百人，实才之，进幕职。
　　时兵后，吏曹杂进，不习文法，东平辖郡邑五十四，民众事繁，簿书填委，漫无统
　　纪。昉坐曹，躬阅案牍，左酬右答，咸得其当，事无留滞。初，有将校死事，以弟袭
　　其职者，至是革去，昉辨明，复之，持金夜馈昉，昉却之，惭谢而去。同里张氏，以
　　丝五万两寄昉家而他适，俄而昉家被火，家人惶骇走避，费用悉焚，惟力完所寄丝，
　　付张氏。乙卯（1255），权知东平府事，以疾辞，家居养母。中统四年（1263），参
　　知中书省事。商挺镇巴蜀，表为四川等处行枢密院参议。至元元年（1264），入为
　　中书省左右司郎中，甄别能否，公其黜陟，人无怨言。参见《元史》卷一七〇，第
　　3999—4000页。

的那样，张昉跟随东平的严实，为其清除了很多立场上摇摆不定的隐患分子。后仕忽必烈，官至兵刑部尚书，是极有能力的财务官。此外，张汝明虽然隐栖在东平，却不是一般的隐居，而是在东平行台严实的手下担任着一定的职务。之所以这样说，是因为本书第六章介绍的诗人张澄，《中州集》卷八收录他的七言律诗《和林秋日感怀寄张丈御史二首》。这里的"和林"指哈拉和林，"张丈御史"就是指张汝明。因此可以推测得到，张澄、张汝明都未必是元好问笔下那样的隐士。其中第二首的内容是这样的：

> 别家六见月牙新，万里风霜老病身。
> 块坐毡庐心悄悄，远怀茅屋梦频频。
> 瓜田无取终成谤，市虎相传久是真。
> 乡国归程应岁暮，火炉煨栗话情亲。

（《中州集》卷八，第435页）

踏上旅途以来已经看过了六次新月，时间过了半年。一万里的风霜雨雪对于衰老的我来说实在是太过艰辛。默默坐在游牧民的毡包中，悄悄怀念着屡次在梦中出现的老家的茅草屋。瓜田李下的诽谤，三人成虎的谣言是无论如何也躲不开的。算算行程，回到家的日子一定会是在年末吧，那时就可以和家人亲友们围坐在火炉周围，一边翻动着火炉上烤着的板栗一边闲话家常。

张澄去过哈拉和林的时间并不明确,一介隐士是不可能去大汗所在的蒙古高原的。所以他一定是以东平严氏幕僚的身份,肩负着某种重大的任务前去哈拉和林的。元好问在《张仲经诗集序》一文中,对张澄作了"自丙午(1246)以后,参幕府军事。当贤侯拥彗之敬,得寸行寸。谓当见之一日,未一试而病不起矣"的介绍。但必须要明确的是,这里所记录的"未一试而病不起"的情况与事实是截然相反的,上面所引的律诗内容实际上就是最好的证明。张澄特意从遥远的哈拉和林送上自己的诗文,告知自己的近况,可见张汝明与东平严氏、张澄之间是有着很深的纠葛的。也就是说,这两人都是在华北的新体制下,找到了适合自己的人生方式和赖以生计的食粮来源。

六、《辩亡》的君主论

刘祁《归潜志》卷一二收录了一篇题为《辩亡》的文章。内容是这样的:

> 或问:金国之所以亡何哉?末帝非有桀纣之恶,害不及民,疆土虽削,士马尚强,而遽至不救,亦必有说。

> 余曰:观金之始取天下,虽出于边方,过于后魏、后唐、石晋、辽,然其所以不能长久者,根本不立也。当其取辽时,诚与后魏初起不殊。及取宋,责其背约,名为伐罪吊民,故征索图书、车服,褒崇元祐诸正人,取蔡京、童贯、王黼诸奸党,皆以顺百

姓望。又能用辽宋人材，如韩企先、刘彦宗、韩昉辈也。及得天下，其封建废置，政令如前朝，虽家法边塞，害亦不及天下，故典章法度皆出于书生。至海陵庶人，虽淫暴自强，然英锐有大志，定官制、律令皆可观。又擢用人材，将混一天下。功虽不成，其强至矣。世宗天资仁厚，善于守成，又躬自俭约以养育士庶，故大定三十年几致太平。所用多敦朴谨厚之士，故石琚辈为相，不烦扰，不更张，偃息干戈，修崇学校，议者以为有汉文景风。此所以基明昌、承安之盛也。宣孝太子最高明绝人，读书喜文，欲变夷狄风俗，行中国礼乐如魏孝文。天不祚金，不即大位早世。章宗聪慧，有父风，属文为学，崇尚儒雅，故一时名士辈出。大臣执政，多有文采学问可取，能吏直臣皆得显用，政令修举，文治烂然，金朝之盛极矣。然学文止于词章，不知讲明经术为保国保民之道，以图基祚久长。又颇好浮侈，崇建宫阙，外戚小人多预政，且无志圣贤高躅，阴尚夷风；大臣惟知奉承，不敢逆其所好，故上下皆无维持长世之策，安乐一时，此所以启大安、贞祐之弱也。卫王苟客，不知人君体，不足言。已而强敌生边，贼臣得柄，外内交病，莫敢疗理。宣宗立于贼手，本懦弱无能，性颇猜忌，惩权臣之祸，恒恐为人所摇。故大臣宿将有罪，必除去不贷。其迁都大梁可谓失谋。向使守关中，犹可以数世。况南渡之后，不能苦心刻意如越王勾践志报会稽之羞，但苟安幸存以延岁月。由高琪执政后，擢用胥吏，抑士大夫之气不得伸，文法棼然，无兴复远略。大臣在位者，亦无忘身徇国之人，纵有之，亦不得驰骋。又偏私族类，疏外汉人，其机

密谋谟，虽汉相不得预。人主以至公治天下，其分别如此，望群下
尽力难哉。故当路者惟知迎合其意，谨守簿书而已。为将者，但知
奉承近侍以偷幸宠，无效死之心。倖臣贵戚，皆据要职于一时，士
大夫一有敢言、敢为者，皆投置散地。此所以启天兴之亡也。末帝
夺长而立，出于爱私。虽资不残酷，然以圣智自处，少为黠吏时全
所教，用术取人，虽外示宽宏以取名，内实淫纵自肆。且讳言过
恶，喜听谀言，又暗于用人，其将相止取从来贵戚。虽不杀大臣，
其骄将多难制不驯。况不知大略，临大事辄退怯自沮，此所以一遇
勍敌而不能振也。

（《归潜志》卷一二，第135—137页）

　　《归潜志》的《辩亡》在前面已经有所涉及，他是以陆机《辩亡
论》为对照所创作的"国家论"。刘祁从建国开始历数金朝历史及其灭
国的原因所在，主要从诸代帝王的资质和失政的诸多表现上归结出了结
论。对于自己生活的宣宗朝和哀宗朝，刘祁首先指出了宣宗的懦弱和猜
忌，贞祐南迁实施后，重用一部分女真人疏远汉人是其失败的原因。而
对于哀宗，更是直截了当地指出，虽然不像宣宗那样愚蠢，但是为人格
局小而不擅"用人"，属于阴谋家却又缺乏该有的决断力，是德行浅薄
的"小人"。刘祁作为汉人官僚的名门之后，却终身为白衣庶士。从这
一点上考虑的话，或许他对于金朝始终难以产生强烈的归属感。即便是
这样，他"吐槽"金朝天子们的"毒舌"言论足以让读者深切地体会到
"华夷思想"在他内心的根植深度。

遵照中国的传统思维，治理"蒸民"建立国家是"君王"的职责，所以一直以来"国家论"也就等于是"君主论"。通过失败、灭亡展开"君主论"的滥觞，恐怕要追溯到贾谊的《过秦论》。以谏言皇帝为目的，由卿大夫、史官们等直接上呈自己的文字是历来通用的方式，所以一般情况下，都是从"守成论（不是创业，而是守业）——纠正君主的失政，促使其恢复正规"——的立场来展开的。刘祁的《辩亡》就是着重从"守成"的角度对金朝的皇帝们一一作了评论的"君主论"。在这一点上，刘祁的这篇《辩亡》足以成为中国进入近代之前的"国家论"的典型。在这样的"国家论"中有一个重要的特征，那就是因为国家灭亡的原因大略都会被归结为"帝王资质的先天不足和后天执政的失败"，所以卿大夫、谏官、史官们的责任往往会被置之一旁不被聚焦。在这一点上，刘祁的"辩亡"也称得上是一种典型。正因为身在其中的他是金朝灭亡的受害者，所以他才不属于应该被追究责任的当事者。

相对于刘祁，元好问恐怕是以自己的方式进行了"金朝灭亡的罪魁搜寻"作业。但至少在冠以自己名字的诗文作品中，明确将这一意图宣之于口的事情元好问一生都没有过。如果说存在例外的话，笔者脑海中浮现的是1233年秋，在经历了九死一生后，最终得以在聊城苟延残喘的元好问，眺望着哀宗出奔的南方，创作的题为《秋夜》的七言律诗[①]。

---

① 这首诗作之所以被认为是1233年的作品，是因为诗中的"济水"二字被作为元好问身在聊城的证明，而"吴云无梦寄归魂"一句被当作金朝尚未灭亡的证明。但是，"吴云无梦寄归魂"一句同样可以解释为意味着金朝帝室的灭亡。如果是这样的话，这首作品的创作时间就应该是1234年。

九死余生气息存，萧条门巷似荒村。

春雷谩说惊坯户，皎日何曾入覆盆。

济水有情添别泪，吴云无梦寄归魂。

百年世事兼身事，尊酒何人与细论。

（《文集》卷八，第97页）

经历了九死一生，如今的我尚有一丝气息。萧条落寞的街巷就像无人的荒村一样寂静。再不要说什么春雷可以惊蛰，已是秋天的今日，虫儿却依然没有声音。谁见过明晃晃的日光，照进倾覆着的盆子里？济水也在悲伤着人们的离散，载着我们的泪水默默东流。南面天空中漂浮的吴国的云彩啊，即使在梦中也不愿为我带来奔向蔡州的那些人的魂魄。金国百年的风起云涌，还有我自己这一生，怎么就成了这个样子呢？多想找个人共同把酒倾杯，一起细细论说。

笔者认为，尾联的"百年世事兼身事，尊酒何人与细论"两句，是元好问尤为难得地把对"搜寻亡国罪魁"难以抑制的冲动宣之于口的具体表现。而且，元好问想一起进行罪魁"细论"的人，白华之外绝无他人。之所以这样说，是因为颈联的"济水有情添别泪，吴云无梦寄归魂"，所指的不是身在蔡州的哀宗，而是与哀宗一起出奔的元好问的友人们。

亡国后，应该是在白华已经从南宋再次叛逃回华北以后，元好问与白华面对着眼前开在秋天的"玉簪"，创作了这样的五言古诗：

同白兄赋瓶中玉簪

畏景众芳歇，仙葩此夷犹。冰姿出新沐，娟娟倚清秋。

昨梦今见之，风鬟玉搔头。谁言闺房秀，高情渺林丘。

碧筵古铜壶，一室香四周。怀人成独咏，远思徒悠悠。

（《文集》卷二，第47页）

  开在夏日里的花儿到了萧瑟的秋天就都收敛了自己的芳华，只有玉簪花还是一如既往从容不迫地盛开着。沐浴过秋雨的身姿是这样高洁清列，在清冷的秋天里是那么美好娟秀。昨夜梦里出现的倩影如今就在眼前，美丽的乌发上斜插着搔头玉簪。谁说你的美好只限于这闺房中，高远的情调远胜过隐逸的山林。静静地插在古铜壶中的这么一枝，幽幽的香气就已经充满了整个屋子。心中念着那个人不由自主地喃喃自语，这遥远悠长的思慕终究是不会被那人所知吧。

  上面的诗作吟咏的究竟是元白二人之间一种怎样的情感，实际上无人可知。但是，这首作品明显是在苏轼写给爱妾朝云的悼亡词《西江月·梅花》以及被认为是承袭了苏轼词而作的金朝庞铸的《梨花》诗的基础上创作的。"冰姿出新沐，娟娟倚清秋""谁言闺房秀，高情渺林丘"这些诗句，就像苏轼词作品中所寄托的一样，表现了内心的孤独和品质的高洁。

  苏轼的《西江月·梅花》是这样的：

玉质那愁瘴雾，冰姿自有仙风。海仙时遣探芳丛。倒挂绿毛幺凤。　素面常嫌粉涴，洗妆不褪唇红。高情已逐晓云空。不与梨花同梦。①

开在岭南的梅花从来不惧怕瘴雾，高洁的身姿自带着来自仙界一般的气质。这是蓬莱山上的仙女们到凡间来寻访众花的时候，倒挂在树上的凤凰的绿羽吧。　不喜欢脂粉的污浊所以总是素面朝天，即使洗掉铅华依然是唇如点朱。高雅的性情已经和早上的云彩一起烟消云散了，这样的梅花怎么能和世俗的梨花一样呢。

词作中使用了"冰姿""素面""高情"等词，赞美了梅花内里的高洁。在瘴疠弥漫之地凌寒怒放的梅花，冰一样清冷的姿态是其内心高洁的体现。如果说，在岭外盛开的梅花是侍妾朝云清纯品格的象征的话，那么与其对照的梨花，则是杨贵妃那般充满着豪奢气的丰满艳丽。

金朝庞铸的《梨花》诗是这样的：

孤洁本无匹，谁令先众芳。花能红处白，月共冷时香。
缟袂清无染，冰姿淡不妆。夜来清露底，万颗玉毫光。

（《中州集》卷五，第246页）

_____

① 朱靖华等著：《苏轼词新释辑评》下册，北京：中国书店，2007年，第1217—1220页。

梨花本来是无可比拟的孤高的存在，是谁把它的花期放在了众花的最前面呢？在鲜艳夺目的红色中，独有梨花坚持着这份洁白，只有在清冷的月色中才能够体会到它的幽香。盛开的花枝好像洁白无瑕的舞袖，高洁的身姿不需要浓妆艳抹的装饰。夜晚花瓣上凝结的颗颗清露，在月光中散发着珍珠一样的光芒。

庞铸的《梨花》诗也有可能是写给某位名字中有"梨"字的艺伎的赠答诗。诗中可见对苏轼词中的"冰姿""素面"等语的使用或化用，可以说是意图为梨花"挽回名誉"的一种戏作。然而，就算是戏作，因作品中添加了东坡词中所没有运用过的"孤洁""众芳""冷"等语，与苏轼吟咏的梅花同样，也强调了梨花内面的"高情"。从这一意义上说，庞铸的《梨花》称得上是引导元好问诗作的重要伏线之一。

元好问诗中"畏景众芳歇"的"畏景"，既有"夏日"之意，亦有"艰难处境"之意。元好问在这里或许是采用了双关手法。"畏景众芳"可以说是"夏天的众芳"，也可以理解成"畏惧艰难处境的众芳"，无论是哪一种，"歇"字指季节变换后，花卉不再盛开是无可非议的。也就侧面言明了"玉簪花"盛开时要面对的严苛的自然环境。这里暗示的或许不仅仅是东坡的南贬惠州，还有白华和哀宗正在仿徨无所适的"吴天"（南方地区）的自然环境。季节变换，随着秋天的来临万花枯萎，所留下的只有这如冰姿玉骨般清爽的玉簪花。玉簪花的高洁之姿，不仅仅是展现在闺房内，甚至放在隐逸的林丘之间也毫不逊色。这里的"高情"也许就是白华内心所保持的"节义"和"本心"的象征。

在这首诗中，元好问从季节变换依然保持冰姿玉骨的玉簪花的孤高中看到的是白华的苦恼和孤独。

七、不被书写的国家论

元好问虽然没有写出像刘祁的《辩亡》那样丑化金朝帝室的文章，但这不代表他没有对金朝帝室和女真贵族做出批判。

下面要介绍的内容，是名为夹谷土剌的女真贵族的神道碑——《资善大夫武宁军节度使夹谷公神道碑》的开头部分。这一部分的书写方式就像是总括了夹谷土剌人生方式的"论赞"一样，其中论述君主和朝臣关系的内容是这样的：

> 贞祐初，大驾南巡，公以省掾扈行。事出仓卒，乃留幼子、今先锋使斜烈于平州之抚宁。朔南分裂，父子相失者余二十年。先锋既长立，能自奋发立功名，仕宦贵显。岁癸巳（1233），汴梁下，乃奉朝命迎公北归。公已老，而身见代谢，怆焉有去国之感，顾瞻裴回，不能自已。生平植节坚苦，食蔬糈不厌。既居民间，倍自贬损。先锋有至性，夫人殷氏尤尽妇道，日具甘脆，百方奉公。而公所以自持者不少变。一室萧然，使日夕裁足而已。人事馈饷，瓜果菜茹之细，亦峻拒而疾麾之，如御史执法之在前后，惟恐其污己也。时贵慕公名，有谒见者。敕外白不得通，曰："我，亡国之大夫耳，尚何言哉？"初，自聊城居宣德，惟浑源魏内翰邦彦，以简重

得登公门，与之考论文艺。自余，虽邻舍，有不得见其面者。

盖尝论公：君臣之义，于名教为尤重。名教者，天地之大经，而古今之恒典，惟天下之至诚为能守。故人臣之于君者，有天道焉，有父道焉。大分一正，义均同体。吉凶祸福，不以回其虑。废兴存亡，不以夺其节。任重道远，死而后已，犹之父有罔极之慕，而天无可逃之理。微子之过旧都，包胥之哭秦廷。王蠋布衣，义不北面于燕。乐毅终其身，不敢谋赵之徒隶。非诚何以当之？是故诚之所在，即名教之所在，有不期合而合焉者。

《语》有之：善人，吾不得而见之矣。得见有恒者，斯可矣。居今之时，行古之道若公者，吾不知其去古人为远近。然则，不以名教处之，其可乎？

公讳土剌，字大用，姓夹谷氏。世为合懒路人。……

（《文集》卷二〇，第215页）

上面内容中展开的是贯彻了女真贵族夹谷土剌（字大用，1167—1238）一生的"节义"。夹谷土剌与儿子夹谷斜烈在贞祐南迁时失散。儿子斜烈在蒙古军中长大，开封投降的时候借机找到了自己的父亲（即夹谷土剌）并将其保护了起来。从神道碑中"初，自聊城居宣德"的记述，可以推测出，夹谷土剌应该是拒绝了儿子的保护，选择了一条与元好问等一起甘为俘虏被拘留在聊城的道路①。从聊城拘留中解放后的夹谷土剌的

---

① 元好问写给耶律楚材的书信《癸巳岁寄中书耶律公书》中没有夹谷土剌的名字。

余生，也还是贯彻着他自己作为"亡国大夫"的人生，固守着自己楚囚的身份，在1238年二月三十日去世。元好问在这里描写的，与其说是女真贵族，不如说是一名科举出身的文人官僚的人生。《礼记》等儒家典籍中对臣子作了"卿、大夫、士"这样的三种分类，而文中所说的"亡国大夫"，就是指夹谷土剌作为臣子中的"大夫"度过了自己一生的事实。这同时也在暗指，夹谷土剌的儿子夹谷斜烈属于不奉"王命"的"背叛者"亦或是"不忠者"。

但即使这样，神道碑认为"臣下奉君上同于子奉父"——君臣之间的名分，无论是形式上还是意义上都与父子间的关系是一样的，不会因为吉凶祸福有所改变，也不会受到存亡兴废的影响。元好问不厌其烦地强调"君臣关系"和"父子关系"在本质上的一致，当然是为了强调夹谷土剌的"忠"是出自他的"志诚"。但其反面，他断然拒绝来自自己儿子的"孝道"，也就暴露了他的这种"志诚"的偏颇和他近乎极端的独善。

其后，元好问引用了《论语》，在质问本应该被坚守的"节义"是否还存在于人们心中之后，他继而又对夹谷土剌的独善提出质疑，认为"即使有'节义'，也未必就一定会做到与'圣人的教导'一致"。在此基础上，元好问以"然则不以名教处之，其可乎"的反问结束了这部分"论赞"。元好问的结语可以说是在婉约地暗示"人情的自然"和"名教"的两立是如何的困难。

笔者在本章的结尾引用《资善大夫武宁军节度使夹谷公神道碑》的目的，是想导出"善人"和"以名教处之"等概念。白华请元好问撰写《善人白公墓表》，想让心怀"志诚"，并由此得到朝廷所赠予的"善人"称号的父亲的名字流传后世——这一愿望，作为当时的知识阶层，可以说是出于"人情自然"的结果，而指责白华"声名扫地"则是出于遵循了"圣人教导"的结果。《金史·白华传》应该是元好问怀着最大限度的意图执笔的"辩亡"，是他竭尽全力的"君主论"。这里所描述的不是白华的人生，而是金朝的一代统治者哀宗的"为人禀性"和"他的失政"。由于自我负担的"名（声）教（化）"，元好问无法把这篇"辩亡"作为对金朝帝室直接的批判来写，但他又实在无法容忍自己什么都不写，什么都不留下。他站在了一个新世界的入口，但却一次也没有试图去窥探一下那个崭新世界的风景。他看似是在记录金朝的历史，但其实，他是在金朝的历史中搜求着他心中的中华王朝应有的理想形态。或者说，他是在奉职金朝的众多官僚中寻找着理想中的士大夫形象。他不懈地向着未来发送着属于他这个时代的信息，其目的不是为了要改变未来，而是为了忠实地向后世传递所谓的"中华"的传统。对于自己被迫处的这个历史位置和职责，元好问的感觉是极其敏锐的，而他的这种敏锐却尽数发挥在了通过模糊金朝实情来束缚中华的未来上面。

白华无疑和元好问共有着以上的这些价值观。《金史》对白华的评价，自然可能是后世编纂者任意的附加，但在没有对金朝帝室进行直接断罪这一点上，笔者认为，它包含了当事者元好问和白华的自责之念，这是与历来的"辩亡"所不同的。在自己所面对的"现实"和深植心中的"名声教化"中，他们二人注定谁都无法摆脱在这二者的激烈摇摆间度过自己后半生的命运。

译者后记

2021年4月，《元好问与他的时代》在日本大阪出版后不久，就飘洋过海到了我的手里。随后利用一个暑假的时间，我完成了译著的初稿。记忆中2021年的夏天格外炎热，无论是气候还是翻译，我体验了双重意义上的酣畅淋漓。

本书的作者高桥文治，目前是日本大阪大学大学院文学研究科的名誉教授，曾经是大阪大学大学院中国文学研究室的教授，也是我的博士生导师。我在大阪大学求学的九年时光无疑是美好的，当时负责中国文学研究室的是高桥老师和浅见洋二老师，硕博期间带我们研读了两年杜诗的是吉川幸次郎教授的弟子深泽一幸老师。当时学期末的集中讲义课①是由京都的金文京教授和平田昌司教授来上的，金老师讲授的观音信仰、他在中国的傩戏田野调查和平田老师的音韵学，都给我留下了深刻的印象。此外，我也有幸和学姐、学长们一起去参加京都小南一郎老师主持的"蟠桃会"，去神户参加一海知义老师主持的"读（陆）游会"等。

① 译者注：日本大学面向硕博生开设的一种机动课程，即在学期末，邀请某位专家学者就某个专题，集中进行一周左右（每天6—8课时）的教学。

除了这些校外的交流，我们大阪大学中国文学研究室也以高桥老师为中心自发成立了各种读书会。读书会的方式很朴素，选一个感兴趣的文本，读书会成员们一起确定各自分担的内容和研读后的汇报顺序，短则一周长则一月，在一个大家都能聚在一起的周末（校内的一般是周五，校外的通常是周六），对文本的典故、语法、词汇等要素进行细致透彻地解读，最终形成系统的文字注释和翻译。就这样，不知不觉间我们中国文学研究室一起读了成化本《白兔记》，读了《四部丛刊》本《草堂诗余》，读了元曲，和大阪大学东洋史的研究生们一起读了永乐大典残卷中所见的《元典章》……这些文本既有充实的内容又存在一定难点，同时又蕴含了各自文本形式的基本要素，证明了高桥老师在文献选择上的判断力是非常敏锐的。

原本属于清朝考证学范畴的文本细读法是我们读书会采用的主要方法。读书会上大家抱着自己能找到的各种工具书，对着或残缺或模糊的文本，从字词的辨识、句读到整体文脉的梳理、潜在史实的追踪，最后到日语的翻译，每个人都可以各抒己见，畅所欲言。在读书会对文本内容开展细读的过程中，老师有时会因为某个词语的出现，兴奋地搓着手长篇大论，有时也会因为一个汉语词汇和我们讨论得热火朝天。努力追求文本的原有形态，准确地判断和分辨出其中被叠加的二次、三次信息，尽可能地做到在原始信息的基础上去理解文本的意义——这就是高桥老师那时尝试践行的文本细读的形式。

高桥老师虽是读书会的发起人和主持人，却一点也不轻松。通常由他先进行研读示范，然后再和我们一起分担研读内容，定期进行小组讨论。老师还时刻准备着给我们"救场"。从查找资料到分发材料，再到读书会上的研读报告，老师一直都是自己独立完成的，从来没有假手于他人。以高桥老师为中心的读书会，通常从校园的课桌一直延续到晚上居酒屋的酒桌。读书会结束后的集体聚餐，是我们也是老师的乐趣之一。在大学附近的那些小酒馆中，一群硕士生、博士生们聚在一起，话题或是读书会上问题的延续，或是我们某人的研究课题，或是学界的研究趋势，或是某地学术会议上值得关注的某位学者的最新研究等。当然也有老师对自己爱宠的日常自夸，更有酒后自曝的青年时代的"糗事"。

这样自由放松的学习氛围，高桥老师自称是从自己的恩师田中谦二先生那里继承下来的。高桥老师和田中教授其他的弟子们有一个坚持了30多年的"读曲会"，这是由当年田中老师门下的学生们一起发起的研读《元刊杂剧三十种》的读书会，坚持时间之久在日本学界堪称绝无仅有。这种学习氛围，本是日本学界中京都学派的传统。遗憾的是，时至今日，这一传统在日本的中国文学研究界中几乎已经销声匿迹了，而我求学期间的经历也就愈发弥足珍贵。读书会中长年的耳濡目染和研读训练，大大提高了我对汉语言的感知能力，同时也锻炼了我对日语的理解和表达能力。每每回想起那段时光，都要感叹自己的幸运。

高桥老师的学业是在日本京都大学完成的。美国拔头士横扫日本的1970年代正是老师的大学时代，那时似乎所有的日本青年都有一颗叛逆的心，人人留一头齐肩的波浪长发，为此理发店的生意都变得极为惨淡。据老师本人说，彼时的他也是一头长发。大三的时候，折服于学长金文京老师的元曲研究，在亦是长发飘飘的金老师一句"高桥君，不来一起读元曲吗"的邀请下，高桥老师高高兴兴地开始了元曲研究，并一度成了金老师尾巴一样的存在。高桥老师称自己的追随颇被金老师"嫌弃"过。高桥老师拒绝给我们看他年青时代的照片，我们也一直都没有胆量跟金老师核实二人年青时代的长发和友谊，只能各自在心中描画着高高大大的两位老师长发荡漾的青春形象。

在日常生活中，高桥老师喜欢撸猫，家里的爱宠是车站捡来的两只流浪猫：一只是黑色的，鼻头左边有块不规则的白；一只是肥肥胖胖的狸花猫。高桥老师给我们的元旦贺年邮件附着的就是这两只大胖喵的照片：一只痞痞的，满脸的不耐烦；一只傻傻的，满脸的茫然。高桥老师丝毫不吝啬对自家爱猫的夸耀，常常挂在嘴边的一句话就是："我家的猫是不是很卡哇伊呀？"老师的猫，岂止可爱，一定也是懂学问的，那不屑一顾的眼神和猫爪下搁着的新年神签（"おみくじ"）充分说明了这一点。然而不幸的是，去年三月，那只圆滚滚的狸花猫回到了喵星，老师伤心得不能自已。

作为一名研究学者，高桥老师自称是"不合格的'异端学者'"（"研究者として異端の失格者"），之所以这样说，是因为在这本著作中，老师有意识地"尽可能省略了对先行研究的引用"，且没有在著作的末尾附上参考文献一览表。对于元好问的研究，日本学界自不必说，国内自1999年起，先后有《元好问研究论略》（李正民著，社会科学文献出版社，1999）、《元好问词注析》（姚奠中主编，山西古籍出版社，2001）、《元好问全集（增订本）》（姚奠中主编、李正民增订，山西古籍出版社，2004）、《元好问诗编年校注》（狄宝心校注，中华书局，2011）、《元好问文编年校注》（狄宝

　　　　　　　　　　　　　　　　　元好问与他的时代

心校注，中华书局，2012)、《元好问传》(朱东润著、陈尚君整理，上海古籍出版社，2016) 等著作问世。老师必然是知道且读过这些著作的，作为研究者却没有标注自己著作的参考文献，此为其"不合格"之处，但老师的研究如他自己说的那样，"仅仅是单纯地想弄明白自己想知道的事情而已。想知道文字记录的历史背后的真实，想知道中国古代的文学家们是如何在真实历史上堆叠文字的"。老师的率性，让我在翻译过程中的史料核对和脚注的处理上有些焦头烂额，有一位"诚实的异端学者老师"，受益良多的感慨与想挠墙的冲动往往是接踵而来的。

性格是跳脱的，学术态度是严谨的，对中国文学研究又是抱着一定"野心"的。这些看似矛盾的特征在老师身上呈现出一种绝妙的平衡。高桥老师学术论著的写作总是从毫不起眼的"线头"开始，牵着这根"线"，走啊走的，你就会牵出来一头大象。问题切入得举重若轻、素材安排得出其不意，他总是从极为平常处入手，抽丝剥茧后，带你欣赏一片别有洞天的风景。高桥老师文章的这种写法我至今尚未得到真传。对于在求学时受教的论文的评判标准，我印象中比较深刻的一点是"对读者要体贴"("読者にやさしい")。所谓的"对读者要体贴"，意指要深入浅出，让读到的人都能真正读明白。这也可以说是高桥老师的行文特点之一。《元好问与他的时代》一书，即使是没有好好了解过元好问及其时代的读者，亦可轻松读完全篇。而著作本身因吸收了大量的日本学界对蒙古时代历史研究的成果 (这也是本书最大的特色)，是一本更为接近历史研究的著作，也是将文学研究和历史研究巧妙地结合在一起的研究范例。

近年来，日本学界对中国文学的研究可以说正处于一个低潮期。相对于文学研究，在日本的历史研究领域中，塞外史或者说征服王朝史的研究格外盛行，特别是对蒙古时代历史的研究，日本学界近年来更是学者辈出，极为活跃。高桥老师曾说，他对于金元文学的兴趣，就是在与这些历史学者们的交流中萌生的。而近年来在日本学界中比较活跃的，主要是围绕宋代以前韵文的研究。关于金元朝及其之后的文学形态，戏曲、小说等白话文学的研究也有所推进，但对于诗文的研究，却颇有些束之高阁的意思。虽然高桥老师也曾经在日常的谈话中提到过，他的研究兴趣是金元历史，但我一直先入为主地认为，高桥老师作为日本京都学派中以研究元杂剧而闻名的田中谦二教授的弟子，从事元杂剧研究简直是理所当然的事情。然而事实证明，老师却默默地进行了近40年的元好问研究。2021年3月由日本大阪大学出版会推出的这本《元好问与他的时代》，作为元好问的研究专著，距离小栗英一（《中国诗人选集二集9 元好问》，岩波书店，1963）和铃木修次的著作（《元好问》，集英社，1965），间隔了近60年之久。这本专著充分体现了老师在学术研究上的博观约取，厚积薄发。

2023年日本东方书店在出版高桥老师的新作《寻求唐代传奇的真相》（《歴史と文学のはざまで——唐代伝奇の実像を求めて——》）时，对高桥老师的研究做了这样的描述："以构筑中国文明论为远大目标，从社会史的观点解读戏曲、小说等诞生在华北平原上的隋、唐、宋、金、元王朝的文学资料。"高桥老师的研究时时透露着尝试"解开中华文明特质"的"野心"，在近几年高桥老师接连出版的一些著作中也能够看到这一点（参见著者简介）。2015年高桥老师和浅见洋二老师，以及谷口高志学长合著了《有皇帝的文学史》(黄小珠、曹逸梅译，凤凰出版社，2021) 一书，从汉魏六朝期间的乐府到唐代的传奇小说，纵横驰骋地讨论了中国文明底蕴中的生死观、家族观，著作构想之大胆、规模之宏大是一般日本学者所没有的。

众所周知，始终专注于精细、绵密的考证是日本学者研究的特征，而高桥老师则善于在对作品进行细致解读的基础上，围绕发掘出来的作品背后的文脉和史事来展开自己生动的、大刀阔斧的论述，且总是在峰回路转的地方向读者展示为人们所忽视的一些重要问题。同样，以元好问的名字命名的这本译著所要揭示的，也并不是大家期待的"元好问的真实"，相反，一路读来，你会发现书中试图揭露的是元好问在记载历史时留下的那些"无意间的谎言"。

在这本书的写作中，高桥老师同样对使用的资料进行了甄选。他尽量避开了元刊本以外的文献资料，尝试仅仅凭借元代的文献资料来再现金元时期的真相。在历史书写方面，不仅仅是元好问生活的时代，在他之前和之后的史书记载中，都存在着统治者对史料的人为篡改和删除（特别是元代的文献在明代以后更是受到了非常多的篡改）。有损封建统治的事情是万万记录不得的——元好问在记录他的时代时也同样逃不出这个"规则"，这就是上述元好问在记载历史时留下"无意间的谎言"的意思。高桥老师对元好问以及同时代其他人的记述进行"细读"比较的目的，就是为了解开"那个时代"下元好问的"谎言"，揭示这些"谎言"投影出来的"时代与文学的关系"。

《元好问与他的时代》的横空出世被称为"是展示金元时代史研究最新高峰的学术成果",对于本书的重要意义,饭山知保在书评（日本史学会会刊《史学杂志》,2022年1月）中如是说:

　　首先,"在关于历史研究注目的《金史》《辽史》《宋史》三史编纂问题上,本书所作的——元好问出于何种意图、如何收集相关资料,又如何编集,并为之后的翰林国史院所继承的——相关考察,已经超越了迄今为止的研究成果,其详细揭示这一过程的意义,无论怎样强调都是不过分的"。本书"使我们对于三史编纂中的北方——即辽、金、蒙古——政权下的华北知识分子正统观的趋向,理解得更为系统化了。特别是《金史》中有关金末历史的部分,更是给我们提供了多角度阅读的可能。这是本书极为重要的贡献"。

　　其次,"本书对元好问后半生所直面并深陷其中的蒙古政权的华北支配体制,亦做了视野最为全面的研究"。"作者指出的当时华北地区的士人集团并没有成为免差对象的事实,……对理解当时华北地区蒙古统治的原则极为重要。""著作中亦记录了蒙古支配下的社会秩序的恢复,与作者另一本著作《蒙古时代道教文书的研究》（从"非士人"视角考察的蒙古支配体制的构筑）一起,是金朝研究的必备参考书。"

　　书评中还提到,"本书之所以能够析出元好问与女真、蒙古的统治者相对的独有视角,得益于作者前期厚重的研究成果——有关蒙古时代和元代的统治制度及其变迁的论著"。——2007年日本汲古书院出版了高桥老师的《乌台笔补的研究》,2011年同出版社又推出了高桥老师的《蒙古时代道教文书的研究》。总之,"对于一切关联到'元好问及其时代'的研究来说，这是一本必读书。不仅如此，这也是对'中国的历史叙述'感兴趣的读者应该阅读的一本书"。

"译事三难：信、达、雅"，老师的原著无疑是精彩的，我对自己的译文是否真正传达了老师著作的精髓却是心怀忐忑的，惟愿我的译文能够让开卷者如我一般感受到这本学术著作的匠心独运。在国内学界中这本著作的学术价值，我想还是留给方家们来点评吧。

在《元好问与他的时代》一书中老师频频论及白华其人。白华是著名元杂剧作家白仁甫（即白朴）的父亲，同样研究元曲的高桥老师自然熟知这一文学常识，但在著作中却丝毫没有涉及到这一点。在一次讨论译文的电邮中老师主动提到了这个问题，并明确地告诉我"揭示元曲作家真相的研究课题是特意留给你来完成的"——这突如其来的熟悉的"幸福感"，让我仿佛又回到了读博的日子。老师的"留作业"颇让我慌乱了一段时日，反省以元杂剧研究为题完成博士学业以后的自己，近年来的研究多少带了些浮躁气。感谢老师的当头棒喝，我当以此为目标，积一时之跬步，臻千里之遥程。幸甚至哉，有此良师。

借此出版之际，衷心感谢在我求学期间以高桥老师为代表的日本大阪大学的老师给予我的教导；感谢学长、学姐、学弟、学妹们对我的宽容和帮扶。也感谢中华书局孟庆媛和刘方两位女史的辛勤付出，以及吉林外国语大学秦和校长对本次出版的全力资助。

陈文辉

2024年6月于长春